教育勅語の戦後

長谷川亮一
HASEGAWA Ryouichi

白澤社

少し長いまえがき——教育勅語「口語訳」の怪

今日の立憲政体の主義に従へば、君主は臣民の良心の自由に干渉せず。
——井上毅《こわし》（一八九〇年六月二〇日付山県有朋宛書簡）

二〇〇〇年八月二五日のことである。当時、千葉大学大学院修士課程に在籍していた私は、たまたま、靖国神社遊就《ゆうしゅう》館を見学した際、明治天皇に関する展示のところで、「教育勅語の口語文訳」なる代物に出くわしたのだった。なお、遊就館は靖国神社の附属博物館であるが、二〇〇二年に全面改装がなされており、以後はこの展示はなくなっている。

教育勅語の口語文訳

私は、私達の祖先が、遠大な理想のもとに、道義国家の実現をめざして、日本の国をおはじめになったものと信じます。そして、国民は忠孝両全の道を全うして、全国民が心を合わせて努力した結果、今日に至るまで、美事な成果をあげて参りましたことは、もとより日本のすぐれた国柄の賜物といわねばなりませんが、私は教育の根本もまた、道義立国の達成にあると信じます。

国民の皆さんは、子は親に孝養をつくし、兄弟、姉妹はたがいに力を合わせて助け合い、夫婦は仲むつまじく解け合い、友人は胸襟を開いて信じ合い、そして自分の言動をつつしみ、すべての人々に愛の手をさしのべ、学問を怠らず、職業に専念し、知識を養い、人格をみがき、さらに進んで、社会公共のために貢献し、また法律や、秩序を守ることは勿論のこと、非常事態の発生の場合は、真心をささげて、国の平和と、安全に奉仕しなければなりません。そして、これらのことは、善良な国民としての当然のつとめであるばかりでなく、また、私達の祖先が、今日まで身をもって示し残された伝統的美風を、更にいっそう明らかにすることでもあります。

このような国民の歩むべき道は、祖先の教訓として、私達子孫の守らなければならないところであると共に、このおしえは、昔も今も変わらぬ正しい道であり、また日本ばかりでなく、外国で行っても、まちがいのない道でありますから、私もまた国民の皆さんとともに、父祖の教えを胸に抱いて、立派な日本人となるように、心から念願するものであります。

—国民道徳協会訳文による—

……なんだこりゃ？

どうやらこれは、「国民道徳協会」なる団体が作成した、教育勅語の「口語文訳」であるらしい。

しかし、それにしては、おかしなところがいろいろとある。

教育勅語の原文は以下の通りである（振り仮名は国定修身教科書による。かなづかいは原文のママ）。

朕《チン》惟《オモ》フニ我《ワ》カ皇祖《クワウソ》皇宗《クワウソウ》国《クニ》ヲ肇《ハジ》ムルコト宏遠《クワウエン》ニ徳《トク》ヲ樹《タ》ツルコト深厚《シンコウ》ナリ我《ワ》カ臣民《シンミン》克《ヨ》ク忠《チユウ》ニ克《ヨ》ク孝《カウ》ニ億兆《オクテウ》心《ココロ》ヲ一《イツ》ニシテ世々《ヨヨ》厥《ソ》ノ美《ビ》ヲ済《ナ》セルハ此《コ》レ我《ワ》カ国体《コクタイ》ノ精華《セイカ》ニシテ教育《ケウイク》ノ淵源《エンゲン》亦《マタ》実《ジツ》ニ此《ココ》ニ存《ソン》ス爾《ナンヂ》臣民《シンミン》父母《フボ》ニ孝《カウ》ニ兄弟《ケイテイ》ニ友《イウ》ニ夫婦《フウフ》相和《アヒワ》シ朋友《ホウイウ》相信《アイシン》シ恭倹《キヨウケン》己《オノ》レヲ持《ヂ》シ博愛《ハクアイ》衆《シユウ》ニ及《オヨ》ホシ学《ガク》ヲ修《ヲサ》メ業《ゲフ》ヲ習《ナラ》ヒ以《モツ》テ智能《チノウ》ヲ啓発《ケイハツ》シ徳器《トクキ》ヲ成就《ジヤウジユ》シ進《ススン》テ公益《コウエキ》ヲ広《ヒロ》メ世務《セイム》ヲ開《ヒラ》キ常《ツネ》ニ国憲《コクケン》ヲ重《オモン》シ国法《コクハフ》ニ遵《シタガ》ヒ一旦《イツタン》緩急《クワンキフ》アレハ義勇《ギユウ》公《コウ》ニ奉《ホウ》シ以《モツ》テ天壌《テンジヤウ》無窮《ムキユウ》ノ皇運《クワウウン》ヲ扶翼《フヨク》スヘシ是《カク》ノ如《ゴト》キハ独《ヒト》リ朕《チン》カ忠良《チユウリヤウ》ノ臣民《シンミン》タルノミナラス又《マタ》以《モツ》テ爾《ナンヂ》祖先《ソセン》ノ遺風《キフウ》ヲ顕彰《ケンシヤウ》スルニ足《タ》ラン

斯《コ》ノ道《ミチ》ハ実《ジツ》ニ我《ワ》カ皇祖《クワウソ》皇宗《クワウソウ》ノ遺訓《キクン》ニシテ子孫《シソン》臣民《シンミン》ノ倶《トモ》ニ遵守《ジユンシユ》スヘキ所《トコロ》之《コレ》ヲ古今《ココン》ニ通《ツウ》シテ謬《アヤマ》ラス之《コレ》ヲ中外《チユウグワイ》ニ施《ホドコ》シテ悖《モト》ラス朕《チン》爾《ナンヂ》臣民《シンミン》ト倶《トモ》ニ拳々《ケンケン》服膺《フクヨウ》シテ咸《ミナ》其《ソノ》徳《トク》ヲ一《イツ》ニセンコトヲ庶幾《コヒネガ》フ

明治《メイヂ》二十三年十月三十日《ニジフサンネンジフグワツサンジフニチ》

御名《ギヨメイ》　御璽《ギヨジ》

まず気づくのは、「一旦緩急アレハ義勇公ニ奉シ以テ天壌無窮ノ皇運ヲ扶翼スヘシ」が「非常事態の発生の場合は、真心をささげて、国の平和と、安全に奉仕しなければなりません」となっている点である。原文にない「平和と、安全」が入っているのも奇妙だが、それ以上に問題なのは、後半の「以テ……スヘシ」がどこかに消え失せてしまっている、ということである。

「以テ」とあるのだから、最終的な目的は「天壌無窮ノ皇運ヲ扶翼」することであって、「義勇公ニ奉シ」までの部分はその目的のための手段、と解釈するのが自然だろう。それなのに、肝心の目的の部分が抜け落ちている。「天壌無窮ノ皇運」を「平和と、安全」と意訳したのだ、と解釈できないこともないが、「天壌無窮」は永遠に続くこと、「皇運」は天皇・皇室の運命、という意味である。

さらに、「爾祖先《なんじ》」つまり「おまえたちの祖先」が「私達の祖先」と訳されている。一人称と二人称を取り違える、というだけでも信じがたいが、いっぽうでこの訳文では、天皇の祖先を意味する「皇祖皇宗」にも、全く同じ「私達の祖先」という訳が与えられている。

いずれも、教育勅語の内容をきちんと理解している人間なら、絶対に誤訳してはならないとわかるはずだし、それ以前に、日本語の文語文が理解できる人間なら誤訳するはずのない箇所である。「臣民」を一律に「国民」としているのも問題だが、これはまだ理解できなくもない。しかし、「朕カ忠良ノ臣民」（わたくしの忠実かつ善良な臣民）を「善良な国民」とするのは、明らかにおかしい。天皇への忠誠はどこに行ってしまったのだ？　そもそも、天皇に関する言葉が、なぜほぼ一律に「国」に置き換えられているのだ？

私が当惑したのは、このような奇怪な「訳」文を、教育勅語を、ひいては大日本帝国を評価・礼讃する側が広めているらしい、ということであった。つまり彼らは、自分たちが賛美しているはずの教育勅語について、明らかに間違った解釈を広めていることになるのだ。私は、当時の日記に、「これは翻訳といえる代物ではない」「靖国神社が、なんでこんな卑怯極まる「訳文」を展示しているのだ」などと書きとめている。

それから六年後の小泉純一郎内閣末期、教育基本法「改正」が問題になっていたころのことである。

二〇〇六年六月二日の衆議院「教育基本法に関する特別委員会」において、民主党（当時）の大畠《おおはたあきひろ》章宏委員（一九四七～）は、以下のような発言をした。なお大畠は日立製作所労働組合の出身で、一九九〇年に日本社会党から衆議院議員に初当選し、九六年に民主党に移籍。菅直人内閣で経済産業大臣（二〇一〇～一一年）、国土交通大臣（一一年）をつとめ、民主党の下野後は党代表代行（一二～一三年）、党幹事長（一三～一四年）などを歴任したのち、二〇一七年の総選挙には出馬せず引退している。

［…］お手元に教育勅語の現代訳というものを配付させていただきました。私は、この資料はある方からいただきまして、全社員の方に、このような手帳の中に入れて社員の方に配っているらしいんです。［…］日本が敗戦をした後、これは朗読しちゃだめだということで禁止をされましたけれども、この内容のどこが悪かったのか、これが検証をされないまま、どうも教育基本法というものの成立に至ってしまったんじゃないか。

したがって、例えば私なんかが考えますと、

私たちは、子は親に対して孝養を尽くすことを考え、〔…〕真心をもって国や社会の平和と安全に奉仕することができるようにしたいものです。

こういう文言が真ん中に入っているわけでありますが、私は、今、日本の社会を見ると、こういう基本的な考え方がどこか薄れ始めている。とにかくお金で買えないものはない、何でもいいから買い占めてしまえば自分のものになる。そして、そういう人が結局、衆議院議員選挙に立候補して、みんなが応援して、その後、今度は拘置所に入る。こういうことが繰り返されていて、私は、何が日本人の基本なのか、大人社会がほとんどこういう内容について示していない。その中で子供たちが育っていて、子供たちも一体何を目標にしたらいいかわからなくなってきているんですね。

ですから、教育基本法をいろいろ考える前に、一体、歴史的に、教育勅語というものの中身で何が悪かったのか、この検証がされていないところに、私はどうも日本の国の混乱があるように感じて仕方ありません。

大畠が個人ウェブサイトで公開していた情報（二〇一八年三月現在削除済）によれば、「この資料」

とは、茨城県信用組合理事長の幡谷祐一《はたやゆういち》（一九二三〜二〇一八）が社員教育用に作成した『王道』と題する小冊子だという。その全文は以下のとおりである。

『私たちの歩むべき道』（教育勅語の口語訳）

『私は、私たちの祖先が、遠大な理想のもとに、道義国家の実現をめざして、日本の国をおはじめになったものと信じます。そして、国民はよき伝統と習慣を形成しながら心を合わせて努力を重ね今日の成果をあげてまいりました。これは、もとより日本のすぐれた国柄の賜とも思われますが、教育の根本もまた、世界の中の日本として道義立国の達成にあると信じております。

私たちは、子は親に対して孝養を尽くすことを考え、兄弟・姉妹は互いに力を合わせて助け合うようにし、夫婦は仲睦まじく温かい家庭を築き、友人は胸襟を開いて信じあえるようにしたいものです。そして、生活の中での自分の言動については慎みを忘れず、すべての人々に愛の手をさしのべ、生涯にわたっての学習を怠らず、職業に専念し、知性や品性を磨き、更に進んで、社会公共の為に貢献することを考え、また、法律や秩序を守り、非常事態や社会生活に困難が生じたような場合には、真心を持って国や社会の平和と安全に奉仕することができるようにしたいものです。これらのことは、日本国民としての当然のつとめであるばかりでなく、私たちの祖先が、今日まで身をもって示し残された伝統的美風を一層明らかにすることでもあります。

このような私たちの歩むべき道は、祖先の教訓として、私たち子孫の守らなければならないところであると共に、この教えは、昔も今も変わらない正しい道であり、日本国民ばかりでなく、国際社会の中にあっても、間違いのない道であると考えられますから、私もまた、皆さんと共に、祖先の正しい教えを胸に抱いて、立派な日本人、そしてよき国際人となるように心から念願しております。』

この「口語訳」は明らかに国民道徳協会訳を下敷きとしたものだが、もはや、意図的誤訳の域を超えて、何か別のものになっている。「よき伝統と習慣を形成しながら」「世界の中の日本として」「よき国際人」など、いったいどこから出てきたのだろうか?

本書では、こうした奇妙な口語訳をひとつの軸として、主として戦後における教育勅語の扱われ方について考えてみることにしたい。

教育勅語の戦後、というのも妙な言い方である。教育勅語は大日本帝国憲法とほぼ同時に発布され、大日本帝国の崩壊とともに葬り去られたのではなかったか? とはいうものの、一九四八年に国会決議で失効が宣言されたにもかかわらず、その後七〇年の間、教育勅語を賛美し、あるいは一定の再評価を求める主張が、各方面で繰り返し語られてきたのも事実なのである。

教育勅語の成立過程については、海後宗臣《かいごときおみ》(一九〇一~八七)の『教育勅語成立史の研究』

（一九六五年）と、稲田正次《いなだまさつぐ》（一九〇二〜八四）の『教育勅語成立過程の研究』（一九七一年）の二著が現在でも基本文献となっている。それ以外にも、梅溪昇《うめたにのぼる》、籠谷次郎《かごたに》、山住正己《やまずみまさみ》、佐藤秀夫、副田義也《そえだよしや》、山本信良と今野敏彦、岩本努《つとむ》、森川輝紀《てるみち》、小股憲明《おまた》、小山常実《こやまつねみ》、駒込武、高橋陽一、平田諭治《ゆうじ》など、数多くの研究がある。だが、失効以後の状況については、道徳教育や愛国心教育とのかかわりで取り上げられること自体は少なくないものの、教育勅語そのものにしぼった研究はあまり多くない。

本書の執筆は二〇一二年から進めていたのだが、執筆に手間取っている間に、二〇一七年春、大阪市の私立幼稚園で教育勅語の暗唱教育が行なわれているという問題が表面化し、さらに、学校教育における教育勅語の使用をあたかも〝容認〟するような内容の閣議決定がなされ、教育勅語が決して過去の問題ではない、ということが、あらためて明らかとなってしまった。また、二〇一八年度からは小学校で「道徳」の教科化が実施され、一九年度からは中学校でも実施される予定である。そうした状況も考えれば、本書を世の中に投じる意味は、決して少なくないのではないか、と思う次第である。

＊　＊　＊

史料の引用にあたっては読みやすさを考慮し、漢字・カタカナ文は基本的にひらがなに直し、わかりづらいと思われる箇所については現代語訳した。ただし、かなづかいについては、『神社新報』のように意図的に歴史的仮名遣を用いている例もあることから、原則として原文通りとした。引用文中の［…］は引用者註である。また、引用文中の傍点は、特に断りのない限り引用者によるものである。

出典については、いわゆるハーヴァード方式（本文では著者名＋発表年の形式で示し、詳細な書誌情報は参考文献一覧で示す）で示した。たとえば、［佐藤＝編 一九九六a：三五六〜三五八］は、佐藤秀夫〔編〕『続・現代史資料9 教育 御真影と教育勅語2』（みすず書房、一九九六年）三五六〜三五八頁を示す。ただし、「余話」については、この方式ではかえって煩瑣になるため、普通の脚註を用いた。

年代表記については、グレゴリオ暦が採用される一八七三年（明治六年）以降については西暦に統一した。

本書では「右派」というくくりを用いるが、これは、戦前の日本や天皇制のあり方に肯定的で、日本国憲法をはじめとする戦後体制に不満を持つ立場を漠然と指したものである。あるいは「反〝戦後〟主義」とでもいったほうが適切かもしれない。そもそも、政治思想上の「右」「左」は相対的な区別にすぎず、左右のどちらにも多種多様な思想が含まれている。「右翼」「左翼」というと政治活動家の固定的なイメージで受け取られる恐れがあるし、かといって「保守」「革新」では意味がズレてしまう（右翼＝保守、左翼＝革新とされることが多いが、たとえばファシズムは、現状に否定的で変革を求める、という意味では「革新」なのである）。そこで、ひとまず「右派」「左派」という呼び方を用いることにしたものである。

教育勅語の戦後

目次

教育勅語の戦後◉目次

第1章

教育勅語とは？

今日風教之敗《のやぶ》れは、世変之然《のしか》らしむると上流社会之《の》習弊に因由す。矯正之《の》道は只々《ただただ》政事家之《の》率先に在る而巳《のみ》、決して空言に在らざるべし。空言の極、至尊之《の》勅語を以《もつ》て最終手段とするに至《いた》りては、天下後世 必《かならず》 多議を容《い》るゝ者あらん。

——井上毅《こわし》（一八九〇年六月二五日付山県有朋《やまがたありとも》宛書簡）

1　教育勅語を賛美する人々

戦後、政財界の要人が、教育勅語を肯定的に再評価すべきだと主張した例は、枚挙にいとまがない。以下に、主だった発言を、一人一つずつ年代順に並べてみることにする。なお、肩書はいずれも発言時点でのものである。

天野貞祐《ていゆう》（一八八四〜一九八〇／文部大臣）

教育勅語にふくまれる主要な徳目は今日といえども妥当性を有つものであって「父母ニ孝ニ［…］国法ニ従ヒ」というのはそのまゝ現在もわれわれの道徳的規準であります。［『朝日新聞』一九五〇年

一一月二六日付寄稿〕

岡野清豪《きよひで》（一八九〇～一九八一／文部大臣）

あの教育勅語は、終戦後廃止されたのでございますけれども、しかしこれは汝臣民に告ぐとか、拳々服膺しようじゃないかというような、いわゆる君民――封建的な関係の時代の文句を使ったり、形式を使ってあるから廃止されているのでありますけれども、しかし私はその内容においては、千古の真理を持っていると考えます。〔一九五三年二月九日・衆議院予算委員会〕

大達《おおだち》茂雄（一八九二～一九五五／文部大臣）

教育勅語に内容をなしております徳目の中につきましては、これはわが民族として最も大切にその徳目を保存して、これを履行して行かなきやならぬものだと思っております。〔一九五三年六月二六日・衆議院文部委員会〕

田中耕太郎（一八九〇～一九七四／最高裁判所長官）

この道徳について教育勅語には簡明にあらわされている。その形式が天皇の命令であり、非民主的だからといって、なかみまでまちがっていることにはならない。いかなる民族に対しても、また古今を通じて範囲としうるりっぱなものである。〔一九五六年一〇月一六日・校長研究協議会での講演。田中 一九五六：五〇〕

吉田茂（一八七八～一九六七／元内閣総理大臣）

どうしても、私は、日本国民全体に通じる生きた教育信条というようなものを、はっきりと打ち出す必要があると、ますます思うようになった。戦争に負ける前には、そういうものとして、「教育勅語」が働いていた。「教育勅語」が一から十まで、今の教育信条として妥当するものとは、私といえども思わないが、さればといって、中外に施して悖らず、古今に通じて謬らざる立派な精神もそれには示されており、また国民全体によい影響を与えていた節もあったのである。［吉田一九五七：一〇四〜一〇五］

堤《つつみ》 康次郎《やすじろう》（一八八九〜一九六四／衆議院議員、元衆議院議長、西武グループ創業者）

むかしの教育は、教育勅語を基本としており、ここに人生の基本が示された。戦後はあれを反動のかたまりみたいにいって捨ててしまったが、これは間違っている。「父母ニ孝ニ兄弟ニ友ニ」からはじまるあの道徳律は、いわば自然法で、いまも厳として生きている。［『西武』第五八号、一九六二年一〇月一五日発行。川口二〇〇六：三一　より引用］

池田勇人《はやと》（一八九九〜一九六四／内閣総理大臣）

松下幸之助（一八九四〜一九八九／松下電器産業会長）

池田　［…］徳を養い、民族を愛し、技術を高め、知識を広め、そして博愛衆に及ぼし、世界の人から好かれるように、これは昔の教育勅語に出ていた。［…］どこの国でも、ソ連、中共［中華人民共和国］にしても国定教科書にやっぱり書いてある。それを日本は、戦争という大きなあれによって遠慮している。私は教育勅語を読んで、あの言葉は非常にいいことだと思っている。

松下　それで、いまおっしゃった教育勅語もその一面ですね。その面は、これはどこの国に出しても立派なものであるし、現にソ連も中共も、それと同じ精神で教育しているということをぼくも知ってびっくりしたのですよ。〔…〕中共にしてもソ連にしても、つまり生徒の規則ですな、中にちゃんと、親孝行という言葉は使っていませんけれども、親孝行と同じ内容をもってますのや。〔一九六三年八月二九日・NHKテレビ「総理と語る」。松下 一九九一b：二八〇〜二八一〕

大田政作（一九〇四〜九九／琉球政府行政主席）

人間尊重はモラルの根本をなすものでその尺度によって教育勅語などから例えば「君に忠」などのような民主社会に通用しない一部の個所を削除した徳目に端的に出ている。つまりまわりから敬愛され、他人に迷惑をかけない人だ。

教育勅語のなかで盛られている「父母に孝に〔…〕もって知能を啓発し……」などはむかしも、いまも変わりない立派な道徳教育の徳目と考える。〔『琉球新報』一九六四年一月六日付掲載のインタビュー〕

川又克二（一九〇五〜八六／日産自動車社長）

〝朕惟フニ〟からはじまるこの教育勅語には、実に多くの〝人間〟としてなさねばならぬ真理が含まれているのである。〔…〕

明治百年を迎え、〝明治は遠くなりにけり〟だが、この教育勅語の中から〝忠君〟の思想さえとりのぞけば、今日も十分に尊重さるべき基範だと思う。〔川又 一九六六：一二四〜一二五〕

植村甲午郎《こうごろう》（一八九四～一九七八／経済団体連合会会長）

『古く良き時代《ママ》』といわれる明治を想い出すことはみな結構なことだが、その中でも明治精神の精華真髄といえば私は『教育勅語』がその最たるものたることを信じて疑わない。［明治百年記念事業団＝編 一九六八：五］

田中角栄（一九一八～九三／内閣総理大臣）

［…］これ［教育勅語］を復活することは考えておりません。しかし、その中には、多くの普遍的な人倫の大本を示した部分があることもまた事実でございます。でありますから、形式を越えて現代にも通ずるものがあるという事実に徴し、それらについては、国民の共感を得られるような状態で世論に問うべきではないかという考え方を持っておるのでございます。［一九七四年三月二八日・衆議院本会議］

石田和外《かずと》（一九〇三～七九／最高裁判所長官）

［…］今さら私は昔そのままの教育勅語の復活を提唱するものではない。しかしその内容である諸徳目は、人間なら必ず順守すべきものであって、古今東西いかなる人間社会にも通用する性質のものである。［『日本経済新聞』一九七五年四月七日付朝刊に寄稿］

福田赳夫《たけお》（一九〇五～九五／内閣総理大臣）

私は、教育勅語ですね、いま読んでみても、人の道というものをこんなに明快に示しておる、そういう資料というものは、これはもう他に見ないです、これは。私は、教育勅語の示しておる人の道というものは、これは今日においても脈々として生きておるし、またこれを生かしていかなければならぬと、こういうふうに考えるのであります。［一九七七年二月九日・参議院本会議］

砂田重民《すなだしげたみ》（一九一七〜九〇／文部大臣）

戦前教育の中心にあった教育勅語にも、人間性や連帯感が説かれている。よいところをも一緒に投げすててしまうのは間違いだと思う。［一九七八年八月二八日・日本記者クラブでの講演、『朝日新聞』八月二九日付による］

内藤誉三郎《たかさぶろう》（一九一二〜八六／文部大臣）

教育勅語をそのまま復活しようとは思わないが、戦後の教育にシンボルがないのは情けない。教育勅語の中身は含蓄のあるものだ。教育の根本のシンになる。［一九七八年一二月七日・文相就任記者会見、『朝日新聞』一二月八日付による］

谷垣専一（一九一三〜八三／文部大臣）

［教育勅語は］子供のとき習ったが、いいことを言っていると思う。人のしつけ、日常の行動などの基準を言っている。父母に孝に兄弟に友に、など当然のことを言っている。［一九七九年一一月一九日・文相就任記者会見、『読売新聞』一一月二〇日付による］

瀬戸山三男《みつお》（一九〇四〜九七／文部大臣）

教育勅語の中に、父や母を大切にしなさいと、きょうだいは仲よくしなさい、夫婦は本当にそれこそ仲よくしなさい、友達は相信じて仲よくしなさい、みずからを持して余り妙なことをしなさんな、「恭儉己レヲ持シ」というのはそういうことだと思う。博愛衆に及ぼしなさいと、学を修め業を習い、知脳を啓発しなさいと、徳器を、道徳的人間になりなさいと、社会、公共福祉を考えなさい、公益を重んじなさいと、そういういわゆる国の法律、憲法を重んじなさいと書いてあるのですが、これはどこが悪いのだろうかというのが私の考えでございます。［一九八三年三月一二日・参議院予算委員会］

藤尾正行（一九一七〜二〇〇六／自由民主党政務調査会長）

戦後、国民の秩序は乱れてきており、教育勅語の教える道徳律を復活させて、精神の秩序をとりもどすべきだ。［一九八四年八月二七日・自民党北海道連政策集会、『朝日新聞』八月二八日付による］

松永光（一九二八〜／文部大臣）

教育勅語は、日本が敗戦後、国会においてその廃止の決議がなされたものでありますけれども、教育勅語を読んでみますと、その中には、個々の徳目として今の世におきましても守っていくべき事柄も記載されておるというふうに私は思っております。［一九八五年三月二九日・衆議院文教委員会］

井深大《まさる》（一九〇八〜九七／ソニー名誉会長）

「教育勅語」というと、非民主的なものという悪いイメージを持っている人も少なくないようです。たしかに、天皇制を絶対とする考え方で貫かれてはいますが、そこで説かれている愛国心や親孝行の精神などは、それ自体は悪いことでもなんでもなく、むしろ人間として持っていて当然の精神といえるでしょう。［井深 一九八五：八二］

石原慎太郎（一九三二〜／東京都知事）

小学校のころ校長からよく教育勅語を聞いたが、親を大事にせよとか、それを現代語で分かりやすく伝え、情操として培っていくのは何も悪いことじゃない。［『朝日新聞』一九九九年四月一四日付朝刊掲載のインタビュー］

中曽根弘文（一九四五〜／文部大臣）

この教育勅語の中には、兄弟が仲よくし、父母に孝行を尽くし、夫婦互いにむつみ合い、朋友互いに信義をもって交わりとか、人間の生きていく上での基本的な、非常に大切なことが書いてあるわけでありまして、こういう精神というものを児童たちに養っていくということはやはり大切なことだろう、これは普遍的なものだろう、私はそういうふうに思っております。［二〇〇〇年四月二一日・衆議院文教委員会］

森善朗《よしろう》（一九三七〜／内閣総理大臣）

［…］例えば私は教育勅語をもとに戻せ、そんなことは一遍も言ったことはないんですが、［…］あの中の超大国的な主義、超国家的主義、こういうものは私は排除しなきゃなりませんけれども、祖国愛であるとか夫婦相和することとか兄弟が仲よくするということは、どんな歴史を超えても大事な私はこれは哲理、哲学だろうと思いますが、こういうことが結局国会で完全に何の議論もなしに排除されてしまった。［二〇〇〇年四月二五日・参議院予算委員会］

河村《かわむら》建夫（一九四二〜／文部科学大臣）

教育勅語には夫婦仲よくしなさいとか兄弟仲よくしなさいとか、生きていく上で大事な倫理力が書いてある。そういうことは大事にしないといけない。［二〇〇四年五月一五日・愛媛県松山市での教育改革タウンミーティングでの発言、『サンデー毎日』六月六日号による］

中山成彬《なりあき》（一九四三〜／文部科学大臣）

教育基本法が制定されたときには教育勅語というのもございまして、この二つの法律が車の両輪となって日本の教育をやっていこうということでございましたが、ＧＨＱの指令によりましてこの教育勅語が廃止されたわけでありまして、戦後の日本の教育というのは、ある意味では片肺飛行でやってきた。［…］心の問題だとか、いわゆる道徳だとか、公の心だとか、日本人としてどういう日本人を育てるんだという観点が抜けたそういう教育が戦後ずっと行われてきたんじゃないかな、そこにも今日的なさまざまな課題が生じているんじゃないかな、こう思っているわけでございます。そういう意味で、教育勅語を読んでみますと、本当にいいことが書いてあるなと私自身は思っております。［二〇〇五年一〇月一九日・衆議院文部科学委員会］

麻生太郎（一九四〇〜／外務大臣、のち内閣総理大臣）

［…］少なくとも書いてあるところは、お父さんに孝行しなさい、兄弟は仲よくしなさい、夫婦は仲よくしなさいと、これはみんなまともなことが書いてあるんです、ずっと。だから、全然おかしいところはない、そこだけ読めば。

ところが、「以テ天壌無窮ノ皇運ヲ扶翼スヘシ」というところが一番ひっかかるところなんですよ。そこが国運と書いてあればまだまだ話は違ったものだと思いますけれども、皇運と書いてあるから非常に問題があるのではないかという御指摘は当たっているのではないでしょうか。

しかし、これをもって、教育勅語があったから戦争に入ったという、教育勅語と戦争に突入していったという直接の関係はなかなか見出せないんだと思いますが。［二〇〇六年五月二六日・衆議院教育基本法に関する特別委員会］

下村博文《しもむらはくぶん》（一九五四〜／文部科学大臣）

この徳目は、至極真っ当な、今でも十分通用するというか、これは戦後とか戦前関係なく、あるいは国を関係なく、この教育勅語の十二の徳目でありますが、中身そのものについては普遍性があるというふうに思います。［二〇一四年四月二五日・衆議院文部科学委員会］

稲田《いなだ》朋美（一九五九〜／防衛大臣）

教育勅語の中の、例えば親孝行とか、そういうことは、私は非常にいい面だと思います。そして、そこで文科省がおっしゃっている丸覚えをさせることに問題があるということに関しては、どうなのかなと思います。［二〇一七年二月二三日・衆議院予算委員会第一分科会］

細かい違いはあるが、基本的な内容は大して変わらない。つまり、教育勅語そのものを復活させろとは言わないが、その全部が悪いわけではない、むしろその中身は普遍的ですばらしいものだ――というワンパターンな発言が、延々と続けられているのである。しかも、学校教育では教育勅語を経験していないはずの森喜朗や中山成彬などの世代、さらには戦後生まれの世代までもが同種の発言を繰り返している。森喜朗あたりまでは「教育勅語そのものの復活は考えていない」と留保をつけることが多かったが、戦後世代の発言ではそれすらも抜け落ちる傾向があるようだ。

さて、彼らが賛美、ないしは評価する教育勅語とはいったいどんなもので、どのような形で発布されることになったのだろうか？

2　教育勅語と国体論

教育勅語とは？

教育勅語は、一八九〇年一〇月三〇日、山県有朋《やまがたありとも》首相立ち合いのもと、明治天皇から芳川顕正《よしかわあきまさ》文部大臣に下賜され、翌一〇月三一日付の『官報』に、明治二三年文部省訓令第八号の付属文書として公示された。一般的には、一〇月三〇日をもって、教育勅語の「発布」ないし「渙発《かんぱつ》」としている。大日本帝国憲法施行（一一月二九日）の約一ヶ月前のことであった。

原文には特に題名はつけられていないが、公式には「教育ニ関スル勅語」と呼ばれており、「教育勅語」はその略称である。

「勅語」とは、天皇が公的に発する文書（詔勅《しょうちょく》）のうち、口頭で伝えられるもののことで、現在でいう「おことば」にあたる。といっても、実際には法制局長官の井上毅《こわし》と枢密顧問官の元田《もとだ》永孚《ながざね》の二人が中心となって起草したものである。

なお、詔勅は「詔」（詔書）と「勅」（勅書・勅諭・勅語など）とに区分され、原則として勅より詔の方が扱いが重い。

本文は三一五字で、二段落に分けられている。末尾には明治天皇の署名（御名《ぎょめい》）と印（御璽《ぎょじ》）があるが、大臣の副署はない。

帝国憲法の規定では、法律・勅令およびその他の国務に関わる詔勅には、大臣の副署が必要とされている（第五五条第二項）。したがって教育勅語は、法令でも国務に関わるものでもないことになる。なお、一九〇七年に公式令《こうしきれい》が制定されて以後は、勅語には天皇の署名と印はつけないのが通例となるが、教育勅語はそれ以前の発布であるため、署名と印がつけられている。

形式的には、この勅語は、明治天皇個人が臣民（臣下である民）に向かって、臣民の守るべき道徳に関する個人的な意見を述べたメッセージであり、法的拘束力はない。ところが実際には、この勅語は国民教育の事実上の基本方針として扱われ、他のどの詔勅よりも重視されることになった。発布後、文部省はこの勅語の謄本《とうほん》（コピー）を作成して全国の学校に配布し、小学校の重要儀式において、教職員および生徒による御真影《ごしんえい》（天皇・皇后の肖像写真。ただし、明治天皇のものは、実際は肖像画）への最敬礼と、校長による教育勅語の奉読を行なうことを定めた。さらに、小学校における修身教育（現在の道徳にあたる）は、教育勅語の精神に基づいて行なわれることになる。このような学校教育によって、法的には特に意味を持たないはずの教育勅語は、逆に、明治天皇が自ら発した言葉であるがゆえに、法律をはるかに超えた神聖なものと見なされるようになったのである［小股二〇〇五、二〇一〇］。

帝国憲法には教育に関する規定がない。そして、教育に関する重要な法令は、そのほとんどが勅令《ちょくれい》の形で出されていた。勅令とは、法律以外に天皇が直接発することのできる法的な命令である。憲法施行後、帝国議会が教育に介入してくることを嫌った明治政府は、教育に関する法的規定を、議会を通す必要のある法律によってではなく、その必要のない勅令によって定める方針をとったのである。たとえば、今日の学校教育法にあたる小学校令・中学校令などの諸法令は、すべて勅令として出されている。教育勅語は、このような教育体制の根本原理と見なされていた。

もっとも、発布しばらくの間は、政府内からも教育勅語の追加・修正を求める声もあった。たとえば西園寺公望《きんもち》（一八四九～一九四〇）は、文相在任中（一八九四～九六年、九八年）に、ひそかに第二教育勅語の制定を検討している。しかし、日露戦争（一九〇四～〇五年）以後になると、教育勅語は神聖にして修正不可能なものとする考え方が浸透し、勅語の修正という発想自体が「不敬」と見なされるようになる。そのため、修正の代わりに、教育勅語を補完する内容の詔勅が出されるようになった。日露戦争後の一九〇八年一〇月一三日に出された「戊申《ぼしん》詔書」、関東大震災直後の一九二三年一一月一〇日に出された「国民精神作興ニ関スル詔書」、日中戦争（一九三七～四五年）中の一九三九年五月二二日に出された「青少年学徒ニ賜《たま》ハリタル勅語」などである。

この教育体制は、一九四五年の日本の敗戦と、それにともなう、GHQ／SCAP《スキャップ》（連合国軍最高司令官総司令部）主導の教育改革によって崩壊する。最終的には、一九四八年六月一九日の二つの国会決議、すなわち衆議院の「教育勅語等排除に関する決議」と参議院の「教育勅語等の失効確認に関する決議」によって、効力が公式に否定されたとされる（以下、前者を「衆院排除決議」、後者を「参院失効確認決議」と略し、両方を合わせて呼ぶ場合は「排除・失効確認両決議」とする）。発布から五八年後、敗戦から約三年後、教育基本法の公布・施行（一九四七年三月三一日）と日本国憲法の施行（同年五月三日）から一年あまり後のことであった。

「教育勅語等」となっているのは、教育勅語だけでなく「陸海軍軍人に賜《たま》はりたる勅諭」（軍人勅諭、一八八二年一月四日発布）・戊申詔書・青少年学徒勅語なども対象とされたからである。また、二つの決議は、失効の理由がそれぞれ異なる。衆院排除決議が、根本的理念が日本国憲法に違反するとするものであったのに対し、参院失効確認決議は、教育基本法施行の時点ですでに失効している、とするものであった。

「国体」とは？

国会決議までのいきさつは第四章で触れるが、衆院排除決議において違憲の根拠とされたのは、「根本的理念が主権在君並《なら》びに神話的国体観に基《もと》づいている」という点であった。

「主権在君」は、主権者であった天皇から下された命令の形になっていることを指している。そそれでは、「神話的国体観」とは何か？

「国体」とは、文字通りには「国柄《くにがら》」、もしくは「国のあり方」を意味する。だが、単に「国語」といった場合は日本語、「国史」といった場合は日本史を意味するのと同じように、単に「国体」といった場合は、「日本の国としてのあり方」という意味になる。そして、近代日本においては、日本の「国体」とは、帝国憲法第一条にも規定された通り、「万世一系」の天皇による統治である、とされていた。

万世一系とは、王朝交替がなく、初代天皇とされる神武天皇以来、一貫して同じ血統（皇統）による世襲が続いている、ということである。別の王朝に乗っ取られたこともなければ、他の国に征服されたこともなく、直系の血統が途絶えてしまったこともない。これは、単に事実としてそうなっている、ということではなく、日本の歴史の始まりからそのように決められているのであって、天皇は永遠に天皇、臣民は永遠に臣民であり、臣民が天皇にとってかわるようなことは絶対にありえない――というのが、「国体論」の基本的な考え方である。

戦前の国定国史教科書では、日本の歴史は、天照大神《あまてらすおおみかみ》が、自らの孫で神武天皇の曽祖父にあたる瓊瓊杵尊《ににぎのみこと》を、日本の統治者として地上に遣わした（天孫降臨）ときに始まったとされていた。その際、天照大神は、次のような勅を下したとされる。

豊葦原の千五百秋《ちいほあき》の瑞穂《みずほ》の国は、是《こ》れ吾《あ》が子孫《うみのこ》の王《きみ》たるべき地《くに》なり。宜《よろ》しく爾皇孫《いましすめみま》就《ゆ》きて治《しら》せ。

行矣《さきくませ》。宝祚《あまつひつぎ》の隆えまさむこと、当《まさ》に天壌《あめつち》と窮《きわま》りなかるべし。［文部省『国体の本義』一九三七年］
――豊葦原千五百秋瑞穂国（日本）は、私の子孫（天皇）が君主たるべき国です。わが皇孫（瓊瓊杵尊）よ、行って治めなさい。さあ、行きなさい。天《あま》つ神の系統（皇位）の繁栄は、天地とともに終わりがない（永遠に続く）でしょう。

この勅を「天壌無窮の神勅」といい、日本の「国体」はこのときに定まったとされる。つまり、この神勅が国体論の究極的な根拠なのである。また、このとき天照大神から「皇位の御《み》しるし」として瓊瓊杵尊に渡されたのが、八咫鏡《やたのかがみ》・草薙剣《くさなぎのつるぎ》・八尺瓊勾玉《やさかにのまがたま》の「三種の神器」である。

かくて瓊瓊杵尊は日向《ひゅうが》（南九州）の地に天降《あまくだ》りした。その曾孫である神武天皇は、日向から大和《やまと》（奈良県）に攻め入って平定し、橿原宮《かしはらのみや》（現・奈良県橿原市）で即位の礼を挙げた。これが辛酉《しんゆう》年春正月朔《ついたち》のことで、西暦（グレゴリオ暦）に換算すると紀元前六六〇年二月一一日になるとされる。二月一一日は明治に入ってから「紀元節《きげんせつ》」とされ、戦後の一九四八年に廃止されたものの、一九六七年から「建国記念の日」となっている。

ところで、天壌無窮の神勅の出典は『日本書紀』（七二〇年成立）なのだが、じつは『日本書紀』の正文には、天壌無窮の神勅も三種の神器も登場しない。正文の後に「一書《あるふみ》に曰《いわ》く」として掲げられた異伝の中で触れられているだけである（ついでにいえば、原文は「豊」のつかない「葦原」なのだが、飯田武郷《たけさと》の註釈書『日本書紀通釈』が「豊葦原」という校訂を採用し、それが『国体の本義』や国定教科書で引用された)。この神勅は、日本語で語られたものを漢文に直したという体裁になっているが、それにしては漢文として自然すぎることが早くから問題とされており、思想史家の家永三郎(一九一三~二〇〇二)によって、同時代の中国や日本の仏教の願文《がんもん》に類似した表現が見られることが指摘されている[家永 一九四八=九七]。この神勅が歴史書の本文に掲げられるようになるのは、平安時代初期に書かれた斎部広成《いんべのひろなり》の『古語拾遺』(八〇七年)からである。中世には、長大な『日本書紀』よりも、簡潔で明解な『古語拾遺』の方が広く読まれ、強い影響を与えた(なお、『古事記』は古代・中世を通じてほとんど読まれていない)。神勅が重視されるようになるのは鎌倉時代以後のことで、「百王説」(天皇は百代で終わる、という一種の終末予言)などの終末思想への対抗として、主として神道家の間で強調されるようになったらしい。

つまり、国体論は『日本書紀』の内容そのものではなく、その読み替えによって後から作り出されたものなのである。ついでながら、今日の研究では、男系世襲制が確立するのは六世紀の継体・欽明朝以後だと考えられている[歴史科学協議会 二〇〇八]。

ところで、「国体」の語をこのような意味で用いた例は、幕末水戸藩の儒者・会沢正志斎《せいしさい》(一七八二~一八六三)の『新論』(一八二五年)に始まる。

一八世紀末から一九世紀初頭にかけ、水戸藩で『大日本史』の編纂に従事していた藤田幽谷《ゆうこく》(一七七四~一八二六)・東湖《とうこ》(一八〇六~五五)父子や、幽谷の弟子である会沢正志斎らは、欧米諸国のアジア進出に危機感を感じ、儒学・国学の影響を受けつつ、天皇への絶対的帰依を求める、水戸学と呼ばれる思想を展開する（一七世紀に『大日本史』の編纂に関与した安積澹泊《あさかたんぱく》・佐々宗淳《さっさむねきよ》らの思想と区別して「後期水戸学」ともいう）。東湖は、藩主徳川斉昭《なりあき》の命により起草した『弘道館記』（一八三八年）の中で、「尊王攘夷」（「尊皇」と表記されることがあるが、史料的には適切でない）という熟語を初めて用いた。この思想はやがて、天皇が自ら国を統治するのが正しい「国体」のあり方である、という方向に行きつき、討幕を正当化する論理になっていく。明治維新によって成立した新政府は、天皇による統治の根拠を、この国体論に求めた。

一八八八年六月一八日、天皇の最高諮問機関である枢密院に帝国憲法草案が提出され、第一読会が開かれた際、枢密院議長の伊藤博文（一八四一～一九〇九）は、欧米諸国ではキリスト教が人心を安定させる国家の機軸としての機能を果たしているが、日本の宗教は、仏教も神道もその役割を果たせそうにない、として、「我《わが》国に在《あり》て機軸とすべきは独《ひと》り皇室あるのみ」と語った。つまり明治国家は、国民統制のため、天皇に対する宗教的崇拝を国民に根付かせようとしたのである。

明治国家においては、天照大神を祀る皇大神宮（伊勢神宮内宮《ないくう》）は最も重要な神社とされ、他のすべての神々、すべての神社は、その下に位置づけられることになった。そして、神社に対する崇敬は、神々の子孫である天皇に対する崇敬と直結することになる。すべての日本国民は、いかなる信仰を持っていようと、神社と天皇を崇敬しなければならないとされた。この、天皇に対する崇拝と直接結びつけられ、国家に統制された神道のあり方は、一般に「国家神道」と呼ばれる。

国体論の果たした役割

国体論は、学校教育、ことに修身と国史の教育を通じて、徹底的に国民に叩き込まれることになった。その後押しをしたのが、教育勅語だった。教育勅語は明治天皇個人の考えではなく、「皇祖皇宗」、つまり歴代天皇が代々伝えてきた「遺訓」であるとされており、また、臣民が先祖代々、天皇への忠誠と親への孝行を尽くしてきたことが「国体の精華」であるとされ、臣民は「天壌無窮の皇運」（永遠に続く皇室の運命）を助けなければならない、とされていた。刑法に不敬罪の規定があり、天皇や皇族、それに伊勢神宮などに対して「不敬」とされる行為をはたらいた者を処罰することができたことも、このことを後押しした。

といっても、教育勅語が法的に適用されたのは小・中学校までであり、大学においては国体論に疑義をさしはさむような研究・教育も、ある程度までは可能だった。ところが、昭和期に入ると、国体論に疑義をさしはさむようなことは一切許されないようになる。そのきっかけとなったのが、一九二五年に公布・施行された治安維持法であった。

この法律により、「国体を変革し又《また》は私有財産制度を否認することを目的」とした結社を組織することが犯罪となった。本来、この法律は共産主義やアナーキズムを取り締まる目的で作られたものなのだが、問題は「国体の変革」という曖昧な表現にあった。大審院（現在の最高裁判所にあたる）は、一九二九年五月三一日の判決（昭和四年（れ）第三八九号）で、「国体」について「我《わが》帝国は万世一系の天皇君臨し統治権を総攬《そうらん》し給《たま》ふこと」という定義を下したが、どこまでがその「変革」と解釈されるのかは、はっきりしていなかった。その一方で、二八年の法改正では、「国体を変革することを目的」とした結社の組織者・指導者に対して、最高刑に死刑が導入されるとともに、結社のメンバーでなくとも、「結社の目的遂行の為《ため》にする行為」を行なったものは取り締まることができるようになる。

法律というものは、厳密にしすぎると融通がきかなくなるが、かといって、曖昧にしすぎると、際限なく拡大解釈されるようになってしまう。日本共産党が壊滅する一九三五年ごろから、治安当局は、この法律を共産主義とは無縁の宗教団体などにまで適用し始めるのである。朝鮮独立運動など、天皇と直接関係ないものすら適用対象となった。

一九三五年には天皇機関説事件も起こっている。もともと、明治以来の憲法学では、美濃部達吉らによる国家法人説（「天皇機関説」は俗称）、つまり国家を統治権を持つ法人と見なし、君主（天皇）はその最高機関で、内閣など他の機関の輔弼《ほひつ》を受けながら統治権を行使する、と見なす考え方が主流であった。これは、天皇が国家意志の最高決定権を持つことを否定するものではなかったのだが、突如としてこの学説が、「不敬」として軍部や右派からの集中攻撃を受ける。岡田啓介内閣は二度にわたり「国体明徴声明」を発し、単に天皇機関説を否定したのみならず、政治・教育その他すべてについて「万邦無比なる我《わが》国体の本義を基《もとい》とし、其《その》真髄を顕揚するを要す」と宣言してしまう。

一九四一年には治安維持法が全面改正され、「国体を否定し又《また》は神宮若《もしく》は皇室の尊厳を冒瀆すべき事項を流布することを目的」とした結社・集団の組織すらも違法とされるにいたった。つまり、国体論に少しの疑いをさしはさむことすらも犯罪とされるようになったのである。

3　教育勅語の発布まで

井上毅と元田永孚

先述したように、教育勅語の起草者は、井上毅（号は梧陰《ごいん》、一八四四〜九五）と元田永孚（号は東野、一八一八〜九一）である。より正確に言えば、井上が原案を起草し、井上と元田が協議して推敲を重ねたのち文部省に送付、さらに文部省で何人かの学者に草案を見せ、最終的な修正を施す、という作業を経て成立している。

親子ほど年齢の離れた井上と元田だが、出身はどちらも肥後熊本藩である。

元田は、明治四年（一八七一年）に大久保利通に推挙されて宮内省に入省し、侍読《じどく》、のち侍講《じこう》（天皇に和・漢・洋書を進講する役職）および侍補《じほ》（天皇の補佐職）として、明治天皇への『論語』や『日本外史』などの進講を行ない、天皇の側近として、生涯を通じて儒教道徳の確立を主張し続けた。

いっぽうの井上は、明治四年一二月（一八七二年一月）司法省に入省、フランスやドイツで司法制度の調査を行なったのち、帰国後、大久保利通に認められて頭角をあらわし、岩倉具視《ともみ》や伊藤博文のブレーンとなった。自由民権運動による国会開設要求が高まる中、一八八一年に大隈重信がイギリス式立憲君主制の導入を主張すると、井上は、岩倉の依頼でプロイセン憲法を規範とした欽定憲法構想をとりまとめ、さらに大隈と、そのブレーンと見なされていた福沢諭吉一派の失脚工作を図る。その後、井上は伊藤のもとで、帝国憲法起草にあたって中心的な役割をになうことになる。

出身地こそ同じながら、二人の思想的立場は異なっていた。元田が儒教に基づく天皇親政の国づくりを目指していたのに対し、井上は、「万世一系の天皇」による統治を国家の根本原理として掲げつつも、近代立憲主義を前提とした国づくりを進めようとしていた。この両者の違いは、教育勅語の成立にも反映されることになる。

「教学聖旨」論争

近代日本最初の教育法令である一八七二年の「学制」では、修身は下等小学（満六～九歳）の一四教科の六番目に掲げられていた。一八七九年九月の「教育令」では読書・習字・算術・地理・歴史と並べた後に挙げられており、優先順位はあまり高くなかった。なお「修身」とは、本来は朱子学でいう『大学』の八条目、すなわち格物・致知《ちち》・誠意・正心《せいしん》・修身・斉家《せいか》・治国・平天下の一つで、自分の行ないをみずから正し修めることである。

一八七〇年代末、国会開設を求める自由民権運動が全国的に広まりつつある中で、明治政府の中に、「天皇親政」の実現によってこの危機を乗り切ろうとする動きが生じる。その動きの中心となったのが、当時、侍講兼侍補だった元田永孚である。元田は、民権運動とは文明開化による外国思想の流入がもたらした悪しき産物であり、それに対処するためには教育を儒教中心主義に改めなければばならない、と考えていた。

教育令発布直前の一八七九年八月、元田は、明治天皇の名で「教学聖旨」と呼ばれる文書を作成した。これは、風俗の乱れは、教育がもっぱら西洋由来の「智識才芸」のみをたっとび、「仁義忠孝」をおろそかにしているためである、として、教育を儒教道徳にもとづいて行なうことを訴えたものである。具体的な方策としては、小学校に古今の忠臣・義士・孝子・節婦の絵図を掲げ、忠孝の大義を「脳髄に感覚」せしめること、農家・商家の子弟が高い教育を受けた結果、本業を捨て、年長者をあなどったり地方官僚を妨害したりしているので、農業・商業の専門学科を設け、学校を卒業した後は本業に戻させること、が挙げられていた。

教学聖旨は、まず文部卿の寺島宗則と内務卿の伊藤博文に内示されたが、伊藤はこれに反発する。同年九月、伊藤は井上毅に起草させた「教育議」を天皇に上奏した。その内容は、維新以後の風俗や言論の乱れは文明開化に必然的にともなうものであって、教育の失敗だけが原因ではない、と主張するもので、「教学聖旨」を真っ向から否定するものだった。「教育議」は、修身教育自体は必要なものとしつつも、「一の国教を建立」するようなことは政府の仕事ではない、と断言し、「政談の徒」が出てくるのはむしろ漢学の影響によるものであり、学生の関心を「工芸技術百科の学」へとそらすほうが適当である、と主張した。

元田はこれに対して「教育議附議」と題する反論を執筆したものの、結局、「教学聖旨」は一般には公表されずに終わった。また、一〇月に侍補職は廃止され、天皇親政運動も挫折する。

ところが、教育令は施行後間もなく地方長官（府県知事および北海道庁長官。当時は官選制で、内務省から派遣されていた）から批判の声が高まり、わずか一年三カ月後の一八八〇年一二月に全面改正となった。この第二次教育令では、修身科は小学校の授業科目の筆頭とされた。自由民権運動への対処に苦慮した政府は、結局、元田ら保守派の主張を取り込み、「教学聖旨」路線の儒教主義教育へと舵を切ることになったのである。

一八八一年六月に発布された「小学校教員心得」（明治一四年六月一八日文部省達第一九号）では、小学校教育の目的は「尊王愛国の志《こころざし》を盛んにし、風俗をして、人情があつくて飾り気のない美しさがあるようにし、人民の生活を豊かにし、もって国家の安寧福祉を増進する」（尊［ママ］王愛国ノ志気ヲ振起シ風俗ヲシテ淳美ナラシメ民生ヲシテ富厚ナラシメ以テ国家ノ安寧福祉ヲ増進スル）とされた。元田は一八八二年には、自ら修身教科書『幼学綱要』を編纂し、宮内省から刊行している。

「徳育涵養ノ義ニ付建議」

教育勅語発布の直接のきっかけは、帝国憲法公布一年後の一八九〇年二月に開かれた地方長官会議（内務省が主催する、東京に全国の地方長官を集めて開かれる会議）である。この際、宮城県知事の松平正直《まさなお》、埼玉県知事の小松原英太郎、岩手県知事の石井省一郎《しょういちろう》らが、民心を安定させるためには徳育の基本を示すことが必要だと主張し、第一次山県有朋内閣の榎本武揚《たけあき》文相に対して「徳育涵《かん》養《よう》ノ義ニ付《つき》建議」（涵養＝自然に水がしみこむように、徐々に教え養うこと）を提出することになった

［佐藤＝編 一九九四：三二〜三三］。これは、小学校の教育が「智育」にかたよって「徳育」が欠けているために、生徒が「軽躁浮薄《けいそうふはく》」（思慮が浅く軽はずみ）になっており、その原因はそもそも師範学校における小学校教師の教育で「徳育の主義」が定まっていないことにある、として、儒教に基づく「徳育の主義」を確定させることを求めるものだった。

ちなみに、「軽躁浮薄」の具体例として挙げられているのは、尋常小学校の生徒が知識のない親を軽蔑したり、高等小学校の卒業生が親の仕事を継がずに官吏や政治家などを目指そうとしたり、中学生が学校側と紛争を引き起こし、しまいには退学して「政論」に奔走したりする、といったものである。帝国議会の発足を目前に控え、また、民法の制定へ向けた作業が進む中で、彼らは欧化主義的・自由主義的な風潮に危機感を抱いていた（民法は一八九〇年に公布されるが、さまざまな批判を受けて施行が延期され、結局、一八九八年に全面改訂されたものが公布・施行された）。

こうした地方官たちの危機意識は、山県有朋首相（一八三八〜一九二二）とも共通するものだった。建議は閣議でも取り上げられ、明治天皇は榎本文相に対し、徳育のための「箴言《しんげん》」（短いいましめの言葉）を編纂するよう命じたという。

山県の念頭にあったのは、八年前に自らの発案で発布された軍人勅諭だった。一八八二年一月四日に発布された軍人勅諭は、自由民権運動の軍隊への影響を排除するために出されたもので、「我国の軍隊は世々天皇の統率し給《たま》ふ所」とし、軍人の守るべき教えとして忠節・礼儀・武勇・信義・質素を説き、軍人は政治に干与してはならないことを強調したものであった。山県は、これと同様のものを教育面でも作ろうとしたのである。

なお、君主自らが道徳訓を定めることについては、中国に先例がある。明《みん》の洪武帝（朱元璋、在位一三六八〜九八）は、一三九八年に「六諭《りくゆ》」を定め、この六諭を老人や身体の不自由な者などに唱えさせて村内を順行させた。また、清《しん》の康熙《こうき》帝（在位一六六一〜一七二二）は一六七〇年に「聖諭十六条」を公布、さらに雍正《ようせい》帝（在位一七二二〜三五）は、一七二四年、これに逐条的解説を加えた『聖諭広訓』を公刊している。毎月一日と一五日には、全国各地で地方官が人民を「講約所」に集め、『聖諭広訓』に関する講義（聖諭宣講）を行なうという決まりになっていた〔酒井一九九九〜二〇〇〇〕。もっとも、これらは家族間や地域社会での道徳を説くだけで、忠君愛国などは一切説いていない。戦前の研究者は、これを日本の教育勅語との決定的な違いだと見ていた〔狩野一九〇八：九二、中山一九二九：四一〇など〕。逆にいえば、忠君愛国を君主が自ら臣民に求めた、ということが、教育勅語の大きな特徴なのである。

ところが、榎本文相がなかなか動こうとしなかったため、山県首相は五月の内閣改造で、芳川顕正（一八四二〜一九二〇）を文相に就任させた。芳川は山県の側近だが、官舎を官費で修理してから安く払い下げるなど、品行にとかくの悪評があり〔津田一九二八：六八七〕、明治天皇も「頗《すこぶ》る衆望に乏《とぼ》し」〔『明治天皇紀』一八九〇年五月一七日〕と難色を示している。だが、山県としては、自分の考え通りに動いてくれる芳川を文相に据えることで、「箴言」の発布を急ごうとしたのである。

中村正直草案と井上毅意見書

芳川が最初に「箴言」の起草を委嘱したのは、東京大学教授・元老院議官の中村正直《まさなお》（号は敬宇《けいう》、一八三二〜九一）だった。

中村は幕臣出身の儒学者だが、幕末にイギリスに留学して近代ヨーロッパ思想とキリスト教に触れ、近代ヨーロッパ思想の翻訳紹介によって明治の青年に大きな影響を与えたことで知られている。サミュエルズ・スマイルズによる成功者の伝記集『自助論《セルフ・ヘルプ》』を翻訳した『西国立志編《さいごく》』（一八七〇〜七一年刊）は、福沢諭吉の『学問のすゝめ』と並ぶ明治初年の大ベストセラーであり、また、J・S・ミルの『自由論《オン・リバティ》』を翻訳した『自由之理《の ことわり》』（一八七二年刊）は、自由民権運動に大きな影響を与えた。メソジスト派のクリスチャンでもある。

五月頃に作られた中村の草案は、「忠孝は人倫の大本にして其《その》原は実に天に出づ」と説き、道徳の本源を「天」に置く宗教性の強いもので、「畏天敬神」（天を畏《かしこ》み神を敬う）を繰り返し強調し、「天道は善に福《さいわい》し淫《いん》に禍《わざわい》する」（福善禍淫《ふくぜんかいん》。天の道理というものは、善なるものには幸いを与え、間違ったものには禍いを与えるものである。出典は『尚書《しょうしょ》』《湯誥《とうこう》》）、だから「善を好《よく》し悪を憎《にく》むは人生の自然に出づ《い》」などと説くものだった。

この草案は文部省に提出されたのち、山県首相から井上毅に送られたらしい。井上は、六月二〇日付で、山県にあてて意見書をしたため、そこで中村案を批判するとともに、自らも独自の草案を提出している。

井上は、まず、この勅語について七つの注意点を挙げる。
(1) 立憲主義の見地からは、君主が臣民の良心の自由に干渉することはできない。教育方針を示す勅諭は、政治上の命令とは区別し、「社会上の君主の著作公告」と見なさなければならない。
(2)「天を敬い神を尊ぶ」などの文言を用いてはならない。宗教上の争いのもとになるからである。
(3) 哲学上の理論を入れてはならない。哲学的な理論は哲学者に任せるべきもので、君主の命令によって定まるべきものではない。
(4) 政治的な臭味《くさみ》を避けなければならない。「時の政治家の勧告で、陛下の本意ではない」と疑われるからである。
(5) 漢学的な口ぶりや洋風の気習を避けなければならない。
(6) 消極的な「愚か者や悪を戒める」といった文言を避けなければならない。君主の訓戒は大海の水のごときもので、浅薄であってはならない。
(7) さまざまな宗旨の一方を喜ばせ、他方を喜ばせるようなものであってはならない。
その上で、井上は政治上の命令との区別を明確にするため、発布方法として次の二案を挙げる。

(甲案) 文部大臣に下付し、公布は行なわない。

(乙案) 演説の体裁をとり、文部省には下付せず、天皇が学習院または教育会に臨御した際に下付する。

つまり、近代立憲国家においては、君主が良心の自由に直接介入することはできないのだから、命令ではなく、あくまで個人的な意見であることをはっきりさせなければならない。また、批判や論争の種になるようなことがあっては、天皇の尊厳に傷がつくので、可能な限り宗教的・哲学的・政治的な文言を避け、批判しにくいようなものにしなければならない。

井上はさらに、五日後の六月二五日付で山県に再度意見書を送り、教育勅語は発布すべきではない（「教育勅語之件ニ付、…到底不可然《しかるべからざる》事」）とまで断言する（この箇所が「教育勅語」という呼び名の初出である）。その理由は以下の通りである。

（1）政治上の勅令・勅語が責任大臣の輔弼《ほひつ》（助言）によることは、憲法上に規定がある（第五五条）ので問題ないが、社会上の勅語はこれと同列に論じられない。天皇の真意ではなく、大臣か誰かの入れ智恵だと受け取られる恐れがある。

（2）哲学上の意見について異論を排除するために天皇の勅語を利用する、というのはあまりに無遠慮である。

（3）中村案は「福善禍淫」を説くが、その出典である『尚書』は後代の偽作である。実際にはそうはならないからこそ、インドや小アジアの宗教家（つまり釈迦やイエス・キリスト）は、死後の裁判や天国・地獄の説を作ったのである。こんな陳腐な語が勅語に含まれれば、宗教論争になる恐れがある。

（4）今日の風教（徳によって人民をよい方へ導くこと）の破綻は、世の変化によるものと、上流社会の悪習とが原因なのだから、その矯正の道は、ただ政治家の率先にあるのみであって、決して「空言《くうげん》」（口先だけの言葉）であってはならない。「空言の極《きわみ》」である勅語をもって最終手段とするに至っては、天下後世に必ずさまざまな議論を出す者が出ることになる。

教育勅語発布まで

ここまで言い切った井上は、にもかかわらず、結局、自ら教育勅語を起草することになる。これについては、中村案を阻止するため、あえて自ら起草することを決意したとも、全面反対したのに山県に押し切られたともいわれているが、はっきりしたことはわかっていない。

ともかく、三日後の六月二八日、井上は元田永孚を訪ねて勅語案起草について話し合い、その後、元田に自分の草案を送った。元田は、このときすでに「教学大旨」と題する独自の草案を起草していたのだが、井上草案を知るとこれを放棄し、井上と共同で推敲作業を始める。その後、文部省での修正作業を経て、九月二六日閣議提出、一〇月二〇日天皇の裁可を得るため上奏、二四日裁可、三〇日下賜、という経過をたどる。

この勅語は政治上の詔勅ではなく「社会上の君主の著作公告」であるため、大臣の副署はつけられなかった。井上は、政治上の詔勅にしてしまうと、政府が出させたものだと思われてしまい、「千載不滅［千年経っても滅びない］之《の》詔勅」の効果を薄めてしまう、と主張している［一〇月二三日付元田宛書簡、井上毅 一九七一：六〇六］。そのため、『官報』では「詔勅」欄ではなく「訓令」欄に、文部省訓令の附属文書として掲載された（訓令は上級官庁から下級官庁への命令で、この場合は文部省から北海道庁・各府県および直轄学校への命令）。この点をはっきりさせるため、井上や芳川は、天皇が高等師範学校（中等学校教員の養成機関、現・筑波大学）に行幸して下賜することにしていたのだが、天皇の病気（真偽不明）を理由に、宮中での下賜となった。

ところが、教育勅語は発布後間もなく法的拘束力を与えられることになる。

4 教育勅語の法的位置づけ

教育勅語奉読式の誕生

それ自体には法的拘束力のない教育勅語に法的拘束力を与えることになったのは、一連の文部省令である。

まず、一八九〇年の文部省訓令第八号により、教育勅語の謄本と文部大臣訓示が各学校に配布された。大臣訓示では、式日に際して教育勅語の奉読が求められた。

ついで一八九一年、三つの文部省令——明治二四年文部省令第二号「小学校設備規則」、第四号「小学校祝日大祭日儀式規程」、第一一号「小学校教則大綱」——が相ついで公布される。

まず、小学校設備規則第二条では、小学校の校舎に天皇・皇后の「御影《ぎょえい》」（御真影）と教育勅語謄本を「奉置」する場所を設けることが定められた。

続いて、小学校祝日大祭日儀式規程第一条では、元始祭《げんしさい》（一月三日）・紀元節（二月一一日）・神嘗祭《かんなめさい》（一〇月一七日）・天長節（天皇誕生日＝一一月三日）・新嘗祭《にいなめさい》（一一月二三日）の各祝祭日には、教員・生徒を学校に集めて儀式を行なうことが定められた。儀式の内容は以下の通りである。

（1）校長・教員・生徒が御真影に最敬礼し万歳を奉祝する。

（2）校長もしくは教員が教育勅語を奉読する。

（3）校長もしくは教員が、教育勅語に基づいて天皇の考えについての誨告、または歴代天皇の徳や業績についての叙述、もしくは祝祭日に関係する演説を行ない、「忠君愛国の志気」を涵養する。

（4）校長・教員・生徒が祝祭日に関する唱歌を合唱する。

また、孝明天皇祭（一月三〇日）・春季皇霊祭（春分日）・神武天皇祭（四月三日）・秋季皇霊祭（秋分日）には（1）と（3）、一月一日には（1）と（4）を行なうものとされた。つまり一年間に計一〇回の儀式が行なわれることになったのだが、さすがに多すぎるとして、一八九三年に紀元節・天長節・一月一日の三回のみに減らされている（明治二六年文部省令第九号）。

なお、教育学者の佐藤秀夫（一九三四〜二〇〇二）は、この儀式形態がキリスト教の礼拝儀式に似ていることから、その模倣ではないか、と、確実な証拠がないことを断りつつも指摘している。つまり、唱歌斉唱は聖歌斉唱、教育勅語奉読は司祭（カトリック）・牧師（プロテスタント）による聖書または教義書の朗読、校長訓話は司祭・牧師による説教、御真影はカトリック礼拝堂の聖画像やプロテスタント礼拝堂の十字架に対応する、というわけである［佐藤＝編 一九九四：解説三四］。一方で、中国で行なわれていた聖諭宣講との類似性も指摘されている［山本 二〇一五：二八七〜二八九］。

ただし、この時点では唱歌はまだ用意されておらず、二年後の一八九三年になって「君が代」「勅語奉答」「一月一日」など八曲が制定された（明治二六年文部省告示第三号「祝日大祭日歌詞 竝《ならびに》 楽譜」）。「勅語奉答」は勝安芳《やすよし》（海舟）作歌、小山作之助作曲である。また、御真影は文部省ではなく宮内省から特別に下賜されるものとされており、尋常小学校への普及が進むのはもっと後のことになる。

小学校教則大綱第二条では、「修身は、教育勅語の趣旨に基づき、児童の良心をひらき養《やしな》って、その徳性を徐々に教え養い、人道実践の方法を授けるをもって要旨とする」（修身は教育に関する勅語の旨趣《ししゅ》に基《もとづ》き児童の良心を啓培《けいばい》して其《その》徳性を涵養《かんよう》し人道実践の方法を授《さず》くるを以《もっ》て要旨とす）とされ、初めて教育勅語が修身教育の根本理念として法的に規定されることになった。さらに「尋常小学校においては、孝悌《こうてい》［父母に真心をもって仕え、兄によくしたがうこと］・友愛・仁慈・信実［まじめで偽《いつわ》りがないこと］・礼敬《れいけい》・義勇・恭倹等の実践の方法を授け、とりわけ尊王愛国の志気を養うことを努め、また、国家に対する責務の大要を指示し、兼ねて社会の制裁廉恥《れんち》を重んじるべきであることを知らしめ、児童をいざなって風俗品位の純正におもむかせることに注意すべきである」（尋常小学校に於《おい》ては孝悌《こうてい》、友愛、仁慈、信実、礼敬《れいけい》、義勇、恭倹等実践の方法を授け殊《こと》に尊王愛国の志気を養はんことを努め又《また》国家に対する責務の大要を指示し兼ねて杜会の制裁廉耻《れんち》の重んずへきことを知らしめ児童を誘《いざな》きて風俗品位の純正に趨《おもむ》かんことに注意すべし）と規定された。

一八九三年三月に第二次伊藤博文内閣の文部大臣に起用された井上毅は、翌九四年三月三〇日、高等師範学校の卒業生を文相官邸に招き、その席で「諸君地方に赴任して、教育の事を担当さる、には、取《とり》も直さず、教育勅語の先鋒者である、教育勅語の錦旗の下に、御馬前で働く人である」と演説した〔井上毅 一九六八：四四八〕。結核を持病にかかえていた井上にとって、文相は最後の大仕事となった。井上は日清戦争開戦直後の一八九四年八月、健康の悪化を理由に辞任、翌九五年三月に死去した。なお、もうひとりの起草者である元田永孚は、勅語発布から間もなく、九一年一月に病死している。

小学校令施行規則

一八九一年の三つの文部省令は、一九〇〇年の小学校令改正（第三次小学校令）にともない、「小学校令施行規則」（明治三三年文部省令第一四号）として一本化された。このとき「尊王愛国」から「忠君愛国」（第二条）に表現が変えられている。

また、祝日の儀式（第二八条）については、紀元節・天長節および一月一日（この三つを「三大節」という）に行なうものとされ、「君が代」斉唱が追加されて以下のようになった。

（１）職員・児童が「君が代」を斉唱する。
（２）職員・児童が御真影に対して最敬礼を行なう。
（３）学校長が教育勅語を奉読する。

（4）学校長が教育勅語に基づき、天皇の考えについて誨告する。

（5）職員・児童が祝日に関係する唱歌を合唱する。

その後、天長節の日付が天皇の代替わりにともなって変更されており（大正天皇は八月三一日だが、暑い時期で儀式に不向きのため、一〇月三一日に「天長節祝日」として実施。昭和天皇は四月二九日）、また一九二七年に明治節（明治天皇の誕生日＝一一月三日）が追加されて四大節《し》になっているが、それ以外には大きな変化はない。

なお、中等教育で修身を教育勅語に基づいて教育することが規定されるのは、高等女学校（女子専門の中等教育学校）では一八九五年の「高等女学校規程」（明治二八年文部省令第一号）、中学校では一九〇一年の「中学校令施行規則」（明治三四年文部省令第三号）以後である。高等教育では、教育勅語に関する法的規定がなされたことはない。

ちなみに、御真影と勅語謄本は校舎内に保管されることが多かったが、当時の校舎は木造が一般的で、火災や盗難などの危険が高かった。そのため、一九二〇年代頃から、校舎外の敷地内に耐火性の「奉安殿」を設置する例が増えるようになる。

その後、一九四一年の国民学校令による小学校から国民学校への改組にともない、小学校令施行規則も全面改正されて国民学校令施行規則（昭和一六年文部省令第四号）となった。国民学校令第一条では「国民学校は皇国の道に則りて初等普通教育を施し国民の基礎的錬成を為《な》すを以《もっ》て目的とす」とされ、施行規則第一条第一項では「教育に関する勅語の旨趣を奉体して教育の全般に亘《わた》り皇国の道を修練せしめ特に国体に対する信念を深からしむべし」と規定された。ここに初めて、修身のみならず初等教育全般を教育勅語に基づいて行なうことが定められたのである。さらに、修身・国語・国史・地理の四科目が「国民科」として統合され、「国民科修身は教育に関する勅語の旨趣に基《もとづ》きて国民道徳の実践を指導し児童の徳性を養ひ皇国の道義的使命を自覚せしむるものとす」（第三条）と規定された。

朝鮮教育令と台湾教育令

文部省の管轄外であった植民地では、事情がやや異なっている。

まず、一八九五年に清から割譲された台湾では、一八九八年に台湾公学校令・台湾公学校官制・台湾総督府小学校官制（明治三一年勅令第一七八・一七九・一八〇号）が公布・施行され、日本人（内地籍）向けの小学校と台湾籍向けの公学校が整備されることになった。台湾公学校規則（明治三一年台湾総督府令第七八号）では、「修身は人道実践の方法を授け日常の礼儀作法に嫺《なら》はしめ且《かつ》教育に関する勅語の大意及《および》本島民の遵守すべき重要なる諸制度の大要を授く」（第一〇条第一項）という規定がなされた。これが一九〇四年の全面改正（明治三七年台湾総督府令第二四号）で、ほぼ内地と同様の規定となる。

いっぽう、一九一〇年に「併合」された朝鮮では、一九一一年の第一次朝鮮教育令（明治四四年勅令第二八九号）において「教育は教育に関する勅語の旨趣に基《もとづ》き忠良なる国民を育成することを本義とす」（第二条）と規定された。つまり、いきなり勅令レベルで、しかも、修身科だけでなく教育の全分野が教育勅語に基づくものとされたのである。これに基づき、普通学校規則・高等普通学校規則・女子高等普通学校規則（明治四四年朝鮮総督府令第一一〇・一一一・一一二号。それぞれ内地の小学校・中学校・高等女学校に該当する）でも、修身は教育勅語の「旨趣」に基づいて行なうことと規定された。

一九一九年の第一次台湾教育令（大正八年勅令第一号）では、第一次朝鮮教育令を踏襲して「教育は教育に関する勅語の旨趣に基《もとづ》き忠良なる国民を育成するを以て本義とす」（第二条）という規定がなされた。

もっとも、一九二二年に両教育令が全面改正された（第二次朝鮮教育令・台湾教育令、大正一一年勅令第一九・二〇号）際、教育勅語に関する規定は削除されている。かえって植民地住民の反感を買うおそれがあったからである［久保 一九七九：二二一〜二二三］。

さて、前置きがいささか長くなりすぎた。次章では、教育勅語の具体的な内容について見ていくことにしよう。

教育塔と教育勅語

大阪城公園に「教育塔」と呼ばれる高さ三〇メートルの塔がある。一九三四年九月に室戸台風が大阪を襲った際、多くの木造校舎が倒壊して生徒や教職員に多数の犠牲者を出したことから、教育関係者の職能団体であった帝国教育会が、その追悼施設として建造したものである。一九三六年一〇月三〇日、教育勅語発布記念日に合わせて竣工し、第一回教育祭が行なわれた。塔内正面の塔心銘には、教育勅語からとった「咸一其徳」（咸其徳ヲ一ニセン）という文字が掲げられた。また壁面のレリーフには、校長が生徒たちを前にして何かを読みあげている場面と、教師が暴風雨の中で生徒を避難させる場面の二つが刻まれた。レリーフを担当した彫刻家の長谷川義起《よしおき》（一八九一〜一九七四）は、これは「教育者の抱懐する教育尽忠、教育報国の大精神を芸術的に顕現」したもので、訓示場面は、当初は「教育勅語を捧読する場面を考へたのであるが、あるひは抵触することを恐れることを慮《おもんばか》り」（つまり、不敬とされることを恐れて）、「訓書清読の形式」にした、としている[1]。以後、この塔は学校活動で死去した者などを祀る施設となり、例年一〇月三〇日に教育祭が行なわれることになった。つまり、教育における靖国神社や忠魂碑のような性格を持つ施設として機能することになったのである。

帝国教育会（一九四四年「大日本教育会」、一九四六年「日本教育会」と改称）が一九四八年に解散したのち、この維持・管理を引き継いだのは、日本教職員組合（日教組、一九四七年設立）であった。ところが、管理者が変わってからも、レリーフや塔心銘には特に手はつけられず、教育祭も神道式のまま続けられた。日程こそ一九四八年から一〇月三〇日を外して行なわれていたが、これも一九五一年からは一〇月三〇日に戻されている。

　このことが問題視されるようになるのは、戦後三〇年以上経ってからのことである。一九七六年、大阪府箕面《みのお》市で、忠魂碑の移転工事に際して市が公費を支出したことなどに対し、住民の中から憲法の政教分離原則に反するのではないか、という声が上がり、行政訴訟が提起された（箕面忠魂碑訴訟。一審では原告側の主張が認められたものの、控訴審で逆転敗訴となり、一九九三年、最高裁で上告棄却となった）。一九七九年、この裁判の支援団体が、教育塔に対して批判の声を上げる。日教組はこれを受けて、一九八一年に塔心銘を「やすらかに」に変更し、説明板の解説文も修正した。また、一九八六年からは、教育祭での「合祀」「祭主」などの神道用語使用もとりやめられた[2]。しかし、レリーフについては、大阪府教職員組合が二〇〇〇年に「教育勅語と無関係」とする結論を出しており、二〇一八年現在も撤去されていない。なお、二〇〇八年からは教育祭の日程が一〇月の最終日曜日に変更されているが、これは出席者の都合に合わせたものにすぎず、教育勅語との関係が見直されたわけではない[3]。

〈註〉

（1）帝国教育会（編）『教育塔誌』（帝国教育会、一九三七年）二九～三一頁。http://dl.ndl.go.jp/info:ndljp/pid/1461847/25

（2）教育塔を考える会（編）『教育の「靖国」――教育史の空白・教育塔』（樹花舎、一九九八年）。

（3）教育塔ホームページ http://www.kyouikutou-jtu.jp/（二〇一八年七月二八日確認）。

第2章

教育勅語とその口語訳を読む

［教育勅語を］万一復活させるときには、新カナ制限漢字を使って現代語訳にしては絶対にいけない。［…］有難そうなメロディを含んだオマジナイのようなものなのだから、このままの形でなくてはいけない。もともと大した内容のないものを、あまり意味明解にしては困ってくる。

——吉行淳之介（一九二四〜九四）［吉行 一九七四］

1 教育勅語の読解にあたって

この章では、教育勅語には具体的に何が書かれているのかを明らかにするために、勅語とその各種口語訳を逐条的に比較検討しながら読んでいくことにしたい。

とはいうものの、これがなかなか厄介である。というのも、教育勅語はどのように解釈するのが正しいのか、ということについては、はっきりとした答えがないからだ。

教育勅語発布後、日本の降伏に至るまでの五五年間に刊行された註釈書・解説書のたぐいは、数百点にのぼるといわれる。しかも、それぞれの解釈にはかなりの幅があり、解釈が割れている箇所がいくつもある。亘理《わたり》章三郎『教育勅語釈義全書』［一九三四］のような、各解説書の内容を抜粋して比較した便利な書物すらあるほどだ。

勅語発布の直後、芳川文相は、その解説書の執筆を、東京帝国大学文科大学哲学科教授の井上哲次郎（号は巽軒《そんけん》、一八五五〜一九四四）に依頼した。この解説書『勅語衍義《えんぎ》』は、井上毅ら勅語起草関係者の意見を受けて修正されたのち、明治天皇の内覧を受け、一八九一年九月、文部省検定済師範学校・中学校教科用図書として刊行された〔山住＝校注 一九九〇所収〕。もっとも井上毅は同書に不満があったようで、のちに文相在任中の一八九三年、高等小学校生徒用・尋常小学校教師用教科書としては、記述が高尚に過ぎるとして検定不合格としている〔井上毅 一九六八：六一八〕。

なお、「衍義」とは「意味を押し広めてくわしく説き明かすこと」という意味だが、おそらくは范鋐《はんこう》の『六諭衍義』にならったものであろう。『六諭衍義』は一七世紀半ばに書かれた「六諭」の解説書で、日本には一七一九年、琉球・薩摩藩経由で将軍徳川吉宗に献上され、幕府の命で庶民教育用に広められたものである。

井上毅自身は、解説書を作ることには否定的だった。彼は『勅語衍義』への意見書として、同書を全面的に書き改めた「勅語衍義」と題する草稿〔井上毅 二〇〇八：一九四〜二一〇〕を書き残しているが、これは公表されなかった（まぎらわしいので、以下、井上哲次郎版を『巽軒衍義《そんけんえんぎ》』、井上毅版を『梧陰衍義《ごいん》』として区別する）。彼は、勅語発布から二年後に、次のようなことを書いている。

教育勅語の解釈のことは、このごろ、争いの始まり、多くの議論の原因となっており、まことに言うに忍びざるものがあります。（しかし）小生が思うに、（勅語の）意味は太陽や星のよう（に明らかであり）、文章は穀物のよう（にありふれているが不可欠なもの）です。解釈書があってもより内容が明らかになるわけではなく、解釈書がなくても理解できなくて悩むわけではありません。結局、解釈書などないほうがよいのです。（勅語解釈の一事、近時紛訟之《の》門、多議之《の》源と為《な》る。真《まこと》に言《い》うに忍びざる者あり。生惟《おも》うに、義は日星の如《ごと》く、文は菽粟《しゅくぞく》の如し。鮮《かい》有りて明加《くわ》はらず、解無くして晦《かい》を患《うれ》えず、竟《つい》に鮮《かい》無きの優れるにしかず。）［「答小橋某書」一八九二年一二月一四日付。井上毅 一九六九：六九二］

いっぽう芳川顕正は、一九一四年の談話で、教育勅語は「其《そ》の包含する所は極めて多く極めて広くして、中外古今の学者教師が唱導する教義学説をば、悉《ことごと》く此《こ》の簡潔なる勅語の内に、包容してをる」と主張し、「其《そ》の解釈の種類が多ければ多い程、斯《こ》の勅語の御趣旨が愈々《いよいよ》明瞭とな」る、と語っている［芳川 一九一四］。奇妙な理屈だが、どうとでも解釈可能である、ということが、教育勅語そのものの完璧さを示している、ということらしい。

一九〇四年度から小学校用教科書が国定化されると、教育勅語は修身教科書で教えられることになる。ただし、最初の国定第一期教科書では、簡単な要約が掲載されているだけで、本文は示されていない。当時の義務教育年限は四年であったが、教育勅語は小学四年生までに教えるのは難しいと見なされていたからである。

一九〇八年度に義務教育年限が六年に延長されたのち、文部省は第二期教科書（一九一〇年度～。なお、国定教科書の切り替えは下級の学年から順次行なわれるため、使用開始年度は学年によって異なる）において、教育勅語の解釈を初めて確定させる。たとえば、ふりがながつけられて正しい読み方が確定したのは、『尋常小学修身書　巻四』（一九一一年度）においてである。それまでは読み方すらも定まっていなかったため、初期の解説書では、「世々《よよ》」を「せせ」「せいせい」、「実《じつ》ニ」を「まことに」、「咸《みな》」を「ことごとく」などと読んでいる例もある［籠谷 一九九四：一二二～一二五］。また、二段落に分かれている本文を三段に分けて読む、という読み方は『尋常小学修身書　巻六』（一九一二年度）で示されたものだし、「以テ……扶翼スヘシ」の「以テ」は「父母ニ孝ニ」以下全体にかかる、とする解釈は、『高等小学修身書　巻二』（一九一四年度）で示されたものである［籠谷 一九九四：一三九］。なお、この少し前に文部省による英訳（一九〇七年）、漢訳・フランス語訳・ドイツ語訳（一九〇九年）も作られている。

第二期で示された解釈は、第三期（一九一八年度～）・第四期（一九三四年度～）でも踏襲されるが、最後の第五期（一九四一年度～）では解釈が変更される。

一九三九年一〇月、文部省内に「聖訓の述義に関する協議会」（以下「聖訓述義協議会」と略す）が設置され、教育勅語および「青少年学徒ニ賜ハリタル勅語」の正式な解釈をあらためて再検討することになった。委員には和辻哲郎・久松潜一・諸橋轍次《てつじ》・亘理章三郎・紀平《きひら》正美《ただよし》・吉田熊次・山田孝雄《よしお》などが名を連ねている。協議会は翌四〇年二月に、両勅語の全文通釈と語句釈義をとりまとめた（なお、片山清一〔編著〕『資料・教育勅語』〔一九七四〕をはじめ、いくつかの文献が一九三〇年としているのは誤り）。この報告書は非公開ではあったが、その後の教科書編纂上の指針とされたもので、戦時下における文部省の公式解釈と考えることができる。国定第五期教科書はこの解釈に基づいたもので、「斯ノ道」の解釈が大きく変化している。

つまり、教育勅語が有効だった期間は、少なくとも以下の三時期に区分できるのである〔籠谷一九九四：一四八〕。

（第1期）一八九〇年の発布直後の時期。『巽軒衍義』という準公定解説書は存在したが、解釈は必ずしも定まっていない。

（第2期）一九一〇年前後の国定第二期教科書発行以後。文部省から国定修身教科書という形で公定解釈が示され、学校儀式での作法も確立する。

（第3期）一九四〇年に聖訓述義協議会報告が出されて以後。公定解釈変更。

今日、一般的にイメージされている教育勅語の解釈は第2・3期の公定解釈だが、これは第1期の主要な解釈とは異なるところがあり、また、起草者である井上毅や元田永孚らの考えとも、必ずしも一致しているわけではない。しかし、だからといって、第2・3期の公定解釈を「誤り」とか、「逸脱」とか考えるのもおかしい。この時期に学校生活を過ごした人間にとっては、公定解釈こそが「正しい」解釈だったからであり、社会的影響力を持っていたのも、こちらの解釈のほうだったからである。

本文の解説にあたっては、起草段階での議論、『蛍軒衍義』などの主要な注釈書、官定英訳、国定教科書、聖訓述義協議会での議論などをそれぞれ参照し、特に、解釈の分かれる箇所については詳しく説明することにする。なお、起草過程については海後宗臣［一九六五＝八一］・稲田正次［一九七一］の両著に主に依拠したことをお断りしておく。

2　凡例

比較にあたって、原文と対応する箇所が訳文にないものは「×」で示した。

まず、戦前の文部省による英訳および口語訳と、近年の学習参考書に見られる口語訳を紹介する。

［官定英訳］*Imperial Rescript on Educaton* (1907).

文部省による公式の英訳。一九〇六年、ロンドン大学での日本教育に関する講演の派遣講師に任じられた菊池大麓《だいろく》（一八五五～一九一七。数学者、貴族院議員）が原案を作成し公表、それをもとに、牧野伸顕文相の指揮下、菊池、金子堅太郎、末松謙澄、井上哲次郎、新渡戸稲造、沢柳政太郎らがとりまとめたもの。一九〇七年二月一四日、菊池がロンドン大学での初講演において公表した。さらに漢訳・フランス語訳・ドイツ語訳を合わせ、一九〇九年一一月、『漢英仏独訳教育勅語訳纂』として公刊。佐藤＝編［一九九四］所収。

［文部省通釈］文部省図書局「教育に関する勅語の全文通釈」（一九四〇年）。出典＝『聖訓ノ述義

ニ関スル協議会報告』文部省、一九四〇年〔佐藤＝編 一九九六a 所収〕。聖訓述義協議会の作成した全文通釈。

［詳説日本史史料集訳］出典＝笹山晴生＋五味文彦＋吉田伸之＋鳥海靖〔編〕『詳説 日本史史料集』（山川出版社、一九八九年）二六六～二六七頁。代表的な高校日本史教科書出版社の発行する学習参考書につけられた「口語訳」で、「原文と対照できるよう直訳を原則★した」とある。

次に各種口語訳であるが、戦後に発表された訳文は、肯定・再評価を目的としたものだけでも二十種類以上あり、それらすべてを取り上げることはとてもできない。そこで、ここでは国民道徳協会訳のほか、明治神宮が頒布にかかわっている他の二つの訳文（村尾次郎訳と明治神宮崇敬会訳）を中心に、完訳で、逐条的な比較が可能であり、訳文に重大な問題があるものを選んだ。以下、原則として年代順に並べたが、同訳者・同系統の訳文はまとめて配列している。

［松永訳］松永芳市《よしいち》「教育勅語の現代文（意訳）」（一九六九年）。出典＝松永『時事雑感（私の随筆・第三輯）』（私家版、発行年月日不明）九～一〇頁。詳細は後述。

［渡辺訳］渡辺正広「教育勅語謹解」（一九七〇年）。出典＝渡辺『みんなの教育勅語――若い人々のために』（洋販出版、一九七〇年）一一～一三頁。詳細は後述。

［佐々木訳］佐々木盛雄「教育勅語の口語文訳」（一九七二年）。出典＝佐々木『甦える教育勅語―

―親と子の教育読本』（国民道徳協会、一九七二年）五六～五七頁。ただし、誤植と思われる個所があるため、佐々木『『教育勅語』の解説』（国民道徳協会、一九七九年）五六～五七頁と照合し修正した。詳細は後述。

現在流布している、いわゆる「国民道徳協会訳」とほぼ同一。国民道徳協会訳については『大御心　明治天皇御製教育勅語謹解』（明治神宮社務所、一九七三年）九〇～九一頁を底本とし、佐々木訳からの変更点のみを「国民道徳協会訳」として示した。

また、秋永勝彦〔文〕／斉藤梅〔絵〕／副島廣之《そえじまひろゆき》〔監修〕『たのしくまなぶ12のちかい〈教育勅語から〉』（日本を守る会、一九七九年）に収録されている訳文は、これを部分的に修正したものなので、やはり佐々木訳からの変更点のみを「日本を守る会訳」として示した。

〔勉誠出版訳〕「「教育勅語」口語訳」（二〇〇〇年）。出典＝杉浦重剛『昭和天皇の教科書　教育勅語』（勉誠出版、二〇〇〇年）一〇八～一〇九頁。

杉浦重剛《しげたけ》（重剛《じゆうごう》。一八五五～一九二四）は一九一四年から一九二一年まで、東宮御学問所御用掛として、皇太子裕仁親王（のちの昭和天皇）に倫理を進講した。この際の準備原稿が『倫理御進講草案』（以下『杉浦進講』と略す）として一九三六年に公刊されている。そのうち、教育勅語について扱った一一回分のみを抜き出して再刊したのが本書であり、『昭和天皇の学ばれた教育勅語』（二〇〇二年、補訂版二〇〇六年）と題する改訂版も出されている。ここでは初版を参照した。解説は所功《ところいさお》。初版では「国民道徳協会の訳文および村尾次郎博士著『明治天皇のみことのり』参照」、改訂版では「国民道徳協会の訳文および明治神宮社務所編刊『大御心』参照」とあるが、実質的には国民道徳協会訳の部分修正である。訳文作成者不明のため「勉誠出版訳」とした。

［茨城県信組訳］茨城県信用組合発行の小冊子『王道』に掲載されたものというが、未確認。大畠章宏「LETTER from OHATA No.317「私たちの歩むべき道」」（二〇〇六年六月一二日、大畠のウェブサイトで公開。二〇一八年四月現在は削除済）による。内容的には佐々木＝国民道徳協会訳を下敷きにして修正したもの。

［村尾訳］出典＝明治神宮〔編〕『明治神宮のみことのり――日本のいのちを貫くもの』（日本教文社、一九七五年）一五三頁。

明治神宮が維新百年記念事業として編纂した詔勅集『明治天皇詔勅謹解』（一九七三年）をもとに、重要な詔勅について口語訳と解説をつけたもの。明治天皇詔勅謹解編修委員会委員の村尾次郎が執筆を担当している。

村尾次郎（一九一四〜二〇〇六）は歴史学者。東京帝国大学文学部国史学科で平泉澄《きよし》の薫陶を受け、のち、文部省主任教科書調査官（在職一九五六〜七六）として長年にわたり教科書検定に携《たずさ》わったことで知られる。一九六一年『律令財政史の研究』で文学博士（東京大学）。著書に『桓武天皇』（一九六三年）、『民族の生命の流れ』（一九六五年）、『教科書調査官の発言』（一九六九年）など。

なお、神道史家の阪本是丸《これまる》（一九五〇〜）の監修に基づき、ごく一部を修正したものが、明治神宮〔編〕『新版　明治の聖代』（錦正社＝製作、明治神宮、二〇一二年）一八〜二〇頁に収録されている。これについては、変更点のみを「阪本監訳」として示した。

［明治神宮崇敬会訳］明治神宮崇敬会「意訳」（二〇〇三年）。出典＝明治神宮崇敬会〔企画〕『たいせつなこと　important qualities』（明治神宮崇敬会、二〇〇三年）。詳細は後述。

［所訳］出典＝所功「『公』の心を喪った日本人が読み返すべき『教育勅語』の315文字」『SAPIO』第一八巻第一一号（小学館、二〇〇六年五月一〇日号）一九頁。「明治神宮崇敬会編刊『たいせつなこと』より」とあるが、変更箇所が多いため変更点のみを「所訳」として示した。所（一九四一〜）は法制史家。本論文発表当時は京都産業大学教授。学位論文『平安朝儀式書成立史の研究』（一九八五年）のほか、『三善清行』（一九七〇年）、『伊勢の神宮』（一九七三年）、『近現代の「女性天皇」論』（二〇〇一年）など著書多数。

教育勅語の三一五字には句読点はつけられていないが、「……顕彰スルニ足ラン」と「斯ノ道ハ……」の間で段落が区切られており、二段落構成になっている。文法的に見ると、第一段落は四つの文、第二段落は一つの文からなっている。

①（第一段落第一文）「朕惟フニ……深厚ナリ」（31字）

②（第一段落第二文）「我カ臣民……此ニ存ス」（54字）
③（第一段落第三文）「爾臣民……扶翼スヘシ」（111字）
④（第一段落第四文）「是ノ如キハ……足ラン」（39字）
⑤（第二段落）「斯ノ道ハ……庶幾フ」（80字）

③の徳目を列挙した箇所のみに注目が集まりがちであるが、分量的には全体の三分の一程度である。国定第二期教科書では第一段落を①②と③④とに二分し、三段構成としたため、三段構成とする説が広まった。しかし、聖訓述議協議会では、原文通り二段落構成と解すべきだとされた。

なお、教育勅語は単に漢文体であるというだけでなく、漢籍、それも『尚書《しょうしょ》』や『論語』などの儒教典籍に由来する言葉や表現が多用されている。これは意図的なものである。井上毅は、「万世《ばんせい》に伝《つた》へて愧《は》ぢざる」勅語にするためには、きちんと出典のある言葉を用いて荘重にすることが必要だと考えていた［一八九〇年八月二八日付元田宛井上書簡。井上毅 一九七一：六〇三〜六〇四］。彼らは、古典とは漢文で書かれたものだと考えていたわけである。

ここでは、特に断りのない限り、訓読および訳文に関しては、漢籍については明治書院《新釈漢文大系》、『日本書紀』については小学館《新編日本古典文学全集》、『新論』については岩波書店『日本思想大系 53 水戸学』を、それぞれ参照した。

3　読解と比較

朕惟フニ（朕惟《ちんおも》うに）

〔官定英訳〕　Know ye, Our subjects:
〔文部省通釈〕　朕がおもふに、
〔詳説日本史史料集訳〕　私（明治天皇）が思うには、
〔松永訳〕〔渡辺訳〕〔村尾訳〕　×
〔佐々木訳〕〔茨城県信組訳〕　私は、
〔勉誠出版訳〕　わたくしは、
〔明治神宮崇敬会訳〕　国民の皆さん、
〔所訳〕　私の考えでは、

「朕」は天皇のみが用いることのできる一人称で、ここでは明治天皇自身が自分のことを指して言っている。現代語に置きかえようとすれば、今日、天皇の「おことば」で用いられている「わたくし」に置きかえるほかないのだが、それでは「朕」という言葉の持つ意味が失われてしまう。

もともと「朕」は、古代中国ではごく一般的に使われていた一人称だったのだが、紀元前二二一年に中国を統一した秦《しん》王政（始皇帝）は、君主の称号を「皇帝」とするとともに、「朕」を、皇帝ただ一人のみが使用できる特別な一人称とした。秦が統一後わずか一五年で滅んだのちも、中国の歴代君主は「皇帝」の称号と「朕」の独占を続けた。

この習慣は漢字とともに日本に持ち込まれた。『日本書紀』では、天皇の自称として「朕」と「我」「吾」が併用されており、古くは和語で「われ」と読んだらしいが、後代にはもっぱら「朕《ちん》」と音読されるようになる。

なお『杉浦進講』は、「真に朕なる意義を以《もつ》て御自身を称《しよう》し得《え》させ給《たま》ふは唯《た》だ日本国あるのみ」と主張している。他の国、たとえば中国などでは王朝交替があるが、日本のみは建国以来「君臣の別」が定まっており、臣下が君主にとって代わるようなことがないからである。

一九四七年の日本国憲法施行を境に、「朕」は公文書から姿を消す。第一回国会開会式勅語（一九四七年六月二三日）からは「朕」に代わって「わたくし」が用いられるようになり、政令等についても、「政令等の公布書式」（一九四七年六月三〇日内閣閣甲第二八九号）により、それまでの「朕は、ここに何々（件名）を公布する」という形式から「何々（件名）をここに公布する」という形式に改められている。

「惟」はおもうこと、深く考えること。

なお、官定英訳では「知れ、朕が臣民たちよ」となっている。明治神宮崇敬会訳の「国民の皆さん」はこれを意識したものと考えられなくもないが、原文からはかなり離れてしまう。

我カ皇祖皇宗（我《わ》が皇祖《こうそ》皇宗《こうそう》）

［官定英訳］　Our Imperial Ancestors …
［文部省通釈］　我が御祖先の方々が
［詳説日本史史料集訳］　皇祖天照大神と歴代の天皇が
［松永訳］　われわれの祖先は、
［渡辺訳］　わたくしたちの祖先が、
［佐々木訳］　私達の祖先が、
［勉誠出版訳］　われわれの祖先が、
［茨城県信組訳］　私たちの祖先が、
［村尾訳］　わが先祖、御歴代の天皇が
［明治神宮崇敬会訳］　私たちの祖先は、
［所訳］　皇室のご先祖は、

「皇祖皇宗」は天皇の先祖。「祖」はその家系の最初の者、「宗」は祖先のうち徳のある者。井上哲次郎は、当初は「皇祖」を天照大神、「皇宗」を神武天皇としていた。ところが、井上毅から次のような意見がつけられる。

肇国《はつくにしらす》天皇とお呼び申し上げるのは神武天皇であり、また崇神《すじん》天皇（第一〇代）の詔《みことのり》に「皇祖」とあるのは、すなわち神武天皇を尊称なさったものです。ですから、皇統の連《つら》なりを論じるときは天照大神を皇祖とすべきですが、「肇国」のはじまりを記すためには、皇祖とは神武天皇をお呼びし、皇宗とは歴代天皇をお呼び申し上げるものとして解釈しなければなりません。
（肇国《ハツクニシラス》天皇ト称エ奉ルハ神武天皇ナリ、又崇神天皇ノ詔ニ皇祖トアルハ即チ神武天皇ヲ尊称シタマヘルナリ、故ニ皇統ノ綿系ヲ論スルトキハ天照太神ヲ皇祖トスヘキモ、肇国ノ基始ヲ叙ルニハ皇祖トハ神武天皇ヲ称ヘ、皇宗トハ歴代ノ帝王ヲ称エ奉ルモノトシテ解セザルヘカラズ）［井上毅 二〇〇八：二一〇］

このため、『巽軒衍義』では天照大神を「天祖」（『新論』にある表現）、皇祖皇宗を神武天皇以来の歴代天皇、と解している。

井上毅は、「皇祖」の解釈についてはかなりこだわっており、大石貞質『教育勅語奉解』（一八九二年刊）につけられた「井上毅批評全文」でも、教育勅語の「皇祖」は神武を指す、と明言している。教育勅語から宗教的要素を極力排除しようとした井上毅としては、天照大神を登場させることは避けたかったのだろう。

ところが発布後は、「皇祖皇宗」は天照天神までさかのぼる、とする説のほうが優勢となってゆく。先述したように、「万世一系」の根拠は天照大神の「天壌無窮の神勅」だったからである。聖訓述義協議会では、教育学者の亘理章三郎（一八七三〜一九四六）が、教育勅語の実質的な起草者が井上毅であることも、その井上が「皇祖」を神武天皇としていることも承知の上で、「皇祖皇宗」は「天照大神にまで遡る」と強く主張したため、結局、「「皇祖皇宗」は一語として取扱ひ、天照大神を始め皇室の御先祖の方々を指し奉《たてまつ》るものと拝察する」とする解釈が決定された。

現代語に置き換えるなら、「皇祖皇宗」は「わたくし（明治天皇）の先祖」とでもするしかないのだが、そう訳してしまうと、天皇は天照大神・神武天皇の子孫であり万世一系であるがゆえに尊い、という国体論的な構図が消え失せてしまう。

ところで、井上毅は「肇国《はつくにしらす》天皇」を神武天皇の別名だとしている。これが、この後に続く「国ヲ肇ムルコト」の由来である。ところが、『日本書紀』で「御肇国天皇《はつくにしらすすめらみこと》」と呼ばれているのは、神武天皇ではなく崇神《すじん》天皇なのである。確かに神武にも同じ「ハツクニシラス」という異名があるが、こちらは漢字では「始馭天下之天皇」と表記する。

「ハツクニシラス」は、一般には「初《はつ》・国治《くにし》らす」、つまり「初めて国を治めた天皇」という意味だと解釈されている。ここから、神武と崇神は本来同一人物であり、真の初代天皇は崇神だったのではないか、とする説（肥後和男、水野祐《ゆう》など）が生じた［星野 一九八〇］。ただし、崇神の方の「ハツクニシラス」は「初国《はつくに》・治《し》らす」、つまり「初期の国を治めた天皇」という意味であって、初代天皇という意味ではないとする説もある［矢嶋 一九八九、谷口雅博 二〇〇六、『新日本古典文学全集』］。この説によれば、「肇国」は本来、「国の始まり」という意味ではなかったことになる。

また、確かに『日本書紀』崇神天皇四年十月壬午《じんご》条にある詔《みことのり》には「我《わ》が皇祖《みおや》、諸天皇《もろもろのすめらみことたち》等」等とある。ところが、じつは神武天皇自身が「我が皇祖《みおや》天照大神」と語っている箇所（《神武紀》即位前紀戊午《ぼご》年六月条）もあるため、「皇祖」は天照大神だと主張することも可能なのである。このほか、瓊瓊杵尊の母方の祖父である高皇産霊尊《たかみむすひのみこと》のことを「皇祖」と呼んでいる箇所（《神代紀下》）もある。

ところで、教育勅語の口語訳の中には、この箇所を「私達の祖先」などと複数形で訳しているものがある。

『杉浦進講』は、「「我カ」とは複数にして、［…］「朕」の単数なるに反して、温情溢《あふ》るゝ御心《みこころ》より「我等が」と宣《のたま》ふ。されば文部省の英訳勅語にも our と複数に訳す」と解説している。なぜ複数形なのかといえば、日本は「一大家族制」であって、「天照大神は皇室の御先祖なると同時に、吾《われ》等《ら》日本臣民の祖先」だからである。しかし、そう解釈すると、すぐ後の「我カ臣民」の意味が通じなくなってしまう。

たしかに、官定英訳では「我カ皇祖皇宗」は“Our Imperial Ancestors”（わが皇室の先祖たち）となっている。しかし、「朕カ忠良ノ臣民」も“Our good and faithful subjects”（わが善良にして忠実な臣民たち）であり、べつに「朕」と「我」を訳し分けているわけではない。これは「君主のwe《ロイヤル》」と呼ばれる用法で、国王などの高い身分にある人間が一人称を用いるときに、わざと単数形ではなく複数形を用いる、というものである。

聖訓述義協議会でも、亘理章三郎が「朕は御一人」(単数形)、「我は我等が」(複数形)だと主張し、哲学者の紀平正美《きひらただよし》(一八七四〜一九四九)から「「我カ」とは親しい意味で言はれる。我等がではない」、国語学者の山田孝雄《よしお》(一八七五〜一九五八)から「万世一系の天皇は永遠に単数で、「我等」がと言はれるのはそれは国体に触れることになるが、さうではなからう」と反論されている。

杉浦や亘理が、無理を承知の上で、この「我カ」を複数形だと主張しているのは、すべての日本人は「皇祖皇宗」の血をひく子孫であり、それゆえ日本は天皇を頂点とするひとつの巨大な家族である、と主張したいためである。

ところが、ここを単純に「私達の祖先」と訳してしまうと、解釈上、大きな問題が生じることになる。これについては「我カ臣民」のところで説明する。

国ヲ肇ムルコト宏遠ニ徳ヲ樹ツルコト深厚ナリ(国を肇《はじ》むること宏遠《こうえん》に徳を樹《た》つること深厚《しんこう》なり)

[官定英訳]　… have founded Our Empire on a basis broad and everlasting and have deeply and firmly implanted virtue;

[文部省通釈]　国をお肇めになつたことは極めて広遠であり、徳をお立てになつたこと

は極めて深く厚くあらせられ、

［詳説日本史史料集訳］
国を始められたのははるか昔のことであり、代々の天皇の御徳は深く厚いものである。

［松永訳］
高遠な理想の下に日本という国を造り、道徳を確立し、その実践に非常に努めた。

［渡辺訳］
この日本の国の基礎を確立されたのは、遠い昔のことです。そして、徳をもって、生活の信条とされてきました。

［佐々木訳］［勉誠出版訳］［茨城県信組訳］
遠大な理想のもとに、道義国家の実現をめざして、日本の国をおはじめになったものと信じます。

［日本を守る会訳］
遠い昔遠大な理想のもとに、道義国家の実現をめざして、日本の国をおはじめになり、

［村尾訳］
国のもといをお定めになったのは悠遠のいにしえであり、また、その御事業は偉大であり、道徳の根底を深く植えつけ、てあつい恵みを民に注ぎ給うた。

［明治神宮崇敬会訳］
国を建て初めた時から、道義道徳を大切にする、という大きな理想を掲げてきました。

先述した通り、「国ヲ肇ムルコト」は神武天皇による建国を指す。

「宏遠」は文字通り、宏《ひろ》（広）くて遠いこと。井上毅の最初の草稿では「久遠《きゆうえん》」（時間的に遠いこと、つまり遠い過去）だったが、のちに「宏遠」に改められている。出典は『漢書』《高帝紀下》の「規《き》摹《ぼ》弘遠なり」（制度を立てることは弘遠であった、の意。井上は「史記高祖本紀」が出典だとしているが［一八九〇年九月三日付元田永孚宛書簡。井上毅 一九七一：六〇四～六〇五］、勘違いと思われる）。

続く「徳」は、「恩徳」（めぐみ、いつくしみ）と解する説と、「道徳」（人間が従うべき原理＝「道《どう》」と、それを体得した状態＝「徳」）と解する説がある。したがって、「徳ヲ樹《た》ツ」（「樹」は「立」に同じ）は、前者なら、歴代天皇が臣民をいつくしんできたこと、後者なら、天皇が道徳的規範を臣民に示し、植えつけてきたこと、という意味になる。国定教科書では「皇室の御祖先が我が国をお始めになるにあたつて、其《そ》の規模がまことに広大で且《かつ》いつまでも動かないやうになされたこと、御祖先はまた御身をお修めになり、臣民をお愛《いつく》しみになつて、万世にわたつて御手本をおのこしになつたこと」（第三期）となっており、両方の解釈をとっている。

我カ臣民（我が臣民）

［官定英訳］　Our subjects …

〔文部省通釈〕　又、我が臣民は
〔詳説日本史史料集訳〕　わが臣民も
〔松永訳〕　国民は
〔渡辺訳〕　日本の国民は、昔から、
〔佐々木訳〕〔茨城県信組訳〕　そして、国民は
〔勉誠出版訳〕　そして、わが国民が
〔日本を守る会訳〕　そしてまた、国民は
〔村尾訳〕　わが臣民は
〔明治神宮崇敬会訳〕　そして全国民が、

「臣民」は、英語のサブジェクト（subject）、ドイツ語のウンタータン（Untertan）などにあたり、君主国において君主に支配されている人々のこと。ここでは、天皇の臣下である日本国民を意味する。君主である天皇自身と皇族は臣民には含まれない（一九一〇年の韓国「併合」後は、旧大韓帝国の皇族であった李王家の一族も、朝鮮王公族として臣民からは除外された）。

本来、「臣」は官吏、「民」は官吏以外の一般人のことで、両者は別のものである。ところが会沢正志斎は、『迪彝篇《てきいへん》』（一八三三年）の中で、「臣」と「民」を同一視した「臣民」という語を用いた

〔兵藤 二〇一八：二二八〜二二九〕。これが明治に入ってから、サブジェクトなどの訳語に当てられる。詔勅類では「国会開設の勅諭」（一八八一年一〇月一二日）に登場し（それまでは「人民」「国民」などが使われていた）、帝国憲法と教育勅語によって一般化する〔京極 一九九八：二八三〕。もっとも憲法発布のころは、漢学者や国学者から、「臣」と「民」を一つのものであるかのように扱っているのはおかしい、という批判の声があがったという〔穂積 一九三六：三八〜三九〕。

なお、二カ所ある「爾臣民」は、草稿段階では「爾衆庶《しゅうしょ》」となっていた。しかし、「衆庶」では華族や官僚が含まれないと誤解される恐れがある、という理由で、最終的に「臣民」に統一された。

この「臣民」は他の言葉には置き換えられない。百歩譲って「臣民」を「国民」に置き換えるのは認めるとしても、「我カ」を訳し落としているものは論外である。これらの訳文が、先の「我カ皇祖皇宗」を「私達の祖先」と訳していることにも注意しておこう。

天皇はすべての日本人の親であり、すべての日本人は天皇の子孫であると言ってみたところで、すべての日本人に天皇になる権利があるわけではない。その権利を持つのは、代々天皇の位と三種の神器を受け継いできた家系、つまり皇族のみに限られるのであって、皇族と臣民の間には、決して越えられない一線がある。

にもかかわらず、「皇祖皇宗」を「私達の祖先」と訳し、「我カ臣民」の「我カ」を無視する、ということは、天皇と臣民との区別、という絶対的な関係を消し去ってしまうことになる。言いかえれば、これらの訳文は、明治天皇から臣民へ向けて語られた言葉、という本来の構図を意図的に消し去り、あたかも明治天皇が国民の一員として誓った言葉であるかのような印象操作を行なっているのである。

なお、この直前の「深厚ナリ」は終止形なので、文法上、文としてはいったん切れる。ところが文部省通釈では、「朕惟フニ」は「荘重なる発句」で、「特別にどこまでかゝるといふやうに考へることは不適当である」としている。ここで切れることにすると、「我カ臣民……」以下の文章の主語が「臣民」になってしまい、「教育ノ淵源」が臣民である、と解釈される恐れがある、と考えられたからである〔高橋陽一二〇一二：一〇一～一〇二〕。

克ク忠ニ克ク孝ニ億兆心ヲ一ニシテ（克《よ》く忠《ちゅう》に、克《よ》く孝《こう》に、億兆心《おくちょうこころ》を一《いつ》にして）

〔官定英訳〕… ever united in loyalty and filial piety have …

〔文部省通釈〕よく忠にはげみよく孝をつくし、国中のすべての者が皆心を一にして

〔詳説日本史史料集訳〕よく忠孝に務め、全ての国民が心を一つにして、

〔松永訳〕誠実で父母を敬愛し、一心同体となって、

〔渡辺訳〕忠孝一致の精神を道徳の根本として、心をいつでも一つにして

〔佐々木訳〕忠孝両全の道を完うして、全国民が心を合せて努力した結果、

〔勉誠出版訳〕忠孝両全の道を完うして、みんなで心を合わせて努力した結果、

［茨城県信組訳］　よき伝統と習慣を形成しながら心を合わせて努力を重ね

［村尾訳］　まごころこめて［阪本監訳：まごころをこめて］君に仕え親にかしずき、

全国民が心を一つにして

［明治神宮崇敬会訳］　国家と家庭のために心を合わせて力を尽くし、

「忠」はまごころを尽くすこと、転じて、主君のために尽くすこと。ここでは、まごころを尽くして天皇に仕えることである。「孝」は親を大切にすること。「億兆」は、ここでは人民、万民という意味。

「億兆一心」は、『新論』で繰り返し用いられている表現である。たとえば、《国体上》には「億兆心を一にして、皆其《みなそ》の上に親《した》しみて離《はな》るるに忍《しの》びざるの実《じつ》こそ、誠《まこと》に恃《たの》むべきなり」とある。

なお、ここの「一」を「イツ」と読んだり、後の「兄弟」を「ケイテイ」と読んだりするのは、漢音によるものである。朝廷では漢音を正音と定めていたので、詔勅は原則として漢音で読むものとされていた。とはいっても、文部省による読み方は完全に漢音で一貫しているわけではなく、たとえば「成就」は漢音なら「セイシュウ」になるはずだが、呉音で「ジョウジュ」と読むことになっている［一海《いっかい》二〇〇九：五五二］。

ここでは茨城県信組訳が驚くべきデタラメを行なっている。なぜ忠孝が「よき伝統と習慣」になるのだろうか？「忠」を「誠実」にすりかえている松永訳も論外。明治神宮崇敬会訳の「国家と家庭のために心を合わせて力を尽くし」というのも、「国家のため」は「忠」、「家庭のため」は「孝」の意訳のつもりだろうが、誤訳に近い。

ところで、「克ク忠ニ克ク孝ニ」というが、もし忠と孝が矛盾したらどうなるのか。たとえば、放送作家の永六輔（一九三三〜二〇一六）は、「「先立つ不孝をお許しください」と書いた特攻隊員は「忠」ではあっても「孝」ではなかった」と皮肉っている〔永 一九九五：一九〇〕。ところが、これはじつは親不孝ではなく、逆に最高の親孝行なのである。忠孝一致、つまり「忠」と「孝」は究極において一致する、という考え方からすれば、君主に対して忠誠を尽くすことこそが、同時に、親に対する最大の孝行となるのである（といっても、実際にはそのようなタテマエ論はなかなか理解されず、「先立つ不孝」と書かれた戦没者の遺書が続出することになったわけだが）。

ただし、このような考え方は、儒教思想においては決して一般的なものではない。儒教の基本原理は孝であり、忠と孝に矛盾が生じた場合は、孝の方を優先すべきだとされている。君臣関係は変えることができるが、親子の血縁関係は変えようがないからである。

ところが江戸時代に君臣関係が固定化されるようになると、君臣関係はしだいに擬似的な親子関係と見なされるようになった。このため、主君に対する忠誠が孝よりも優先されるようになる。後期水戸学では最終的な忠誠対象が天皇とされるようになり、「忠孝无《む》（無）二」（『弘道館記』）ということが強調された。さらに明治以降、身分制秩序が解体されてからは、すべての臣民に対して、天皇に対する忠誠が求められるようになったのである。

世々厥ノ美ヲ済セルハ（世々《よよ》厥《そ》の美《び》を済《な》せるは）

［官定英訳］… from generation to generation illustrated the beauty thereof.
［文部省通釈］代々美風をつくりあげて来た。
［詳説日本史史料集訳］これまで忠孝の美徳を発揮してきたのは、
［松永訳］この美風を代々伝えて来た。
［渡辺訳］立派な成果をあげてきました。
［佐々木訳］今日に至るまで、美事な成果をあげて参りましたことは、
［勉誠出版訳］今日に至るまで、美事な成果をあげてきたことは、
［茨城県信組訳］今日の成果をあげてまいりました。
［村尾訳］代々その美風をまっとうしてきたこと、
［明治神宮崇敬会訳］今日に至るまで美事な成果をあげてくることができたのは、

「世々」は代を重ねること。なお原本では「世々」だが、文部省が初期に配布した謄本では「世世」となっていた（後に出てくる「拳々」も同じ）。

出典は『春秋左氏伝』文公十八年条の「世〻《よよ》其《そ》の美を済《な》し（世済其美）、其《そ》の名を隕《おと》さず」（子孫

代々その美徳を立派に受けつぎ、その名声を落とさず）［前掲、九月三日付井上毅書簡］。
ここでは、臣民が代々、忠・孝の美徳を発揮してきたことを言っている。

此レ我カ国体ノ精華ニシテ（此《こ》れ我《わ》が国体の精華にして）

［官定英訳］　This is the glory of the fundamental character of Our Empire, …
［文部省通釈］　これは我が国柄の精髄であつて、
［詳説日本史史料集訳］　日本の国柄のもっともすぐれたところであり、
［松永訳］　これこそ、わが国を立派な国柄に造り上げたものであり、
［渡辺訳］　これが、日本の国柄の一番よいところです。
［佐々木訳］［勉誠出版訳］　もとより日本のすぐれた国柄の賜物といわねばなりませんが、
［日本を守る会訳］　もとより日本のすぐれた国柄の賜物でありまして、
［茨城県信組訳］　これは、もとより日本のすぐれた国柄の賜とも思われますが、
［村尾訳］　これぞ我が［阪本監訳：わが］国がらの最もすばらしい特色であり、
［明治神宮崇敬会訳］　わが日本のすぐれた国柄のおかげであり、

「国体」は「国柄」という意味だが、すでに述べたように、近代日本においては特別な意味を持つ言葉であった。なお、英訳では「わが帝国の根本的性質」で、これは帝国憲法起草にも関わった官僚政治家、金子堅太郎（一八五三〜一九四二）の発案によるという［平田諭治 一九九七：二二一〜二二二］。

「精華」は最もすぐれているもの、真価となるべきところ、の意。

問題となるのは、「此レ」がどこにかかるのか、つまり「国体ノ精華」とは「我カ臣民……済セルハ」の部分（＝臣民の忠孝）のみを指すのか、それとも、その前の「我カ皇祖皇宗……深厚ナリ」（＝天皇の徳治）も含むのか、という点である。「深厚ナリ」で文がいったん切れているので、文脈上は前者のほうが自然なのだが、それでは「国体ノ精華」（＝「教育ノ淵源」）が臣民の側の話に限られてしまう。そのため、聖訓述義協議会は「「皇祖皇宗」以下「世々厥ノ美ヲ済セルハ」までを指す」と決定した。

教育ノ淵源亦実ニ此ニ存ス（教育の淵源《えんげん》亦《また》実《じつ》に此《ここ》に存《そん》す）

［官定英訳］　… and herein also lies the source of Our education.

［文部省通釈］　教育の基づくところもまた実にこゝにある。

［詳説日本史史料集訳］　教育の根源も実にこの点にある。

［松永訳］　教育の根本精神もここにあるのである。

［渡辺訳］　そして、わが国の教育の根本も、この道徳の精神なのです。

［佐々木訳］　私は教育の根本もまた、道義立国の達成にあると信じます。

［勉誠出版訳］　教育の根本もまた、道義立国の達成にあると信じます。

［日本を守る会訳］　教育の根本もまたここに基づくものと思います。

［茨城県信組訳］　教育の根本もまた、世界の中の日本として道義立国の達成にあると信じております。

［村尾訳］　教育の根本は実にこの歴史に示されているのである。

［明治神宮崇敬会訳］　またわが国の教育の基づくところも、ここにあるのだと思います。

［所訳］　またわが国の教育の基づくところも、ここにあるのです。

佐々木訳の「信じます」、明治神宮崇敬会訳の「思います」は「惟フニ」を受けたものだろう。

「淵源」は物事の起こり基づくところ。

「此」は直前の「国体ノ精華」を指す。では、「国体ノ精華」とはなんであったか、といえば、「万世一系の天皇による徳治」と「臣民の忠孝」である。つまり、ここまでの話をまとめると、日本の教育の根本原理とは、天皇が徳をもって臣民を統治し、臣民は天皇に忠誠を尽くす、という永久不変の君臣関係である、ということになる。

ここまで説明すれば、「道徳」（渡辺）や「道義立国の達成」（佐々木）といった訳し方には大きな問題があることに気づくだろう。教育勅語の主張する教育の根本原理の中身は、天皇と臣民の支配-忠誠の関係なのだが、それが、なんとなく普遍的な道徳であるかのような印象を与える訳し方になっているのである。「世界の中の日本として道義立国の達成」（茨城県信組）にいたっては論外。

爾臣民（爾臣民《なんじ》）

[官定英訳]　Ye, Our subjects,
[文部省通釈]　汝臣民は、
[詳説日本史史料集訳]　お前たち臣民は、
[松永訳]　国民は皆、
[渡辺訳]　皆さん、
[佐々木訳]　国民の皆さんは、
[勉誠出版訳]　国民の皆さん、
[茨城県信組訳]　私たちは、
[村尾訳]　臣民よ、なんじらは
[明治神宮崇敬会訳]　国民の皆さん、

先述したように、「…此ニ存ス」と「爾臣民…」の間で区切りを入れるのが、国定第二期教科書以来の一般的な解釈である。

「爾《なんじ》」は二人称の代名詞で、対等またはそれ以下の相手に対して用いる。「爾臣民」から「皇運ヲ扶翼スヘシ」までは一文であり、明治天皇が臣民に対して、これこれの徳目を守りなさい、と命令している形になっている。

なお、茨城県信組訳は、ここで主語を一人称複数の「私たち」にすりかえている。これによって、天皇から臣民への命令、という構図を消し去り、あたかも自分たちの思いついた努力目標であるかのようなすりかえを図っているわけである。

父母ニ孝ニ（父母《ふぼ》に孝《こう》に）

[官定英訳] be filial to your parents,
[文部省通釈] 父母に孝行をつくし、
[松永訳] 父母を敬愛し、
[渡辺訳] 先づ両親に孝行することです。
[佐々木訳] 子は親に孝養をつくし、

〔勉誠出版訳〕　子供は親に孝養を尽くし、
〔茨城県信組訳〕　子は親に対して孝養を尽くすことを考え、
〔村尾訳〕　父母に孝行、
〔明治神宮崇敬会訳〕　①あなたを生み育ててくださった両親に、「お父さんお母さん、ありがとう」と、感謝しましょう。

「孝」は孝行、すなわち、親の心に従ってよく仕えること。明治神宮崇敬会訳は、ここから標語を挿入しはじめる。

「父母ニ孝ニ」以下の徳目については、家永三郎や稲田正次が、自由民権運動の思想的指導者であった中江兆民《ちょうみん》（一八四七〜一九〇一）による、西洋哲学の概説書『理学鉤玄《こうげん》』（一八八六年。「理学」は哲学《フィロソフィー》のこと、「鉤玄」は深い意味や道理を引き出し悟《さと》ること、の意）の影響を受けているのではないか、と指摘している〔家永 一九五三、稲田 一九七一：二〇五〜二〇七〕。たとえば、「虚霊説《スピリチユアリスム》」（唯心論、観念論）について説明した箇所に、「責任《ツウオアール》」（義務）について「親ノ子ヲ慈シ子ノ親ニ孝シ、夫妻相愛シ朋友相信ジ、公衆ノ利ヲ先ニシテ一己ノ益ヲ後ニスルガ如キハ皆遺徳ノ法令ノ命ズル所ナリ」（第十三章）〔中江 一九八四：一一四〕と説明した箇所がある。もっとも、兆民自身は「虚霊説」には批判的だった。

兄弟ニ友ニ（兄弟《けいてい》に友《ゆう》に）

［官定英訳］affectionate to your brothers and sisters;

［文部省通釈］兄弟姉妹仲よくし、

［詳説日本史史料集訳］兄弟は仲よくし、

［松永訳］兄弟姉妹は親しみ愛し合い、

［渡辺訳］また兄弟姉妹は仲良くしなければなりません。

［佐々木訳］兄弟、姉妹はたがいに力を合わせて助け合い、

［勉誠出版訳］兄弟・姉妹は互いに助け合い、

［茨城県信組訳］兄弟・姉妹は互いに力を合わせて助け合うようにし、

［村尾訳］兄弟は仲よく、

［明治神宮崇敬会訳］②兄弟のいる人は、「一緒にしっかりやろうよ」と、仲良く励ましあいましょう。

『尚書《しょうしょ》』（『書経《しょきょう》』）《君陳《くんちん》》に、「惟《こ》れ孝《こう》ならば、兄弟《けいてい》に友《ゆう》に、克《よ》く有政《ゆうせい》に施《ほどこ》す」（親に孝であれば兄弟に友であり、それを政治にまで推し及ぼしていくことができる）とある。

『尚書』は、古代の王者や政治家の記録などを集めてまとめたもの。五経の一つとして重視され

てきたが、現存する全五八編のうち二五編までが後代の偽作であり、真作の部分を「真古文」、偽作の部分を「偽《ぎ》古文」と呼んで区別している。

この《君陳》も『偽古文尚書』の一部で、西周の成王（前一一世紀頃）の著作ということになっているが、実際には、孔子（前五五一〜前四七九）の言行録である『論語』の《為政《いせい》》に、「子曰《いわ》く、書に云《い》ふ、孝なるかな惟《こ》れ孝。兄弟に友に、有政に施《ほどこ》すと」（孔子は次のように答えた、「『尚書』に、『ああ、大切なことは孝行だ。父母に孝であって、兄弟は睦じくなり、それが政治に移り及ぶものだ』とある」）とあるのを下敷きにして偽作されたものである。

夫婦相和シ（夫婦相和《あいわ》し）

〔官定英訳〕as husbands and wives be harmonious,
〔文部省通釈〕夫婦互に睦び合ひ、
〔詳説日本史史料集訳〕夫婦は協調し、
〔松永訳〕夫婦は互いに仲よくし、
〔渡辺訳〕夫婦は円満に、
〔佐々木訳〕夫婦は仲むつまじく解け合い、
〔勉誠出版訳〕夫婦は仲むつまじく和《やわら》ぎ合い、

［茨城県信組訳］　夫婦は仲睦まじく温かい家庭を築き、
［村尾訳］　夫婦はむつまじく、
［明治神宮崇敬会訳］　③縁あって結ばれた夫婦は、「二人で助けあっていこう」と、いつまでも協力しあいましょう。

「和」は互いに仲良くすること、または調和がとれていること。

『礼記《らいき》』《礼運《らいうん》》に、「父子篤《あつ》く、兄弟《けいてい》睦《むつま》じく、夫婦和《わ》するは、家の肥《こ》えたるなり」（親子仲良く、兄弟睦まじく、夫婦和合しているのは、家が良く肥えているのである）とある。なお『礼記』は、儀礼に関する古代からのさまざまな記述を、漢代にまとめた書物。

　この箇所は儒教倫理から脱線する。というのも、儒教の基本道徳である「五倫《ごりん》」が「父子親《しん》有《あ》り、君臣義《ぎ》有り、夫婦別《べつ》有り、長幼序《ちょうようじょ》有り、朋友信《しん》有り」（『孟子』《滕文《とうぶん》公章句上》）となっていることからもわかるように、「夫婦別有り」、つまり、男女はたとえ夫婦といえどもむやみに近づきあわない、というのが儒教における理想的な夫婦像だからである。もっとも、日本では「夫婦中能《なかよく》」という思想が強く、「夫婦別有り」はあまり理解されなかった。

　江戸時代、夫婦関係は「家」を存続・繁栄させるために必要とされる一方で、実際には比較的簡単に離婚と再婚がなされていた。そのため、離婚を防ぐ目的で「夫婦中能」が強調された。また、「家」の存続と繁栄のため、妻には、夫の相談相手になったり、夫に意見したりする役割が求められていた［渡辺浩二〇〇〇］。「夫婦相和シ」自体は井上毅の発案だが、元田は「夫婦ノ和シテ淫《いん》セス」（度を外さない、みだらでない）とする案を出しており、元田案に影響された可能性がある［関口二〇〇五：三二一〜三二二］。

意味は「夫婦は仲良くしなさい」ということでいいのだが、どういう形で仲良くするのか、ということは注意しておく必要がある。国定教科書では、「夫婦互《たがい》に分《ぶん》を守つて睦《むつ》まじくしなければなりません」（第四期）と、「分を守る」ということが強調されている。

『巽軒衍義』はこの箇所を次のように説明している。

> 思うに、妻というものはもともと体がか弱く、たいていは労働に耐えられないものなのだから、夫たる者は妻をあわれみ、力をきわめて手助けし、危難にあってはいよいよ保護すべきである。また、妻というものは、もともと知恵・見識・才知・度量がたいていは夫に及ばないものなのだから、夫が無理・非道なことを言わない限りは、なるべく夫に服従してよく貞節を守り、みだりに逆らうことなく、しじゅう苦楽をともにすることを考えなければならない。（蓋《けだ》シ妻ハ元ト体質孱弱《せんじゃく》ニシテ、多クハ労動ニ堪《た》ヘザルモノナレバ、夫ハ之《こ》レヲ憫《あわれ》ミ、力ヲ極メテ之《こ》レヲ扶《たす》ケ、危難ニ遇《あ》ヒテハ愈々之《こ》レヲ保護スベク、又妻ハ元ト智識才量多クハ夫ニ及バザルモノナレバ、夫ガ無理非道ヲ言ハザル限リハ、成ルベク之《こ》レニ服従シテ能ク貞節ヲ守リ、妄《みだり》ニ逆フ所ナク、始終苦楽ヲ共ニスルノ念慮ナカルベカラズ。）

早い話が、女性は体力的にも知力的にも男性に劣るのだから、妻は夫に服従して貞節を守れ、ということである。こうした思想は井上哲次郎のみならず、井上毅にも、また明治期の指導者の多くにも共有されていた。

同じことは、この直前の「兄弟ニ友ニ」についてもいえる。弟・妹は年長者である兄・姉に仕える、というのが前提なのである。

明治時代の解釈書の中には、家の存続を重視するあまり、近代的な一夫一婦制すらも軽視する主張さえ見られた。たとえば、漢学者の内藤耻叟《ちそう》（一八二七〜一九〇三）は、「妾《めかけ》（夫の愛人）が多くてこどもが多く生まれることは、妻も（夫と）同じくよろこぶべきことで、自分が夫に養われているのに（妾に対して）嫉妬することは、はなはだ条理なき不道理の事だ」（妾の多くして子姓のしげからんは妻《さい》も同じく悦《よろこ》ぶべき事にて己《おの》れ夫の養《やしな》ひをうくる身なれば嫉妬する事は甚《はなはだ》条理なき不道理の事なるべし）と主張する［内藤耻叟一八九〇］。

もちろん、本文には「夫婦相和シ」としか書かれていないのだから、なにも井上哲次郎のように解釈する必要はない、と主張することも可能ではある。たとえば、昭和初期に大阪を中心に広まり、一九三六〜三七年に弾圧を受け壊滅した新宗教「ひとのみち教団」は、教育勅語を教義として掲げ、「夫婦相和シ」を「夫婦陰陽の道を毎晩励行すること」、つまり、夫婦はお互いを大事にして毎晩セックスし合うもの、という意味だと説き、そのせいで「エロ宗教」と非難されている［芹川一九三九＝七二、池田 一九七七］。なお、この教団は戦後に「パーフェクト リバティー（ＰＬ）教団」として再建されているが、再建にあたり教義は一新され、教育勅語は教義から外されている。

朋友相信シ（朋友相信《ほうゆうあいしん》じ）

［官定英訳］ as friends true;
［文部省通釈］ 朋友互に信義を以て交り、
［詳説日本史史料集訳］ 友達は信じ合い、
［教育勅語運動事務局訳］ 朋友は互いに信じたすけあい、
［松永訳］ 友達同志は信義をもって交わり、
［渡辺訳］ 友だち同士はお互いに信じ合うことです。
［佐々木訳］ 友人は胸襟を開いて信じあい、
［勉誠出版訳］ 友達は胸を開いて信じ合い、
［茨城県信組訳］ 友人は胸襟を開いて信じあえるようにしたいものです。
［村尾訳］ 友人は互いに信頼し合い、
［明治神宮崇敬会訳］ ④学校などで交わりをもつ友達とは、「お互い、わかってるよね」と、信じあえるようになりましょう。

「朋《ほう》」は同門の友、「友」は同志の友。『論語』《公冶長《こうやちょう》》にある孔子の言葉に「朋友は之《これ》を信じ」（友だちは信頼し合えるようにしたい）とある。先述したように、「朋友信有り」は儒教の「五倫」の一つ。

恭倹己レヲ持シ（恭倹己《きょうけんおの》れを持《じ》し）

〔官定英訳〕bear yourselves in modesty and moderation;

〔文部省通釈〕へりくだって気随気侭の振舞をせず、

〔詳説日本史史料集訳〕人にはうやうやしく、自分には慎しみ深く、

〔松永訳〕各自は謙虚で贅沢をつつしみ、

〔渡辺訳〕自分自身に対してはいつもつつしみ深く厳格にし、

〔佐々木訳〕そして自分の言動をつつしみ、

〔勉誠出版訳〕また自分の言動を慎しみ、

〔茨城県信組訳〕そして、生活の中での自分の言動については慎みを忘れず、

〔村尾訳〕自分自身はどこまでもつつましやかに、

〔明治神宮崇敬会訳〕また、⑤もし間違ったことを言ったり行ったときは、すぐ「ごめんなさ

い、よく考えてみます」と自ら反省して、謙虚にやりなおしましょう。

［所訳］　また、もし間違ったことを言ったり行った時は、すぐ「ごめんなさい、よく考えてみます」と自ら反省して、謙虚にやりなおしましょう。

「恭倹」は、他人に対してはうやうやしく（恭）、自分自身はつつしみ深い（倹）こと。『論語』《学而《がくじ》》に、子貢《しこう》が師である孔子を評した言葉として、「温《おん》・良《りょう》・恭・倹・譲《じょう》」（おだやかさ、すなおさ、うやうやしさ、つつましやかさ、ひかえめ）とある。「持《じ》す」は維持すること。国定教科書では「誰に対しても礼儀を守り、常に我が身を慎んで気ままにせず」（第三期）。

博愛衆ニ及ホシ（博愛衆《しゅう》に及《およ》ぼし）

［官定英訳］　extend your benevolence to all;

［文部省通釈］　人々に対して慈愛を及すやうにし、

［詳説日本史史料集訳］　誰彼となくひろく人々を愛し、

［松永訳］　近隣ばかりでなく広く人類を愛し、

［渡辺訳］　他人に対してはなるべくゆるやかにしてあげて、愛情をもつようにしましょう。

［佐々木訳］［勉誠出版訳］［茨城県信組訳］
すべての人々に愛の手をさしのべ、

［村尾訳］
世間には差別なく愛情を注ぎ、

［明治神宮崇敬会訳］
⑥どんなことでも自分ひとりではできないのですから、いつも思いやりの心をもって「みんなにやさしくします」と、博愛の輪を広げましょう。

「博愛」はひろく愛すること。「衆」は多くの人々。

井上毅の初期草案では「自《みずか》ラ愛シテ他ニ及《およ》ホシ己《おの》レカ欲《ほっ》セサル所《ところ》ハ以《もっ》テ人ニ施《ほどこ》サス」となっていたが、まず「己レカ……」以下（自分がしてほしくないと思うようなことは、他人に対してもするな。『論語』《顔淵《がんえん》》・《衛霊公《えいれいこう》》）が削除され、さらに元田が「博愛衆ニ及ホシテ和《わ》シテ同《どう》セス」に修正、井上が「和シテ同セス」（君子は誰とでも協調するが、道理にはずれたことには同調しない。『論語』《子《し》路《ろ》》）を削除して確定した。

「博愛」は、「友愛《フラタニティ》」（fraternity）や「人類愛《フィランソロピー》」（philanthropy）などの訳語に当てられることもあるが、れっきとした儒教由来の漢語で、『孝経』《三才章》に「之《これ》に先《さき》んずるに博愛を以《もっ》てして、民《たみ》、其《そ》の親を忘《わす》るること莫《な》し」（［太古の聖王は］人民に先がけて自分の親を愛する心をもって、博《ひろ》く愛を人民にゆきわたるように努力したので、その結果、人民たちは自分の親を粗末にするようなものはいなくなった）とある。なお、『孝経』は、孔子が門人の曽参《そうしん》（曽子）に語り聞かせた話をまとめたもの、ということになっているが、実際は戦国時代末期に書かれたものと考えられている。

井上毅や井上哲次郎によれば、この「博愛」は無差別な平等愛ではない。『梧陰衍義』には次のようにある（『巽軒衍義』も趣旨はほぼ同じ）。

　博愛の法には順序が必要である。自分の家族よりも他人の家族を優先したり、自国の人を棄てて異国の人を優先したりするようものは、その法にかなったものではない。だから、愛は近親から始め、それから一般の人々に及ぼすべきである。もし、惹那《〔ママ〕》（ジャイナ教？）の同愛主義あるいは墨子《ぼくし》の兼愛《けんあい》主義のように、親・疎の別なくひとしくこれを愛して順序をつけるようなことがない、ということであれば、これはいわゆる万国同愛であって、愛国の情が止まってしまう。（博愛ノ法、必ス順序アルヲ要ス、若シ自己ノ家族ヲ棄テヽ、他人ノ家族ヲ先ニスルカ、若クハ本国ノ人ヲ棄テヽ、異国ノ人ヲ先ニスルガ如キハ、其法ヲ得タルモノニアラス、故ニ愛ハ近親ヨリ始メ次ニ衆庶ニ推シ及ボスベシ、若シ惹那ノ同愛主義若クハ墨子ノ兼愛主義ノ如ク、親疎ノ別ナク、均シク之レヲ愛シテ、順序ナケレバ、即チイハユル万国同愛ニシテ、愛国ノ情、是ニ於イテカ已ム、）

墨子（前四七〇頃～前三九〇頃）は、すべての人間を差別なく平等に愛する「兼愛」を説いた。これに対して孟子（前三七二頃～前二八九頃）は、墨子の兼愛は自分の親も人の親も同じように愛そうとするもので、親子関係、ひいては君臣関係を否定する邪説である、と否定している（『孟子』《滕文公章句下》）。井上毅や井上哲次郎の説くところも、儒教の「博愛」とほぼ同じで、親子間・君臣間の愛が最も強く、周囲にいくにしたがって薄まっていくものとされている。まったくの無差別愛では愛国心を育てることができないからである。なお、井上哲次郎はこの見地から、「及ホシ」は親近から始めて次第に拡大していく、という意味であり、「博愛」はキリスト教的な無差別愛ではない、と主張した［井上哲次郎 一八九三：一一六～一二〇］。

また、修身教科書の教師用書でも「他人に対するには慈愛を以《もっ》てし、又《また》よく方法順序を考へて慈善を施《ほどこ》すべし」（第二期）と説明されている。文部省通釈が「慈愛」を用いているのも、「博愛」という語がキリスト教的な博愛を連想させるのを嫌ったからだろう。

学ヲ修メ業ヲ習ヒ以テ智能ヲ啓発シ徳器ヲ成就シ（学を修《おさ》め、業《ぎょう》を習い、以《もっ》て智能を啓発し、徳《とく》器《き》を成就《じょうじゅ》し）

［官定英訳］ pursue learning and cultivate arts, and thereby develop intellectual faculties and perfect moral powers;

［文部省通釈］ 学問を修め業務を習つて知識才能を養ひ、善良有為の人物となり、

［詳説日本史史料集訳］ 学問を修め、仕事を習い、知能をのばし、徳行・器量をみがき、

［松永訳］ 人間としての道はもちろん、科学を勉強し、職業を身につけ、かように

［渡辺訳］　して知識を広めると同時に能力を発揮し、個人としても立派な人間となり、よく学び、自分の仕事は一生懸命覚え、そして知識、才能を積みかさね、人格を完成させて下さい。

［佐々木訳］　学問を怠らず、職業に専念し、知識を養い、人格をみがき、

［茨城県信組訳］　生涯にわたっての学習を怠らず、職業に専念し、知性や品性を磨き、

［村尾訳］　学問を修め技能を習い、そうして知識や能力を広め［阪本監訳：ひろげ］高めて立派に人格を磨きあげ、

［明治神宮崇敬会訳］　⑦誰でも自分の能力と人格を高めるために学業や鍛錬をするのですから、「進んで勉強し努力します」という意気込みで、知徳を磨きましょう。

「学」は学問、「業」は業務。井上毅の草案では「子弟各々其業《していおのおのその》ヲ習《なら》ヒ」だけだったが、元田が「学ヲ勤《つと》メ」を挿入した。

「智能」について、『梧陰衍義』は「智識」と「才能」とする。国定教科書、聖訓述義協議会報告の解釈も同じで、つまり知識のみならず、それを生かせる能力をあわせ持つことが大事、ということである。ただし、官定英訳は「知的能力」としている。

「啓発」は智識などを啓《ひら》き進めさせること。「徳器」は徳行と器量（才能）。「成就」はなしとげること。

佐々木盛雄は、「業ヲ習ヒ」について「職業を習って身につける」という意味だと説明しておきながら、訳文では「職業に専念し」と意図的に誤訳している。社会運動などはしなくていい、と暗に言っているのだろう。

進テ公益ヲ広メ世務ヲ開キ　（進《すすん》で公益を広め、世務《せいむ》を開き）

［官定英訳］
furthermore advance public good and promote common interests;

［文部省通釈］
進んで公共の利益を広め世のためになる仕事をおこし、

［松永訳］
更に進んで、世の中の利益になることをし、社会人としての務めを果たし、

［渡辺訳］
更に自ら進んで自分の生まれたこの社会に奉仕し、まじめに自分の仕事に喜びと誇りをもって下さい。

［佐々木訳］
さらに進んで、社会公共のために貢献し、

［勉誠出版訳］
さらに進んで社会公共のために貢献し、

［茨城県信組訳］
更に進んで、社会公共の為に貢献することを考え、

［村尾訳］
積極的に公共の福祉を増進し、この世においてなすべきつとめを拡大し、

［明治神宮崇敬会訳］
さらに、⑧一人前の実力を養ったら、それを活かせる職業に就き、「喜んでお手伝いします」という気持ちで公《おおやけ》＝世のため人のため働きましょう。

「公益」は公共、すなわち社会一般にとっての利益。「世務」は世の中のつとめ。「世務」について、井上毅は最初「世用《せよう》（世の中で役に立つもの）ヲ助ケ」とし、元田永孚がこれを「経綸《けいりん》（国家を統治すること）ヲ興シ」と修正、これを井上が「世務ヲ開キ」に再修正した。官定英訳では「公益」は public good、「世務」は common interests だが、どちらも日本語に再翻訳すると「公益」となる。『巽軒衍義』は「公益」を「公衆一般の利益」とする一方、「たとえ生命があっても、国家に益のないものは、すでに死んだものと異ならない」（仮令《たと》ヒ生命アルモ、国家ニ益ナキモノハ、スデニ死セルモノト異ナラズ）とし、最終的には国家のための利益だ、としている。

常ニ国憲ヲ重シ国法ニ遵ヒ（常に国憲を重《おもん》じ国法に遵《したが》い）

［官定英訳］always respect the Constitution and observe the laws;
［文部省通釈］常に皇室典範並びに憲法を始め諸々の法令を尊重遵守し、
［詳説日本史史料集訳］常に憲法を重んじ、法律に従い、
［松永訳］常に国の憲法や法律を重んじて守り、
［渡辺訳］常に憲法の根本精神を大切に生かし、法律をよく守るようにしましょう。
［佐々木訳］また法律や、秩序を守ることは勿論のこと、

［勉誠出版訳］　また法律や秩序を守ることは勿論のこと、

［茨城県信組訳］　また、法律や秩序を守り、

［村尾訳］　常に国のおきてを重んじ法律に従い、

［明治神宮崇敬会訳］　⑨ふだんは国家の秩序を保つために必要な憲法や法律を尊重し、「約束は必ず守ります」と心に誓って、ルールに従いましょう。

「国憲」は憲法。ここでは大日本帝国憲法を指す。「国法」は国家の法令一般。「遵」は道理や法則にしたがうこと。

英語やフランス語のコンスティテューション（constitution）の訳語としては、明治初期には「国憲」「国制」「朝綱」「根本律法」「律例」など、さまざまな語が使われていた。「憲法」という訳語をあてたものには、林正明《はやしまさあき》（『英国憲法』『合衆国憲法』、ともに一八七三年一月刊）と箕作麟祥《みつくりりんしょう》（『仏蘭西《フランス》法律書　憲法』同年八月刊）がある。この訳語が定着したのは、箕作の影響といわれている［穂積一九一六：一六九～一七三、同一九三六：四～二八、宮田一九七〇］。それ以前は、「憲法」は、単に「おきて」「きまり」といった意味であった。たとえば、いわゆる「十七条憲法」の「憲法」は、官僚や貴族の守るべき道徳的な規範という意味である。

なお、文部省通釈では「皇室典範並びに憲法」となっており、国定教科書でも「国の根本法則たる皇室典範及《およ》び大日本帝国憲法を尊重し」（第二期）と説明されている。これは、帝国憲法下の皇室

典範が、帝国憲法と対等の、もう一つの最高法規として扱われていたからである。

家永三郎は、戦後すぐの一九四七年に発表した論文の中で、この個所を「「国憲ヲ重」んずることは国憲（すなはち帝国憲法を指す）中に含まれる信教の自由を尊重することを意味し、延《ひ》いて特定国教の施行を非とした伊藤［博文］の主張を肯定する結果となる」と高く評価し、「近代的立憲主義（勿論《もちろん》大きな制限をもつてはゐるが）」の「勝利が実現せられてゐる」と主張した［家永 一九四八：一三八］。もっとも家永は、後年、この論文を、伊藤博文・井上毅と元田永孚との対立を過大評価し、民権派と政府との対立、という「いっそう決定的な対立のあったことを全然知らずに書いた」「恥しい限り」の「失敗」だったと自己批判している［家永 一九九〇］（なお、家永は生涯にわたって非マルクス主義者を自認しており、戦後歴史学の主流であったマルクス主義史学とは一線を画していた）。

この一文は、起草過程で最も揉《も》めた箇所として知られている。もともとは芳川顕正の強い要求で挿入されたのだが、井上毅が途中で削除し、元田永孚もこれに同調した。井上はその理由を明らかにしていないが、元田は「これは道徳教育を教え告げるものであり、『国憲・国法を重んずる』とはべつに掲示するに及ばない」（道徳ノ教育ヲ訓告セラル国憲国法ヲ重スルハ別ニ掲示ニ及バス）と述べている。井上も元田も、憲法や法律のような政治に属することを、天皇による道徳的訓戒に取り入れるのは好ましくない、と考えていたようである。

ところがその後、一〇月に閣議に提出された段階でこの一文が復活し、元田も「最近、学理局の論（学理にかたよった論、の意？）によって憲法を批判することがあるので、教育上の目的からこの二句を加えて要旨を示す」（方今学理局ノ論ヲ以テ或ハ憲法ヲ非義スルコトアリ故ニ教育上此二句ヲ加ヘテ要旨ヲ示ス）として賛同した。なお、最終的に決定を行なったのは明治天皇自身であったらしい。山県有朋は後年の談話で、「『国憲国法』云々《うんぬん》のことについては、芳川の上奏にて原案に復活することになり、陛下［明治天皇］からも『その通りにせよ』とのおことばがあったとのことである」（国憲国法云々ノコトニツキテハ芳川ノ上奏ニテ原案ニ復活スルコトトナリ　陛下ヨリモソノ通リニセヨトノ御詞アリシトノコトナリ）［一九一六年一一月二六日付談話。教学局 一九四一：一一二］と語っている。

稲田正次は、この背景に民権派による帝国憲法批判、特に第六七条の廃止論があったことを指摘している。帝国憲法では、予算案は帝国議会の協賛を得て成立することになっているが（第六四条）、第六七条の規定により、天皇大権による歳出（行政各部の官制、軍の編制に要する費用、官僚の給与、外国との条約による費用など）については、帝国議会は政府の同意なしに廃除または削減することはできない、とされている。この規定は行政費削減による減税を主張する民権派から目の敵にされており、一八九〇年九月には、名古屋で開かれた民権派の会議において、内藤魯一《ろいち》らが第六七条を激しく批判する勧告書を作成し、山県首相らに送りつけている。

つまりこの徳目は、帝国憲法に対する批判を封じるために挿入された、政治的な徳目なのである。ここで、またしてもインチキを仕掛けているのが佐々木訳で、解説では「「国憲」というのは「国の定め」の意味ですから「憲法」のことであるとも云えます」と述べておきながら、訳文では「国憲」が無視され、代わりに「秩序」が入れられている。なぜそうなったのかはおおよそ想像がつく。

つまり、ここを「憲法」と訳してしまうと、日本国憲法を守る、という意味にも受け取られかねないからである。改憲派である佐々木としては、「法や秩序を守れ」とは主張したいが、「憲法を守れ」とは主張したくないわけである。

また村尾次郎は、「国憲」を「下に国法とあるので、憲の意味を憲法に限定する必要はない」として「国のおきて」と訳している。しかし、起草過程から考えるとやや無理のある解釈ではなかろうか。

一旦緩急アレハ義勇公ニ奉シ（一旦緩急《いったんかんきゅう》あれば義勇公《こう》に奉《ほう》じ）

［官定英訳］ should emergency arise, offer yourselves courageously to the State;

［文部省通釈］ 万一危急の大事が起つたならば、大義に基づいて勇気をふるひ一身を捧げて皇室国家の為につくせ。

［詳説日本史史料集訳］ 一旦国家危急の時には忠義と勇気をもって国家のために働き、

［松永訳］ 非常の事態が発生したような場合には、勇気を振い、公共のために一生懸命につとめ、

［渡辺訳］ もし、万一、わが国になにか非常事態が起きたら、愛する祖国と家族のため喜んで勇気をふるって身を投げだし、

［佐々木訳］非常事態の発生の場合は、身命［国民道徳協会訳、日本を守る会訳：真心］を捧げて、国の平和と、安全に奉仕しなければなりません。

［勉誠出版訳］非常事態が発生した場合は、身命をささげて国の平和と安全のために奉仕しなければなりません。

［茨城県信組訳］非常事態や社会生活に困難が生じたような場合には、真心を持って国や社会の平和と安全に奉仕することができるようにしたいものです。

［村尾訳］もし一度［阪本監訳：一度《ひとた》び］国家に一大事が起きたならば、正しく勇ましく奉公して、

［明治神宮崇敬会訳］⑩もし国家の平和と国民の安全が危機に陥るような非常事態に直面したら、愛する祖国や同胞を守るために、それぞれの立場で「勇気を出してがんばります」と覚悟を決め、力を尽くしましょう。

「緩急」は緊急事態。

前漢の政治家・袁盎《えんおう》（前二世紀）は、劇孟《げきもう》という侠客と親しかった。ある金持ちがそのことをとがめたところ、袁盎は、劇孟は「急」（不慮の災難）の際に必ず頼りとなってくれる、と答え、「今、公常《こうつね》に数騎を従《したが》ふも、一旦緩急有らば、寧《なん》ぞ恃《たの》むに足らんや」（いまあなたはいつも数人の騎兵を従えているが、一旦、不慮の災難に見舞われたとき、どうして彼らを頼みになどできようか）と言って、その

金持ちとの交際を絶った（『史記』《袁盎列伝》）。

なお、文語で書かれた国定第二期教科書では、この箇所は「若《も》し国家に事変の起《おこ》るが如《ごと》きことあらば」と説明されていた。このように、「もし危急の大事が起こったならば」という仮定条件であれば、文法上、已然《いぜん》形の「あれば」ではなく、未然形の「あらば」でなければおかしい。「あれば」では確定条件、つまり「すでに危急の大事が起こったので」という意味になってしまう。

もともと、已然形はすでに実現している（已《すで》に然《しか》る）ことを示すのに使われていたのだが、室町時代以後になるとこの意味が失われ、仮定条件に使われるようになる（そのため、口語文法では同じ活用形が「仮定形」と呼ばれている）。江戸時代の漢文訓読では、当時の口語の影響で、仮定条件を已然形で訓《よ》む習慣があり、井上毅はこの習慣に引きずられたらしい。だが、近代の学校教育では平安時代の文法が文語文法の基準となったため、「あれば」は文法上間違いということになってしまったのである。聖訓述義協議会では、当時の日本語文法の権威の一人であった山田孝雄が「文法学の立場からいふと、こゝだけは口語法をお用ひになつたものと解する」と、間違いであることを事実上認めている。

真偽のほどは不明だが、発布直後に国語学者の大槻文彦（一八四七〜一九二八）が「印刷の誤りとして是非《ぜひ》訂正する様《よう》に」と進言した、という逸話がある［小野 一九四三：三七四］。一八九四年三月には、北海道尋常師範学校（現・北海道教育大学札幌校）で、校長が勅語奉読式の際に文法を訂正して「あらば」と読んだことが、「不敬」として問題になっている［小股 二〇一〇：四五一〜四五二］。

文法を学ぶ学生たちにとっても困惑の種で、評論家の大宅《おおや》壮一《そういち》（一九〇〇〜七〇）やアナウンサーの鈴木健二（一九二九〜）は、中学生時代、文法の間違いではないかと教師に質問して怒られたという［大宅 一九八二：三四四、鈴木健二 一九八八：四一〜四二］。

中には、已然形には恒常条件（「雨降れば地固まる」のように、前件が成立するときには常に後件も成立する、というもの）の意味もあるから、この個所は「危急の大事が起こったときは常に」と解釈すれば間違いではない、と主張する向きもある。この説は国語学者の高橋龍雄（一八六八〜一九四六）が言い出したものらしく［高橋龍雄 一九三四：四七二］、近年でも同様の主張がしばしば見られる［森田康之助 二〇〇〇：五一〜五四、八《やつ》木《き》公《きみ》生《お》 二〇〇一b：二〇九〜二一一、等］。しかし、この説は通常の語法から大きく外れるもので、かなりの無理がある。そもそも、井上毅は他のところでもしばしば同じ間違いをしているのである（たとえば、『王国建国法』（一八七五年刊）の小引《しょういん》（序文）には「事、憲法に乖《そむ》ク者アレバ、直《ただち》ニ人主ヲ責メズシテ、罪其《その》輔《ほ》相《しょう》ニ加《くわ》フ」［井上毅 一九六九：一二二］、また「朝鮮政略意見案」（一八八二年九月一七日付）には「五国中若《も》シ此《この》約を破る者あれば他の国々より罪を問ふべし」［井上毅 一九六六：三一三］とある）。

「義勇」は正義のために発する勇気、転じて国家・主君のために力をつくすこと。「奉じる」は仕えること。

ここの「公」は国家を指す。井上毅は当初「一朝《いっちょう》［ひとたび］事アレハ義勇公ニ奉シ」とし、途中で「緩急事アレハ躬《み》（身）ヲ以テ国ニ殉《じゅん》シ」と改めたが、最終的に元田が「意義は少しも異ならないが、意味がややすぐれているようだ」（意義些異ナシト雖トモ意味ヤヤ勝テルニ似タリ。「意義」と「意味」がどう違うのかは不明）として「義勇公ニ奉シ」に戻している。つまり、「義勇奉公」は国のために殉じる（命を投げ出して国を守る）という意味だったわけである。官定英訳では「緊急事態が発生したときには、勇敢に自分自身を国家《ステイト》に提供せよ」と訳されており、国定教科書では「もし国に事変が起つたら、勇気を奮ひ一身をさゝげて、君国［天皇と国家］のために尽くさなければなりません」（第三期）と説明されている。

ここでは、原文にないことを付け加えている訳文が目につく。渡辺訳は「公」を「愛する祖国と家族」と解し、佐々木訳は「平和と安全」をつけたし、茨城県信組訳は「社会生活に困難が生じたような場合」をつけたし、明治神宮崇敬会訳は「公」を「国家の平和と国民の安全」と解した上で「愛する祖国や同胞を守るために」つけたす、といった具合である。原文のままでは、戦争に際しての国家への奉仕を求める徳目、という印象が強くなるために、その印象を極力薄めようとして「平和」「安全」を挿入したり、守る対象を「国民」にすりかえたりしているわけである。

以テ天壌無窮ノ皇運ヲ扶翼スヘシ（以《もっ》て天壌《てんじょう》無窮《むきゅう》の皇運《こううん》を扶翼《ふよく》すべし）

［官定英訳］　and thus guard and maintain the prosperity of Our Imperial Throne coeval with heaven and earth.

［文部省通釈］　かくして神勅のまに〱天地と共に窮りなき宝祚《あまつひつぎ》の御栄をたすけ奉れ。
［詳説日本史史料集訳］　天地とともにきわまりない皇室の運命をたすけるようにしなければならない。
［松永訳］　わが日本民族の永遠な生命を護るよう努力してもらいたい。
［渡辺訳］　そして、未来永遠につづく日本の国の生命を守る気概をもちましょう。
［佐々木訳］［勉誠出版訳］［茨城県信組訳］［明治神宮崇敬会訳］　×
［村尾訳］　皇祖以来一貫不動の皇運をたすけよ。

「天壌無窮」は天地とともにきわまりがないこと、すなわち永遠。ここでは「天壌無窮の神勅」が意識されていることは言うまでもない。「皇運」は「皇位の御成運」（国定教科書）。「扶翼」はたすけること。つまり、永遠に続くべき天皇・皇室の運命をたすけなさい、ということである。なお、文部省通釈の「宝祚」（天津日嗣《あまつひつぎ》）とは皇位のこと。

ここで問題になるのが「以テ」で、この解釈は大きく分けて三通り考えられる。

（1）特に意味のない接続詞。この場合、「天壌無窮ノ皇運ヲ扶翼スヘシ」はひとつの独立した徳目として、「父母ニ孝」「兄弟ニ友」などと並列されていることになる。

（2）「一旦緩急アレハ……」以下のみにかかる。この場合、「一旦緩急アレハ……扶翼スヘシ」がひとつの徳目となる。

（3）「爾臣民父母ニ孝ニ……」以下全体にかかる。この場合、「父母ニ孝」「兄弟ニ友」などのすべての徳目は、「天壌無窮ノ皇運ヲ扶翼」することを目的としていることになる。

文部省がこの箇所の公式な解釈を示したのは、発布後二〇年以上経ってからのことである。すなわち、国定第二期教科書『高等小学修身書　巻二』（一九一三年）において

勅語に「以テ天壌無窮ノ皇運ヲ扶翼スヘシ」と宣へるは「父母ニ孝ニ」より「義勇公ニ奉シ」に至るまでの道を能《よ》く行ひて天地と共に窮《きわまり》なき皇位の御盛運を助け奉《たてまつ》るべしとの御趣意なり

とされたのである［籠谷 一九九四：一三九］。この解釈に従えば、両親に孝行するのも兄弟姉妹仲良くするのも、すべては天皇による日本の統治が永久に続くことを助けるためなのだ、ということになる。

まず佐々木訳と明治神宮崇敬会訳は、あろうことか、この箇所をまるまる訳し落としている。

佐々木は『甦える教育勅語』で、「「皇運」は「国の運命」の意味」だとし、この一節を「非常時には勇気をもって国のためにつくし、「天地が永遠につづくと同じように、限りなくつづく日本の運命をたすけて、守って行かなければならない」と、おおせられている」と解説している。つまり佐々木は、「一旦緩急アレハ……扶翼スヘシ」を一まとまりと解釈した上、「天皇」を「国」にすりかえることで、意図的誤訳をやってのけているのである。

渡辺訳は「皇運」を「日本の国の生命」と「訳」した上、その根拠を「日本の国は、日本民族の親である皇室を中心とした一民族共同体です。皇運ということは、天皇御個人のことではなく、日本のため、日本の民族のためということです」と説明している。松永訳も天皇を「日本民族」にすりかえている。

なお一九七四年、日本共産党の松本善明《ぜんめい》衆議院議員（一九二六〜。画家いわさきちひろの夫）が、自衛隊の精神教育参考資料として、日本国憲法の否定や教育勅語の賛美を主張する内容の文章が数多く用いられている、という事実を国会で取り上げたことがある。問題となったテキストの一つに、今村均（一八八六〜一九六八。元陸軍大将）の一九六〇年頃の講演録『各国軍人の倫理並びに自衛官の倫理』があり、その中には、この箇所を説明して「皇運というのは国運と言うこと」という記述があったという［一九七五年三月八日・第七二回国会衆議院予算委員会第一分科会。土屋一九七四：一一八］。

是ノ如キハ独リ朕カ忠良ノ臣民タルノミナラス（是《かく》の如《ごと》きは独《ひと》り朕《ちん》が忠良《ちゅうりょう》の臣民たるのみならず）

［官定英訳］　So shall ye not only be Our good and faithful subjects,

［文部省通釈］　かやうにすることは、たゞに朕に対して忠良な臣民であるばかりでなく、

［詳説日本史史料集訳］　このようにすれば、忠義の心厚く善良な私の臣民だけでなく、

［松永訳］　そうすることは、誠実な国民といえるばかりでなく、

［渡辺訳］　以上述べた徳目をよく守れば、それが日本人として忠良な国民となるわけで、

［佐々木訳］　そして、これらのことは、善良な国民としての当然のつとめであるばかりでなく、

［勉誠出版訳］　これらのことは、善良な国民としての当然のつとめであるばかりでなく、

［茨城県信組訳］　これらのことは、日本国民としての当然のつとめであるばかりでなく、

［村尾訳］　このようにするならば、なんじはただ［阪本監訳：ただ単に］天皇に対して忠良な臣民であるというばかりでなく、

［明治神宮崇敬会訳］　いま①〜⑩に述べたようなことは、善良な日本国民として不可欠の心得であると共に、

［所訳］　いまここに述べたようなことは、善良な日本国民として不可欠の心得であると共に、

「忠良」は忠義と善良。井上毅の草稿では「善良」だったが、元田が「克ク忠ニ克ク孝ニ」と対応させるために「忠良」と改めた。

一部の訳はここでまたインチキをしかけている。まず「臣民」を「国民」に置き換え、「朕カ」を消し、そうなると「忠良」の「忠」が宙に浮いてしまうので、これを「誠実」（松永訳）・「善良」

（佐々木訳・明治神宮崇敬会訳）などとすり替えたり、「忠良」自体を無視（茨城県信組訳）したりしている。この操作によって、天皇に対する忠誠、ということが消されてしまう。

渡辺訳の「日本人として」は余計。ちなみに渡辺は、この「忠」は「『父母に孝に兄弟に友に』という十五の徳目を守ることを意味している」と主張している。

又以テ爾祖先ノ遺風ヲ顕彰スルニ足ラン（又《また》以《もつ》て爾《なんじ》祖先の遺風を顕彰《けんしょう》するに足《た》らん）

[官定英訳] but render illustrious the best traditions of your forefathers.

[文部省通釈] それがとりもなほさず、汝らの祖先ののこした美風をはつきりあらはすことになる。

[詳説日本史史料集訳] お前達の祖先の残した美風を明らかにすることにもなる。

[松永訳] わが日本の立派な伝統を発揚することになるわけである。

[渡辺訳] またあなた方の祖先の実行されたことと一致するわけです。

[佐々木訳] また、私達の祖先が、今日まで身をもって示し残された伝統的美風を、更にいっそう明らかにすることでもあります。

[勉誠出版訳] われわれの祖先が、今日まで身をもって示し残された伝統的な美風を、さらにいっそう明らかにすることでもあります。

［茨城県信組訳］　私たちの祖先が、今日まで身をもって示し残された伝統的美風を一層明らかにすることでもあります。

［村尾訳］　また、なんじ自身の祖先が伝えた美風を世に明かす孝道を発揮することになるであろう［阪本監訳：世に明かにする孝道を発揮することともなるであろう］。

［明治神宮崇敬会訳］　その実践に努めるならば、⑪皆さんの祖先たちが昔から守り伝えてきた日本的な美徳を継承することにもなりましょう。

「遺風」は後世に残る昔の風習、あるいは後世に残る先人の教えや芸風。「顕彰」は物事がはっきりとあらわれること。一連の徳目を守ることが、臣民の先祖代々の美風をたたえることにもなる、ということ。

この文面は文部省での修正過程で成立した。漢学者で帝国大学文科大学教授の島田重礼《ちょうれい》（号は篁《こう》村《そん》、一八三八〜九八）が「爾カ祖先ノ遺徳ヲ発揚スルニ足ラン」とする案を出し、それをもとに芳川顕正が「爾祖先ノ遺勲ヲ宣揚スルニ足ラン」としたのである。

ここで、佐々木訳が驚くべきインチキを仕掛けている。なんと、二人称「爾」を一人称「私達」にすり替え、「爾祖先」に「皇祖皇宗」と全く同じ「私達の祖先」という訳を当てているのである。これは意図的誤訳以外の何物でもない。先述したように、佐々木訳は「忠良」を「善良」にすりかえたり、「天壌無窮」を訳し落としたりする意図的な印象操作を行なっている。これによって、天皇から臣民への命令という構図が打ち消されてしまい、あたかも国民の仲間うちへの呼びかけ、というような印象が作り出されているのである。

他にも、「孝」を付け加えた村尾訳、「日本的な美徳を継承する」とした明治神宮崇敬会訳など、べつに難解な箇所でもないのに、不自然な訳し方をしているものが見受けられる。

斯ノ道ハ（斯《こ》の道《みち》は）

〔官定英訳〕The Way here set forth is …

〔文部省通釈〕こゝに示した道は、

〔詳説日本史史料集訳〕この道徳は、

〔松永訳〕以上に述べたところは、

〔渡辺訳〕この道徳観は

〔佐々木訳〕〔勉誠出版訳〕このような国民の歩むべき道は、

〔茨城県信組訳〕このような私たちの歩むべき道は、

〔村尾訳〕上に述べた道徳のそれぞれは、

〔明治神宮崇敬会訳〕このような日本人の歩むべき道は、

「斯道《しどう》」は『論語』《雍也《ようや》》などに見られる表現で、文字通りには「この道」のことだが、聖人の道、儒学の道という意味で使われている。ただし、直接には、『弘道館記』が、天地の大道を指して「斯道」と呼んでいることを意識したものと考えられている。

この箇所は、聖訓述義協議会で大きな解釈変更がなされた。すなわち、それまでは

「斯ノ道」とは「父母ニ孝ニ」より「義勇公ニ奉シ」までを指す。〔文部省『師範修身書　巻一』一九三八年。佐藤 一九九六ａ：四七五〕

となっており、「斯ノ道」には「皇運扶翼」は入っていなかったのだが、

前節を通じて御示しになつた皇国の道であつて、直接には「父母ニ孝ニ」以下「天壌無窮ノ皇運ヲ扶翼スヘシ」までを指す。〔『初等科修身　四　教師用』一九四三年。佐藤 一九九六ａ：四六一〕

と、「皇運扶翼」を含める形に変更されたのである。また、「斯ノ道」に「皇国の道」という呼び名が与えられたのもこのときである。戦時下の教育制度改革で一九四一年に小学校が国民学校に改

組された際には、その教育目的は「皇国ノ道ニ則《のっと》リテ初等普通教育ヲ施《ほどこ》シ国民ノ基礎的錬成《れんせい》ヲ為《な》スヲ以《もっ》テ目的トス」(国民学校令)とされた。

この解釈変更の持つ意味は、この後の「之ヲ中外ニ施シテ悖ラス」と密接にかかわってくるので、そこで説明する。

実ニ我カ皇祖皇宗ノ遺訓ニシテ（実《じつ》に我《わ》が皇祖皇宗の遺訓《いくん》にして）

[官定英訳] ... indeed the teaching bequeathed by Our Imperial Ancestors,

[文部省通釈] 実に我が御祖先のおのこしになつた御訓であつて、

[詳説日本史史料集訳] 実に私の皇祖天照大神と歴代の天皇が残された教えであり、

[松永訳] われわれの祖先が子孫に伝えた教訓で、

[渡辺訳] わたくしたちの祖先の遺された教えで、

[佐々木訳] [勉誠出版訳] [茨城県信組訳]

祖先の教訓として、

[村尾訳] これぞまさにわが皇祖皇宗の伝え給うた御諭《さと》しであり、

[明治神宮崇敬会訳] わが皇室の祖先たちが守り伝えてきた教訓とも同じなのです。

「遺訓」は父祖から子孫への教訓。「斯の道」は皇祖以来の歴代天皇の教えである、ということ。教育勅語の諸徳目は、先祖代々伝統的に守られてきた教えであり、それゆえに権威があるとされていることがわかる。歴代の天皇は臣民に対して徳を及ぼし、臣民は先祖代々忠誠心をもって天皇に仕えてきた、とされている。そうした先祖代々の君臣関係が、教育勅語を正当化する根拠とされているわけである。

すでに一つ目の「我カ皇祖皇宗」のところでも指摘したが、ここでも一部の訳文が「われわれの祖先」（松永訳）・「わたくしたちの祖先」（渡辺訳）と複数形で訳したり、単に「祖先」（佐々木訳）として曖昧にしたりして、あたかも臣民の祖先が遺した教訓であるかのような印象を与えようとしている。

子孫臣民ノ倶ニ遵守スヘキ所（子孫臣民の倶《とも》に遵守《じゅんしゅ》すべき所《ところ》）

［官定英訳］　to be observed alike by Their Descendants and the subjects,

［文部省通釈］　皇祖皇宗の子孫たる者及び臣民たる者が共々にしたがひ守るべきところである。

［詳説日本史史料集訳］　その子孫・臣民はともによく守るべきもので、

［松永訳］　皆で一緒に守って行かねばならぬものである。

［渡辺訳］　そしてまた現在ばかりでなく、子供達とか孫まで伝えて実行すべきことです。
［佐々木訳］　私達子孫の守らなければならないところであると共に、
［勉誠出版訳］　われわれ子孫の守らなければならないところです。
［茨城県信組訳］　私たち子孫の守らなければならないところであると共に、
［村尾訳］　その子孫たる天皇、及び臣民がともに従い守るべきものである。
［明治神宮崇敬会訳］　かような皇室にとっても国民にとっても「いいもの」は、日本の伝統ですから、いつまでも「大事にしていきます」と心がけて、守り通しましょう。
［所訳］　このような、皇室にとっても国民にとっても「いいもの」は、日本の大切な伝統ですから、いつまでも「大事にしていきます」と心がけて、守り通しましょう。

「遵守」は法律・道徳などにしたがい、それを守ること。
ここでは「子孫」が難物である。明治天皇の子孫とも、皇祖皇宗の子孫（すなわち、明治天皇自身も含めた天皇・皇族）とも解釈できるからだ。国定教科書や官定英訳では、皇祖皇宗の子孫とする解釈をとっている。聖訓述義協議会では大きく揉めた末、「皇祖皇宗の御子孫である」としたものの、

「「天皇の子孫臣民」と拝《はい》する［見る］ことも出来るが、尚《なお》研究を要する」と留保をつけている。「子孫臣民」を「皇室の子孫と臣民の子孫」とする解釈もあるが、国定教科書では「皇祖皇宗の御子孫も一般の臣民も共に」（第三期）としており、「子孫」と「臣民」の間に明確な一線を引いている。

いずれにせよ、「子孫」は現在（および未来）の天皇・皇族、「臣民」は現在（および未来）の臣民ということになる。したがって、「皆」（松永訳）、「子供達とか孫まで」（渡辺訳）、「私達子孫」（佐々木訳）などは、いずれも、皇族と臣民の区別をしていない、という点で重大な誤訳である。

之ヲ古今ニ通シテ謬ラス（之《これ》を古今《ここん》に通じて謬《あやま》らず）

［官定英訳］infallible for all ages...
［文部省通釈］この道は古今を貫ぬいて永久に間違がなく、
［詳説日本史史料集訳］昔から今までを通して誤りのないことであり、
［松永訳］この教訓は、今も昔も変わりなく、
［渡辺訳］この考え方は昔も今も、
［佐々木訳］このおしえは、昔も今も変らぬ正しい道であり、
［勉誠出版訳］それと共に、このおしえは、昔も今も変らない正しい道であり、
［茨城県信組訳］この教えは、昔も今も変わらない正しい道であり、

［村尾訳］　道は古今を一貫していささかも誤りなく、
［明治神宮崇敬会訳］　この伝統的な人の道は、昔も今も変わることのない、
［所訳］　この伝統的な人格者をめざす道は、昔も今も変わることがなく、

「之《これ》」は「斯ノ道」を指す。「謬」はあやまり。過去から現在に至るまで誤ったことのない教えである、ということ。

之ヲ中外ニ施シテ悖ラス（之《これ》を中外《ちゆうがい》に施《ほどこ》して悖《もと》らず）

［官定英訳］　... and true in all places.
［文部省通釈］　又我が国はもとより外国でとり用ひても正しい道である。
［詳説日本史史料集訳］　これを世界に実施しても道理に逆らうことがない。
［松永訳］　国の内外を問わず、正しい教訓であるから、
［渡辺訳］　また洋の東西を問わず正しいものと思います。
［佐々木訳］　また日本ばかりでなく、外国で行っても、まちがいのない道でありますから、
［勉誠出版訳］　また日本ばかりでなく、外国に示しても、まちがいのない道であります。

［茨城県信組訳］　日本国民ばかりでなく、国際社会の中にあっても、間違いのない道であると考えられますから、

［村尾訳］　世界にゆきわたらせて少しも道理に反することはない。

［明治神宮崇敬会訳］　また海外でも十分通用する普遍的な真理にほかなりません。

出典は、『中庸《ちゆうよう》』の「故《ゆえ》に君子の道《みち》は、諸《これ》を身に本《もと》づけ、諸《これ》を庶民に徴《ちよう》し、諸《これ》を三王に考えて繆《あやま》らず。諸《これ》を天地に建《た》てて悖《もと》らず、諸《これ》を鬼神《きしん》に質《ただ》して疑無《うたがいな》し」（君子（が王者として道をしく）方法は、（第一には）自分の身（を修めること）を根本とし、庶民（に実施して信用されるという）実効をあげ、夏・殷・周三代の（礼の善きことをとって）行なう（ということであり、第二には、誠をきわめて）広大な天地（の道に）照らしてもそむくことがなく、鬼神にあかしをとってもやましいことがない（ということ））。『中庸』は孔子の孫・子思《しし》の著書とされる書物。

「中外」は国内と国外。井上毅の書いたものでは、たとえば甲申《こうしん》政変（一八八四年一二月、朝鮮で、日本の支援する開化派がクーデタを起こし、清国軍によって鎮圧された事件）によって日清間の緊張が高まった際の意見書に「開戦ヲ公布スルニハ其《その》理由明白正大ニシテ中外ニ愧《は》ツルコト無キヲ要ス」［「京城事変意見」。井上毅　一九六六：四四九］とあり、また、大津事件（一八九一年五月、来日中のロシア皇太子ニコライが警備の日本人警官に襲われた事件）の際の意見書に「我《わが》政府ハ敏速厳重の処分ありて以《もつ》て中外ニ謝スへきハ、是《これ》を犯人処分ニ比して一層必要の事歟《か》ニ奉存候《ぞんじたてまつりそうろう》」［一八九一年五月

一七日伊藤博文宛書簡。井上毅 一九七一：一八二］とある。
「悖る」は道理にそむくこと。

この箇所は、推敲過程で最後に修正がなされた箇所である。当初案では「悖ラサルヘシ」となっていたが、発布直前になって、元田が、表現としてしまりがない上に「ベシ」が漢文に訳せない、として、出典である『中庸』に合わせ「悖ラス」にするよう主張した。これを明治天皇が受け入れて最終的な文面が成立したのは、一〇月二四日、発布六日前のことだった。

『梧陰衍義』はこの項について、次のように説明している。

彝倫《いりん》（人の常に守るべきみち）の教えは社会成立上必然的に成立するものなので、どこの国であっても、その国が文化に進む以上は、東西の別なく、中外の差なく、すべて同一の軌道によりしたがうべきものであって、ひとりわが国に限るものではない。（彝倫ノ教ハ社会成立上必然ノ勢ニ因テ成ルモノナレハ、如何《いか》ナル国ニアリテモ、其《その》国ガ文化ニ進メル以上ハ、東西ノ別ナク、中外ノ差ナク、総《す》ベテ同一ノ軌道ニ依遵《いじゅん》スベキ者ニシテ、独《ひと》リ我邦《わがくに》に限ルニアラザルナリ。）

つまり、前段と合わせて、教育勅語の徳目は、あらゆる時代、あらゆる場所において通用する普遍的な道徳原理である、と主張していることになる。

問題は、教育勅語のいったいどこからどこまでを指してそう言っているのか、ということだ。

先述したように、第四期までの国定教科書では、「斯ノ道」の範囲は「父母ニ孝ニ」から「義勇公ニ奉ジ」までで、「皇運扶翼」は含まれていなかった。これについて、教育学者で東京帝国大学教授の吉田熊次（一八七四〜一九六四。井上哲次郎の娘婿）は、聖訓述義協議会で、「天壌無窮の皇運扶翼といふことは外国には通じない」という理由で外された、と説明している。確かに、「皇運扶翼」は天皇・皇室の運命をたすける、という意味だから、外国でそのまま通用するわけがない。

ところが聖訓述義協議会では、これが「皇運扶翼」を含む、という形に訂正される。つまり、「天皇をたすける」ということが、日本国外でも、世界中どこでも通じる普遍的徳目だということになってしまったのである。むしろ問題になったのは、冒頭の「朕惟フニ……此ニ存ス」の部分も「斯ノ道」に含めるかどうか、ということの方で、これは結局、含めない、という結論になっている。

なお、英訳は「すべての場所において真実である」となっていて、「施す」にあたる語句がない。ところで、本当に「中外ニ施」せるのか、という問題は、勅語発布からわずか五年後に現実問題として浮かび上がる。

一八九五年、日清戦争の結果、日本は台湾を植民地として獲得する。これにより、台湾の「本島人」（漢族系）と「蕃《ばん》人」（マレー系、現在でいう台湾原住民）が、新たに「臣民」に加わることになった。ところが、言うまでもなく彼らは、先祖代々、天皇に対して「忠」であった人々ではない。ここで、そもそも台湾に教育勅語は適用できるのか、という問題が生じることになる。同様の問題は、一九一〇年に「併合」された朝鮮においても生じた。たとえば一九一九年三月一三日付『東京朝日新聞』に掲載された投書（木村八生）には、教育勅語は「君民同祖を條件とする」ものなのだから「我等と共同の古き歴史を有せざる新附の異民族をして、斯《こ》の勅語を捧読せしむるは寧《むし》ろ勅語の神聖を冒涜するものではあるまいか」とある。

一九一一年、明治天皇から大正天皇への代替わりを機に、台湾総督府では台湾向けに新しい教育勅語を発することをひそかに検討している。また、一九一九年に朝鮮で三・一独立運動が起こった際には、井上哲次郎が、「爾祖先ノ遺風」は朝鮮人や台湾人の祖先と解釈される恐れがある、として、教育勅語の部分修正を主張している〔駒込一九九六：一五三〜一六五、一九八〜二〇八〕。もっとも、教育勅語自体の神聖性をそこなう恐れがあるため、いずれも提案だけにとどまった。

朕爾臣民ト倶ニ拳々服膺シテ咸其徳ヲ一ニセンコトヲ庶幾フ（朕爾臣民《ちんなんじしんみん》と倶《とも》に拳々服膺《けんけんふくよう》して咸其《みなその》徳《とく》を一《いつ》にせんことを庶幾《こひねが》ふ）

〔官定英訳〕 It is Our wish to lay it to heart in all reverence, in common with you, Our subjects, that we may all thus attain to the same virtue.

〔文部省通釈〕 朕は汝臣民と一緒にこの道を大切に守つて、皆この道を体得実践することを切に望む。

〔詳説日本史史料集訳〕 私はお前達臣民とともに、よく心にとどめておき、皆がこの美徳を第一

［松永訳］
にするよう心掛けてほしいと切に希望している。
自分も国民と共に、常に心掛けて、等しく立派な人格者になりたいと希望する次第である。

［渡辺訳］
私もあなた方国民と共に進んでこの教えを守り、そして皆で、この徳を身につけて実行するようにしましょう。

［佐々木訳］
私もまた国民の皆さんとともに、父祖の教えを胸に抱いて、立派な日本人となるように、心から念願するものであります。

［勉誠出版訳］
従って、わたくしも国民の皆さんと共に、父祖の教えを胸に抱いて、立派な徳性を高めるように、心から願い誓うものであります。

［茨城県信組訳］
私もまた、皆さんと共に、祖先の正しい教えを胸に抱いて、立派な日本人、そしてよき国際人となるように心から念願しております。

［村尾訳］
わたしは、臣民とともに片時もこの道から離れることがないように志をしっかり立ててつらぬき、みなで同じように立派な人格を磨きあげようと念願しているのである。

［明治神宮崇敬会訳］
そこで、⑫私自身も、国民の皆さんと一緒に、これらの教えを一生大事に守って高い徳性を保ち続けるため、ここで皆さんに、「まず、自分でやってみます」と明言することにより、その実践に努めて手本を示した

いと思います。

そこで私自身も、国民の皆さんと一緒に、これらの教えを一生大事に守って高い徳性を保ち続けるため、ここで皆さんに「まず、自分でやってみます」と明言することにより、その実践に努め、お手本を示したいと願っています。

［所訳］

「拳拳服膺」は心の中に銘記して常に忘れないこと。『中庸』に、孔子が弟子の顔回《がんかい》を褒めたたえた言葉として、「回《かい》の人《ひと》と為《な》りや、中庸を択《えら》び、一善《いちぜん》を得《う》れば、則《すなわ》ち拳拳服膺して、之《これ》を失《うしな》わず」（回の人がらというものは、中庸を択《えら》びとり、一つの善い事をしると、それを心をこめて自分の知識にしてしまい、二度と忘れない）とある。「拳拳」を「ささげ持つ」、「服膺」を「膺（胸）につける」とする解釈が一般的だが、「拳拳」を「まごころをこめてつとめるさま」、「服膺」を「心にとめて守ること」とする説［赤塚 一九六七：二一四］もある。

「咸」はみな、ことごとく、の意。閣議提出の段階では「終始惟《こ》レ一《いつ》ナランコトヲ」だったものを、漢学者の三島中洲《ちゅうしゅう》（毅《つよし》、一八三一～一九一九）が司法大臣山田顕義《あきよし》を通じて「咸其徳ヲ一ニセンコトヲ」とするように提案したという［渡邊 一九三九：二八四］。出典は『偽古文尚書』の《咸有《かんゆう》一徳《いっとく》》（「咸《みな》一徳《いっとく》有《あ》り」＝「みな各自に一徳がある」の意）。《咸有一徳》自体は、殷《いん》の伝説的な賢臣・伊《い》尹《いん》（実在したとすれば前一七世紀頃の人物）の著書とされる（『史記』《殷《いん》本紀》）。出典からすると、「みなそれぞれが徳を純一なものにする」という意味にも解釈できるのだが、聖訓述義協議会ではこの解釈は否定され、「徳が一つにまとまる」という意味だとされた。詳説日本史史料集訳の「この美徳を第一にする」は通常の解釈からは外れるが、そのような読み方もできないわけではない。

「庶」も「幾」も強く願うこと。

国定教科書では「天皇は御《おん》みづから我等《われら》臣民と共《とも》にこの御遺訓をお守りになり、それを御実行になつて、皆《みな》徳を同じくしようと仰《おお》せられてあります」（第三期）と説明されている。明治天皇在位中に出された第二期では「世界に国は多しといへども、臣民と共に道徳を実行せんと宣《のたま》へる君主を戴《いただ》くもの果《はた》して幾《いく》ばくかある」と付け加えられていた。しかし、天皇と「臣民」が話し合って決めた、というのではなく、「臣民」側の意志は無視されているのだから、結局、天皇からの一方的な命令であることには変わりがない。

それにしても、佐々木訳の「立派な日本人」の「日本人」はどこから出てきたのだろうか？　茨城県信組訳の「よき国際人」にいたっては論外である。

明治二十三年十月三十日　御名　御璽

「御名」は天皇の名。「璽」は天皇の印章。

教育勅語の正本では、この箇所に、明治天皇自身が「陸仁《むつひと》」という自分の諱《いみな》（実名）を署名し、

「天皇御璽」という公印を押印している。しかし、天皇の諱をそのまま読み上げることは不敬にあたるため、声に出して読むときは必ず「ギョメイ・ギョジ」と読む。

国定教科書ではこの「御名御璽」までルビが振られていたため、通例、この「御名御璽」まで読むことになっていた。

4　採用されなかった徳目

教育勅語に書かれていることは以上の通りなのだが、推敲段階でいったん取り入れられながら、最終的に削除された徳目もいくつかある。

たとえば、教育勅語には「誠実」や「正直」といった徳目がない。初期草稿では、「朋友相信シ」の箇所は「朋友相厚《あつ》クシテ相欺《あざむ》カズ虚偽ヲ去リ」となっており、この「虚偽ヲ去リ」はその後「虚偽ヲ去リ誠実ヲ主トシ」→「誠実ヲ主トシ廉恥《れんち》〔恥〕ヲ重ンジ」と修正されたが、結局、井上毅によって削除されている。

また、「夫婦相和シ」と「朋友相信シ」の間に「親族相睦《むつま》シクシ隣里《りんり》相保《あいたも》チテ相侵《おかおか》サズ」があったが、元田が「簡明を要す」として削除している。「進テ公益ヲ広メ」の前にあった「小ニシテハ生計ヲ治メ身家ヲ利シ」は、「啻《ただ》ニ其《その》身家ヲ安《やす》ンスルニ止《とど》マラス」と訂正されたのち、削除された。

先述したように、初期草稿には「己レカ欲セサル所ハ以テ人ニ施サズ」、すなわち他者に対する思いやりの精神を含む徳目があったのだが、「博愛」で十分だと思われたのか、早い段階で消されてしまった。したがって、「他者の尊重」という徳目も含まれていないことになる。なお、今日なら必ず入れられるであろう「生命の尊重」や「平和の尊重」などは、特に検討されたような様子すらない。

5　〝口語訳〟のウソ

すでに触れたように、教育勅語の中には、他の言葉にうまく置き換えられないキーワードがいくつかある。すなわち「朕」「皇祖皇宗」「臣民」「国体」などがそうなのだが、これらはいずれも、帝国憲法下における天皇の地位、天皇と臣民との関係と密接に関連している。

帝国憲法下における天皇は、「皇祖皇宗」の子孫であり、国家元首にして絶対的な統治者である。「臣民」が天皇にとって替わることはありえず、「臣民」は天皇に対して永久に忠義を尽くさなければならない。教育勅語は、あくまで「朕」（明治天皇）から「朕の忠良なる臣民」へのメッセージなのであり、「朕」と「臣民」の間にははっきりした一線が引かれている。

ところが、再三触れているように、一部の現代語訳、特に佐々木盛雄（国民道徳協会）訳では、このあたりが恣意的、かつ巧妙に操作されている。つまり、「皇祖皇宗」が「私達の祖先」というごく一般的な表現に置き換えられた上、二人称の「爾」が一人称の「私達」にすりかえられている。

これによって、「朕」（明治天皇）から「臣民」への命令という形式が打ち消され、「私」（明治天皇）が「国民」の一員として誓った言葉であるかのような印象を作り出している。さらに、「国体ノ精華」を「道義立国」、「忠良ノ臣民」を「善良な国民」にすりかえ、「義勇公ニ奉シ」を「身命を捧げて、国の平和と、安全に奉仕しなければなりません」と訳して、あたかも平和主義的な印象を作り出した上、その後の「以テ天壌無窮ノ皇運ヲ扶翼スヘシ」を抹殺している。こうした印象操作の結果として、この「訳」は、主語が明治天皇でなくても、日本人であれば誰でも構わない、「天皇」不在の教育勅語とでもいうべき、奇妙な文章になっているのである。こんな代物をもし戦時中に出したとすれば、まず確実に「不敬」として批難攻撃されるだろう。

　したがって、このたぐいの訳文を掲げて、教育勅語はすばらしい、などと宣伝するのは、自分が教育勅語を理解できていない、と公言するようなものである。内容的なズレに本当に気づかずにやっているのであれば、単なる無知であり、もっと「学ヲ修メ」てほしい。誤訳だと知った上でわざとやっているのだとすれば、不誠実、ということになる。確かに、教育勅語には「正直」という徳目はないのだが、もちろん戦前の修身教育でも、「人は一生正直でなければなりません。正直でないと、世間の信用を失つて、誰も相手にしてくれません」〔『尋常小学修身書　巻二　教師用』一九三五年〕といったことはきちんと説いている。いずれにせよ、このたぐいの訳文を肯定的に掲げている、ということ自体が、道徳的な行ないからはほど遠い、ということになってしまうのである。

余話2

山岡鉄舟は教育勅語に影響を与えたか？

一九〇二年一月、『武士道』と題する書物が出版された。編者の安部正人（一八七五?～一九六九）によれば、この書は山岡鉄舟《てっしゅう》（一八三六～八八）が、晩年の一八八七年に、高弟の籠手田安定《こてだやすさだ》（一八四〇～九九）の求めに応じて行なった講義の記録をもとに、勝海舟（一八二三～九九）によるコメントをつけて出版したものだという。

この講義録には、教育勅語にそっくりの文言が見られる。たとえば、第三章「武士道の要素」に、「吾人《ごじん》日本民族は。固《もと》より忠孝二途《にと》の別なく。天壌無窮の　神宣《しんせん》を信奉し。　皇運を扶翼し。古往今《こおうこん》来《らい》［昔から今に至るまで］。幾千万歳。億兆心を一にして。死すとも二心なる可《べ》からず。是《こ》れ我が国体の精華にして。日本武士道の淵源。実に茲《ここ》に存す」、第五章「武士道の起因及び発達」に、「我が　皇祖皇宗。此国を「しろし」召され。其《その》御徳を樹《た》て給《たま》ふ事甚《はなは》だ深遠である」「上太祖が　天孫に勅して。天壌と与に窮りなき万世一系の　君主を宣定《せんてい》し給ひ。爾来《じらい》億兆心を一にして。世々其の美を済し。幾千載の下。寸土を窺《うかが》ひ得たるの夷賊［外国の賊］なく。天位を侵し得たるの不臣なきは。他に比類なき国躰の精華である」とある。

もちろん、教育勅語発布の二年前に死去した鉄舟が、勅語の内容を知るはずがない。一方で、講義には籠手田のほかギュスターヴ・ボアソナード（近代法の整備に寄与したお雇い外国人）、井上毅、中村正直、山川浩（高等師範学校校長）らも同席していたとされる。このことから、鉄舟の言葉が井上らを通じて勅語に取り込まれたのではないか、とする説もある。(1) もっとも、この説が教育勅語研究史においてまともに取り扱われたことはない。

一九六九年一月、倫理学者の勝部真長《かつべみたけ》（一九一六〜二〇〇五）は、まだ存命だった安部正人に「鉄舟の『武士道』には、のちに教育勅語の中に用いられているのと同じ語句があちこちに出てきますが、あれは編集のときにあとから挿入したものですか。それとも最初から『武士道講話記録』の原稿にあったものですか」と尋ねた。安部は「それは前からあったのだ。……山岡先生など宮中に出入りする人は、よく使っておった言葉なのだ」と答え、また、原稿については「それはもうないじゃろう」と証言している。(2)

ところが、じつは、「国体ノ精華」や「皇運ヲ扶翼スヘシ」といった表現は、推敲を経て成立したものなのである。前者は、井上の初稿では「国体ノ美」であり、「粋美《すいび》」「元素」などを経て、最終的に「精華」に落ち着いた。後者も、原形は「皇道ヲ翼載《よくさい》ス」であり、これが「皇運ヲ恢弘《かいこう》ス」「皇運ヲ鞏固《きょうこ》ニス」などを経て最終的な形になっている。つまり、鉄舟の言葉が教育勅語に取り込まれた、という説は成り立たないどころか、逆に、鉄舟の言葉が教育勅語に合わせて改竄ないし捏造された、と考えないとつじつまが合わないのだ。

おかしな点は他にもある。第三章の註に「時は明治二十年の講話なり」とある一方、冒頭では「前滋賀県知事」の籠手田が、鉄舟邸を訪れて「都合により。少しく間暇を得たれば。亦《また》少しく先生に武士道の御話を拝聴致《いた》さんとて推参仕《つかまつ》れり」と言った、とある。ところが、籠手田が滋賀県令（呼称が県令から県知事に変わるのは一八八六年）をつとめたのは一八七五年から八四年までで、その後は元老院議官を経て、一八八五年から九一年まで島根県知事をつとめている。つまり「明治二十年」（一八八七年）に東京で鉄舟に教えを乞うような暇はなかったはずで、これは「明治十七年」（一八八四年）の誤りとしなければつじつまが合わない。

また、福沢諭吉研究者の富田正文は、勝海舟のコメントの中にある福沢諭吉の言葉が、海舟の没後に発表された『修身綱領』（一九〇〇年）や『女大学評論』（一八九九年）から引用されていることを指摘している。[3]

安部正人は、他にも『鉄舟随筆』（一九〇三年、別題『鉄舟言行録』『鉄舟随感録』）などを編纂・刊行しているが、鉄舟の晩年の内弟子であった小倉鉄《てつ》樹《じゅ》（一八六五～一九四四）は、「よく見れば師匠の文とは違ひ、又云《またい》ふことにも師匠の意見とも思はれぬふしぶしが多いので俺は信用せぬ」と評している。[4]

また『鉄舟随筆』には、一八八〇年三月三〇日に鉄舟が無刀流に開眼した際、籠手田が相手をしたという話が記されているが、籠手田は当時滋賀県令で東京にはいなかった上、まだ鉄舟に入門してすらいなかった。[5] 近年、ロシアの日本研究者アンシン　アナトーリーは、安部の編纂した鉄舟関係の書物は、海舟によるコメントを含め、すべて安部による偽作だとする説を唱えている。[6] 確かに、その疑いは強い。

安部は戦後になっても、鉄舟がらみの怪しい話を広めている。東京裁判の日本側弁護団にジョージ・ヤマオカという日系人弁護士がいたが、一九四七年の鉄舟忌の際、安部は、このジョージを、鉄舟の曾孫だとして連れてきたという。[7] だが、ジョージの父親は静岡事件（一八八六年）に関与した民権運動家の鈴木（山岡）音高で、[8] 鉄舟とは同姓の幕臣という以外、何のつながりもない。

安部という人物は、素性も経歴もはっきりしない。鉄舟の高弟を自称していたが、戸籍上は一八七五年生まれで、鉄舟と面識があったかどうかも怪しい。もっとも勝部によれば、安部本人は、本当の生年は文久元年（一八六一年）だと主張していたという。一方、一九五五年に『日本週報』誌に掲載された安部の回想録[9]には、慶応元年（一八六五年）生まれとある。

なお、この回想録は、自分はガンディーの同志としてインド独立運動に参加し（日清戦争の直前にインドで知り合った、というのだが、そのころガンディーは南アフリカで弁護士をしていたはずである）、一九三二年にイギリス当局につかまったのち、フィリピンに逃れ、そこで参謀のマッカーサー中佐と知り合い（当時、マッカーサーは陸軍大将・参謀総長としてアメリカ本国にいたはずである）、その縁で戦後、昭和天皇を戦犯として訴追しないようにマッカーサーを説得した、という、荒唐無稽なホラ話である。さらに、マッカーサーは「わしの家に伝わる太古史により、ユダヤ教の神モーゼも、もとは日本の太陽神の一皇孫で、キリスト教の神もわが神道も、つづまるところの神は同一無二の神であるというわしの説にも共鳴していたものだ」というくだりもある。安部は阿倍仲麻呂の子孫を称しており、自分の家にはモーセが天皇の子孫であることを証明する古文書が伝わっている、などと吹聴していた。[10]

これは、イエス・キリストの〝来日〟に関する記述があることなどで有名な、『竹内文献』などの昭和初期に流行した偽古代史書に影響を受けたものらしい。

なんだか真面目につきあうのがばかばかしくなってきたが、ともかく、この『武士道』が教育勅語に影響を与えた、という事実はなさそうである。

〈注〉

（1）たとえば里見岸雄『国体法の研究』（錦正社、一九三八年）二五二頁、大森曹玄『山岡鉄舟』（春秋社、一九六八年）一八八〜一八九頁。

（2）勝部真長「解説」山岡鉄舟〔口述〕『武士道——日本人の生き方』（広池学園事業部、一九六九年）一九四頁。

（3）富田正文「福沢諭吉と勝海舟——『瘠我慢の説』の背景」『福澤諭吉年鑑　2』（福澤諭吉協会、一九七五年）二二九〜二三〇頁。

（4）小倉鉄樹〔爐話〕／石津寛＋牛山栄治〔手記〕『山岡

鉄舟先生正伝　おれの師匠』（春風館、一九三七年）四頁。

（5）鉅鹿敏子『県令 籠手田安定』（私家版、一九七六年）一三六～一四〇頁。

（6）アンシン　アナトーリー「山岡鉄舟の随筆と講話記録について」『千葉大学日本文化論叢』第七号（二〇〇六年六月）。http://mitizane.ll.chiba-u.jp/meta-bin/mt-pdetail.cgi?cd=00034422

（7）牛山栄治『定本山岡鉄舟』（新人物往来社、一九七六年）一五七頁。

（8）寺崎修『明治自由党の研究　下巻』（慶応通信、一九八七年）二〇五頁。

（9）安部正人「マ元帥はなぜ天皇を助けたか」『日本週報』第三四三号（日本週報社、一九五五年一〇月一五日号）。

（10）藤野七穂「偽史源流考　第八回　『安部文献』と『神伝上代天皇記』の出現」『歴史読本』第四五巻第一二号（新人物往来社、二〇〇〇年八月）。

第3章

「国民道徳協会訳」の来歴と流布

この現代語訳［国民道徳協会訳］を地下の井上［毅］や元田［永孚］が読んだとしたら、「日本ついに滅びたり」と深いため息をつくはずである。

——佐藤秀夫（一九三四〜二〇〇二）［佐藤二〇〇一＝〇五：六九］

1　佐々木盛雄と国民道徳協会

国民道徳協会とは？

さて、国民道徳協会というのはいったいどのような団体で、いったいいつ、どのような目的で、この奇妙な訳文を作ったのだろうか？

まず「国民道徳」だが、これは戦前には広く使われていた言葉で、日本国民として守るべき道徳、という意味であり、特に、教育勅語発布以後に修身教育を通じて広められた国家主義的な道徳思想を指す。

『官報』を検索すると、「国民道徳協会」という政治団体が、一九六六年七月六日付で政治資金収支報告書を初めて提出しており［『官報』一九六七年二月二八日付］、その後、二〇〇二年四月二日付で、収支報告書の不提出により、政治資金規正法上の政治団体の地位を喪失している［同、二〇〇二年七月一〇日付］。

収支報告書では、代表者は桜井紘、会計責任者は大野吉晴となっている。しかし、これとは別に理事長が置かれており、その地位にいたのは佐々木盛雄という元衆議院議員だった［『人事興信録』第二六版、一九七三年］。佐々木は二〇〇一年に死去しており、国民道徳協会もそれとともに活動を停止したものとみられる。佐々木は、この団体の名義で、自著を数冊刊行している。

このうち、一九七二年二月一一日付で発行された『甦える教育勅語――親と子の教育読本』には、「教育勅語の口語文訳（著者の謹訳）」が掲載されている。この訳文を、『大御心《おおみごころ》』（明治神宮社務所、一九七三年）掲載の「国民道徳協会訳文による」「教育勅語の口語文訳」と照合してみると、佐々木訳の「身命を捧げて」が『大御心』では「真心を捧げて」となっているほかは、句読点に至るまで全く同じである。つまり「国民道徳協会訳」とは、佐々木盛雄による個人訳なのである。

佐々木盛雄の経歴と著作

佐々木盛雄は、一九〇八年八月二三日、兵庫県に生まれた。一九三二年に東京外国語学校（東京外国語大学の前身）を卒業し、『報知新聞』の記者となっている。しかし一九四一年、『読売新聞』との合併話が持ちあがると、これに反対し退社した。（『報知』はその後四二年に『読売』に吸収合併され、四六年に再独立するも、四九年『読売』傘下のスポーツ紙に転換、九一年『スポーツ報知』と改題し今日に至る）。

戦時中は日本外政協会理事、大本営海軍報道部嘱託・情報局嘱託を歴任、戦後、一九四五年一二月に『自由新聞』編集局長に就任したものの、翌四六年三月に退社。四七年四月の衆議院議員総選挙に際し、兵庫県第五区（兵庫県北部、但馬《たじま》・丹波《たんば》地方）から日本自由党の公認候補として出馬、初当選。以後、一貫して吉田茂系の保守政党（日本自由党→民主自由党→自由党→自由民主党）に所属している［以上、佐々木 一九四六 掲載の略歴、および『衆議院議員名鑑』『人事興信録』による］。

一九四九年一月の総選挙で再選するも、五二年一〇月の総選挙では落選、五三年四月に返り咲き当選し、第五次吉田茂内閣で労働政務次官（在職一九五三年五月～五四年一二月）をつとめた。五五年二月の総選挙で二度目の落選、五八年五月再度返り咲き当選を果たす。第一次池田勇人内閣では内閣官房副長官（在任六〇年七月～一二月）に就任するが、六〇年一一月の総選挙では三度目の落選となった上、本人も公職選挙法違反・公文書偽造行使（運動用はがき・ポスターの検印偽造）容疑で逮捕されてしまう。再起を期して出馬した六三年一一月の総選挙でも落選した上、またも選挙違反を起こし、ついに政界引退に追い込まれた［山口朝雄 一九八三：一七七～一八三、他］。

引退後は政治評論家として、主として右派系の雑誌・新聞などに寄稿する一方、自民党の院外団「自由民主党同志会」の専務理事、同会長（在任一九八二～八七）を歴任した。二〇〇一年八月二五日、九三歳で死去。

なお院外団とは、政党の党員のうち議員でない者が組織する外郭団体のことで、しばしば党の用心棒的な役割を受け持った。自民党同志会は、一九五五年に結党された自民党の院外団として、党と右翼・暴力団とのパイプ役をになってきたといわれている。しかし一九七〇年代以後、セキュリティ・ポリス（ＳＰ）制度の整備や、個々の議員後援会の発達などによって、存在意義が失われていった。一九九三年、自民党は同志会への助成金打ち切りと、党本部内に置かれていた事務局の退去を通告。二〇〇〇年七月にも再度退去を要請したが、同志会側が拒否したため裁判となり、結局、〇二年四月に退去、以後はは党本部とは無関係の政治団体となっている〔正延一九九三、他〕。

佐々木の著書としては以下のものが確認できる。

1『天皇制打倒論と闘ふ』（文進社、一九四六年）
2『反共読本』（出版通信社、一九四九年）
3『国会デモ規制論』（国民道徳協会、一九六八年）
4『断絶の日本』（日本教文社、一九六九年）
5『あゝ憂国の三島魂』（国民道徳協会、一九七一年）
6『甦える教育勅語――親と子の教育読本』（同、一九七二年）
7『狂乱日本の終焉――憂国警世の書』（同、一九七四年）
8『「教育勅語」廃棄と狂乱日本の現状』〔『じゅん刊世界と日本』第八六号〕（内外ニュース、一九七五年）

9『誰にもわかる憲法改正の話』（自由民主党同志会、一九七八年）
10『『教育勅語』の解説』（国民道徳協会、一九七九年）
11『世直し読本　憲法と教育』（国民新聞社、一九八〇年）
12『教育勅語――日本人のこころの源泉』（みづほ書房、一九八六年）
13『日本のこころ――次代を担う青少年へ』（同、一九八八年）
14『修身の話――寺子屋で用いた教科書が語る』（同、一九九八年）

このほか、編書として『北方領土――古地図と歴史』（北方領土問題調査会、一九七一年）、『自主憲法への歩み』（憲法問題調査会、一九七九年／改訂版、国民連帯会議、一九九四年）などがある。

このうち、『『教育勅語』の解説』と『教育勅語』は、いずれも『甦える教育勅語』の事実上の改訂版である。他にも『「教育勅語」廃棄と狂乱日本の現状』『世直し読本　憲法と教育』『修身の話』などに、教育勅語への言及が見られる。ちなみに『世直し読本　憲法と教育』の裏表紙には、福田赳夫元首相による、次のような推薦文が掲載されている。

私は、日本が「物で栄え、心で亡ぶ」ことをひそかに憂え、その禍根が「憲法」と「教育」にあることを痛感、私は私なりの政策を真剣に考えて来た。今回、佐々木盛雄君が「世直し読本」と銘をうって、憲法と教育の問題を世に問うことになった。正に我が意を得たりという感じで、欣快に堪えない。著者は直言の政治評論家として知られており、特に本書では「日本をダメにしている」占領憲法と、学校教育にメスを入れ、その抜本策を説いている。[…]

『甦える教育勅語』

『甦える教育勅語』は二部構成で、前篇「教育勅語はなぜ必要か =明治大帝の遺訓と日本の現状=」は佐々木による教育勅語の再評価論、後篇「教育勅語の逐語解説 =子供のためのわかりやすい話=」は、中学生程度を読者対象とした逐語解説である。同書の裏表紙には次のような「著者のことば」がある。

経済は栄えても、魂なき民族は亡び去る

「占領憲法」の毒酒に酔いしれて、国家への忠誠心を失い、教育勅語を屑篭に投じて、父祖の遺訓を忘れ、一億こぞって「昭和元禄」の狂演乱舞と、「国籍不在」の同胞相尅とに、明け暮れている日本の現状は、まさに亡国の前兆ではないだろうか。

もとより「憲法改正」は至難のことである。だが「教育勅語」だけは、いますぐにも、われわれの家庭において復活できる。全国津々浦々に「日の丸」がへんぽんとひるがえり、草深い谷間の一軒家からも「教育勅語」朗読の声が漏れくる時、日本ははじめて「戦後」の迷妄から立ち直るであろう。私はその日の訪れを、ひたすらに念じるのだ

図3-1　『甦る教育勅語』カバー

佐々木は、教育勅語が排除されたのち、「学校教育の場はことごとく革命分子の養成所と」なっている、と主張し、さらに当時の高度成長下における日本社会を「ただ自己の自由と、権利のみを一方的に主張して、他人の迷惑も、他国の損害も、毛頭考えようとしはしない無責任な我利我利亡者となってしまった」と嘆く。その上で、「「教育勅語」の復活は、「帝国憲法」の復活が不可能と思われると同じ程度に、絶望的とさえ思われる」ため、教育勅語を「家庭教育の場において復活」させたいと主張する。

なお、「衆議院において各党、各派の一人の反対者もなく、万場一致で採択された」衆院排除決議については、「かくも勝者に対して屈辱的媚態を呈し、三百代言的言辞を弄して、少しも恥じない当時の選良の姿を想起する時、われわれは大きな公憤と、失望を覚えずにはいられないのである」と悲憤慷慨しているのだが、当の佐々木自身もその「当時の選良」の一員であったことは棚にあげているらしい。

佐々木は、『甦える教育勅語』の三年後に上梓した『「教育勅語」廃棄と狂乱日本の現状』の中で、『甦える教育勅語』の原稿を「出版社に持ち込んだが、出版社は左翼傾向のものならよろこんで引き受けるが、「教育勅語」礼賛などは真っ平だ、といって私は一蹴されてしまった」と記している。

> そこで、私は仕方がないから自費出版にしたが、もとよりそんな出版界の左傾風潮のなかで、教育勅語礼賛の書物などを店頭にならべてくれる書店などあるわけがない。また私には新聞広告をする金などはないし、知人が時々雑誌の片隅などで紹介してくれるぐらいだったが、いつのまにやら申し込みが殺到して飛ぶように売れて行き、何回も版を重ねたのには自分ながら驚いた。
>
> […] この小著が「かくれたベスト・セラーとして静かなブームを呼んでいる」と大きく報道した新聞もあったが、偏向で知られる大新聞からは、再度にわたって激しい非難を浴びた。その非難が、「教育勅語」がいまわしい軍国主義や、超国家主義の遺物である、という左翼常習語の羅列であったことはいうまでもないが、なかんずく「一旦緩急アレバ義勇公ニ奉ジ」というところに焦点をしぼって、「これが軍国主義でないのか」という調子で毒づかれた。[佐々木 一九七五：五〜六]

もっとも、この文章はいまひとつ信用できない。というのも、「偏向で知られる大新聞」（おそらく『朝日新聞』をほのめかしている）云々に該当する記事が見つからないからだ。少なくとも、『朝日』『毎日』『読売』三紙のデータベースを検索した限りでは、それらしい記事が見当たらない。「かくれたベスト・セラー」云々についても確認がとれない。なお、児玉誉士夫《よしお》が実質的なオーナーであった『やまと新聞』が、一九七二年三月八日付で「国民必読の良書」と紹介し、また、元報知新聞社主筆の武藤貞一《ていいち》（一八九二～一九八三）が、自ら主催していた雑誌『動向』の同年四月号で「本書の出現ほど時宜にかなったものはないと思われる」と紹介しているが、どちらも佐々木が当時しばしば寄稿していたメディアである。

一九七二年前後の状況

少し時代背景を確認しておく。一九五五年に結党された自民党は、結党時の「政綱」で「現行憲法の自主的改正」を掲げたが、国会では改憲に反対する日本社会党などの左派野党勢力が議席の三分の一以上を占め続けたため、改憲発議ができずにいた。さらに六〇年、岸信介内閣が改正日米安保条約の承認を国会で強行採決したことが猛反発を受け、岸内閣は退陣へと追い込まれる。以後、自民党政権は改憲論を半ば封印し、経済成長路線へと舵をとってゆく。

このような状況の中で、右派は、草の根運動による戦前諸制度の復活に活路を見出す。一九五〇年代から六〇年代にかけて、「紀元節」の復活運動が本格化し、ついに六六年、祝日法改正により「建国記念の日」が新設された（初の実施は翌六七年）。右派の中には、「次の目標は教育の正常化、つまり教育勅語の復活だ」と叫ぶ者もいた［ルオフ 二〇〇九：二七六］。六八年が「明治百年」となることも、こうした動きに影響を与えた。

一方、日本の国民総生産（GNP）は一九六八年に西ドイツを追い抜き、アメリカに次ぐ世界第二位となり、また人口一人当たりの国民所得でもイギリスと同水準となった。しかし、急速な経済成長は、同時に、公害をはじめとするさまざまな社会問題を引き起こした。また、一九六五年からアメリカがヴェトナム戦争（一九六〇〜七五）への介入を本格化させると、駐日米軍基地が戦争に利用されていることへの批判が高まり、各地で反戦運動が引き起こされる。六八年には東京大学で医学部の待遇改善要求、日本大学で巨額の使途不明金問題がそれぞれきっかけとなって学生の抗議活動が始まり、この動きが全国各地に飛び火していく。

もっともその後、学生運動はしだいに沈静化し、一部は過激化してテロに走ることになる。『甦える教育勅語』出版直後の七二年二月下旬には、連合赤軍による浅間山荘立てこもり事件が起こっている。

相原ツネオ・松永芳市・渡辺正広

この佐々木『甦える教育勅語』に着目したのが、明治神宮であった。明治神宮では、同書を、こ

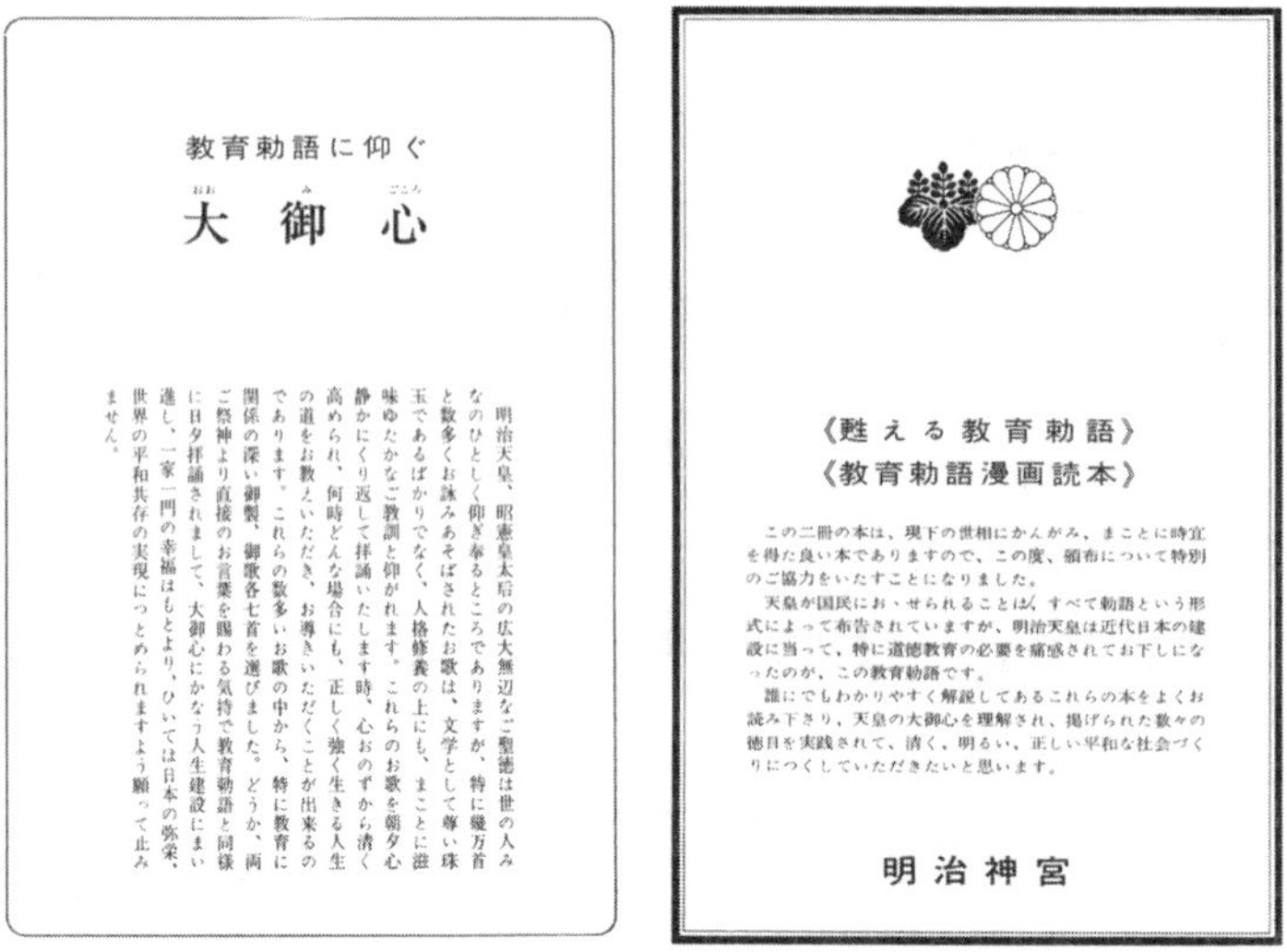

教育勅語に仰ぐ

大《おお》御《み》心《ごころ》

明治天皇、昭憲皇太后の広大無辺なご聖徳は世の人みなのひとしく仰ぎ奉るところでありますが、特に幾万首と数多くお詠みあそばされたお歌は、文学として尊い珠玉であるばかりでなく、人格修養の上にも、まことに滋味ゆたかなご教訓と仰がれます。これらのお歌を朝夕心静かにくり返して拝誦いたします時、心おのずから清く高められ、何時どんな場合にも、正しく強く生きる人生の道をお教えいただき、お導きいただくことが出来るのであります。これらの数多いお歌の中から、特に教育に関係の深い御製、御歌各七首を選びました。どうか、両ご祭神より直接のお言葉を賜わる気持で教育勅語と同様に日夕拝誦されまして、大御心にかなう人生建設にまい進し、一家一門の幸福はもとより、ひいては日本の弥栄、世界の平和共存の実現につとめられますよう願って止みません。

《甦える教育勅語》
《教育勅語漫画読本》

この二冊の本は、現下の世相にかんがみ、まことに時宜を得た良い本でありますので、この度、頒布について特別のご協力をいたすことになりました。

天皇が国民におゝせられることは、すべて勅語という形式によって布告されていますが、明治天皇は近代日本の建設に当って、特に道徳教育の必要を痛感されてお下しになったのが、この教育勅語です。

誰にでもわかりやすく解説してあるこれらの本をよくお読み下さり、天皇の大御心を理解され、掲げられた数々の徳目を実践されて、清く、明るい、正しい平和な社会づくりにつくしていただきたいと思います。

明治神宮

図3-2　明治神宮のチラシ（1972年頃）

の少し前に刊行された相原ツネオ『教育勅語漫画読本』（一九七一年七月刊）とともに頒布しはじめたのである。当時の明治神宮のチラシ（日付不明）には、次のようにある。

　この二冊の本は、現下の世相にかんがみ、まことに時宜を得た良い本でありますので、この度、頒布について特別のご協力をいたすことになりました。

［…］

　誰にでもわかりやすく解説してあるこれらの本をよくお読み下さり、天皇の大御心を理解され、掲げられた数々の徳目を実践されて、清く、明るい、正しい平和な社会づくりにつくしていただきたいと思います。

相原の本についても紹介しておく。相原は一九一〇年山梨県生まれ、宍戸《しし》左行《さこう》（代表作『スピード太郎』一九三〇〜三四年）門下の漫画家。著書には他に、自らの軍隊体験を描いた『兵隊さん物語』（一九六七年）がある。「漫画」とはいっても、現代的なストーリー形式のコマ漫画ではなく、一頁ごとに、上段に一コマ漫画、下段に解説文を入れる、という形式のものである。

図3-3　『教育勅語漫画読本』

相原によれば、戦後の日本は「経済面は目のまわるようなスピードで成長しましたが、陰でしょんぼりとり残されたのが精神面で、道徳や倫理など片すみに追いやられてしまって、自分さえよければの身勝手な風潮がはびこり、どうにも収拾のつかないめちゃくちゃな社会となってしまいました」。そのような状況に対する危機感から同書を出版したのだという。また、同書には明治神宮宮司の甘露寺受長《かんろじおさなが》（一八八〇〜一九七七。東宮侍従、侍従次長、掌典長などを歴任）が序文を寄せ、「この勅語の大御心は、いかに時代が変っても、本質的にはいさゝかの変《かわ》りもない訳《わけ》で、むしろ敗戦後の世相の混乱も忌憚《きたん》なく申せば、この勅語の無視より生じたものとひそかに残念に思っていたのであ

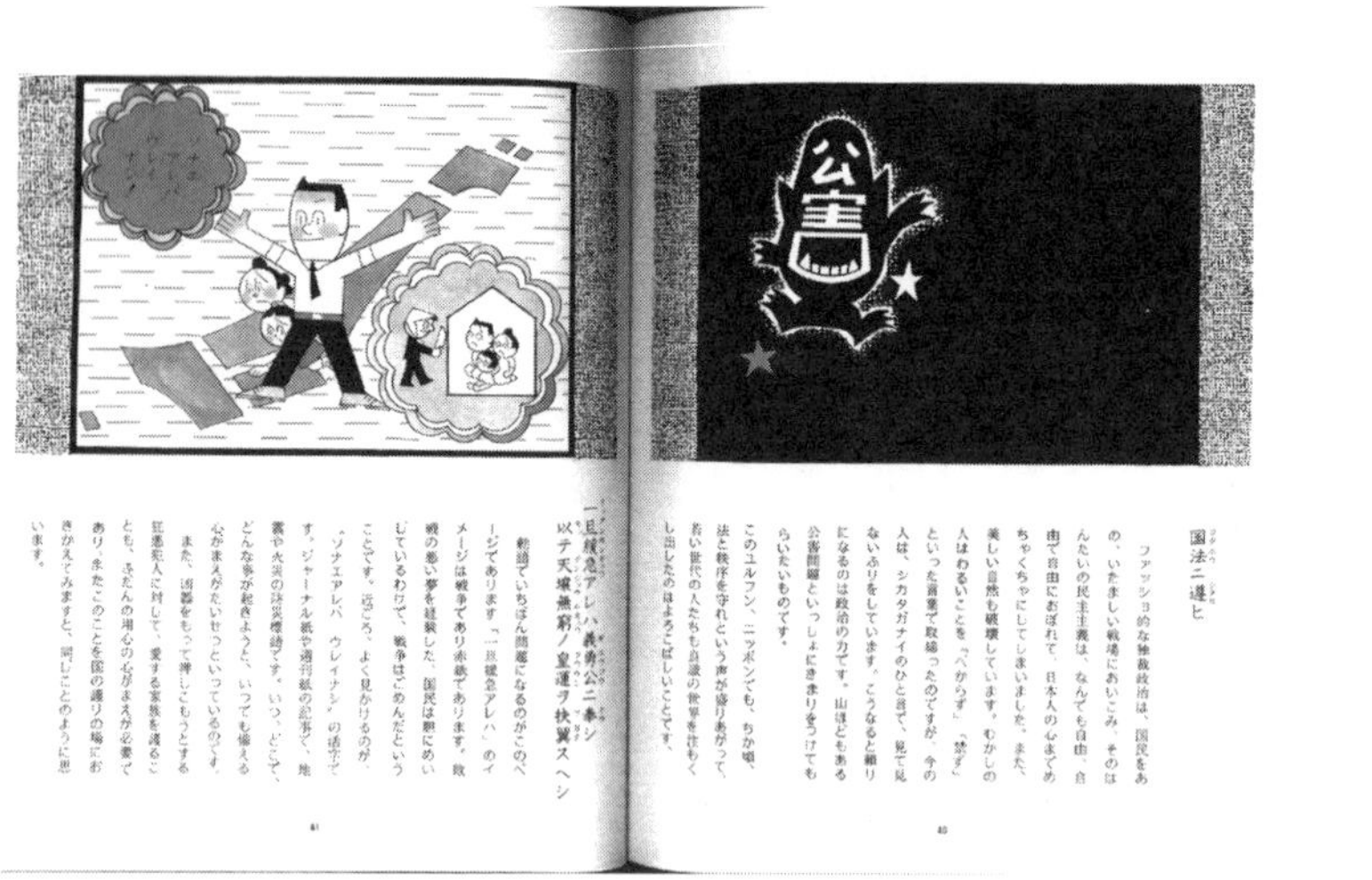
国法二遵ヒ

ファッショ的な独裁政治は、国民をあの、いたましい戦場においこみ、そのはんたいの民主主義は、なんでも自由、自由におぼれて、日本人の心までめちゃくちゃにしてしまいました。また、美しい自然も破壊しています。むかしの人はわるいことを「べからず」「禁ず」といった言葉で取締ったのですが、今の人は、シカタガナイのひと言で、見て見ないふりをしています。こうなると頼りになるのは政治の力です。山賊どもある公害閥輩といっしょにきまりをつけてもらいたいものです。

このユルフン、ニッポンでも、ちか頃、法と秩序を守れという声が盛りあがって、若い世代の人たちも良識の世界をはやくし出したのはよろこばしいことです。

40

一旦緩急アレハ義勇公ニ奉シ以テ天壌無窮ノ皇運ヲ扶翼スヘシ

勅語でいちばん問題になるのがこのページであります「一旦緩急アレハ」のイメージは戦争であり赤紙であります。敗戦の悪い夢を経験した、国民は胆にめいじているわけで、戦争はごめんだということです。近ごろ、よく見かけるのが、"ソナエアレバ　ウレイナシ"の語字です。ジャーナル紙や週刊紙の記事で、地震や火災の防災標語です。いつ、どこで、どんな事が起きようと、いつでも備える心がまえがたいせつといっているのです。

また、凶器をもって押しこもうとする狂悪犯人に対して、愛する家族を護ることも、ふだんの用心の心がまえが必要であり、またこのことを国の護りの場におきかえてみますと、同じことのように思います。

41

図3-4　『教育勅語漫画読本』40-41頁

る」「相原ツネオ氏が、現在では字句上いささか難解と思われるものを、現代の世相にも合った様《よう》に又《また》誰にでも分《わか》り易《やす》く漫画をもって解説され、世に問われることは寔《まこと》にうれしい限り」と述べている。ただし、若年層向けと思われる割には、解説文にふりがながふられていない。

なお、同書「あとがき」によれば中道会の松永芳市《よしいち》の指導を受け、また友人である渡辺正広からもアドヴァイスを受けたという。また、同書には松永による現代語訳が収録されている。この二人も、この直前に独自の「教育勅語」現代語訳を発表しているので、ここで紹介しておく。

松永（一八九九～一九七六）は弁護士で、日本バートランド・ラッセル協会監事。なお同協会は、イギリスの哲学者バートランド・ラッセル（一八七二～一九七〇）の思想の研究・理解・普及を目的とした学会で、一九六五年に元朝日新聞論説主幹の笠信太郎《りゅうしんたろう》らが中心となって設立されたが、八〇年頃に自然消滅している。

松永がラッセル協会に参加したのは、「戦後に左傾する思想をバートランド・ラッセルの線で食い止めたい」という考えからだったという。一九六九年夏、当時の学生運動に危機感を持った松永は、道徳復興運動を考え、「現代に適応するよりよいものがあれば、敢えて教育勅語にこだわるわけではありませんが、外に一寸《ちよつと》見当たりません」という立場から「教育勅語の現代文（意訳）」を作成、これを、自らの所属する日本ロータリークラブの会員向けに配布した〔松永『時事雑感』、『サンデー毎日』一九七〇年八月二日号〕。これに好意的な反響が多く寄せられたことから、松永は「中道会」を組織する。その規約は以下のようなものであった。

第一条　本会は道徳を振興し、世界の平和に寄与することを目的とする。

第二条　本会は右にも左にも偏せず中道を堅持し、直接の政治活動または宗教活動は行なわないものとする。

第三条　本会は第一条の目的を達するため、左の事業を行なうものとする。

（一）儒教の中庸思想、バートランド・ラッセルの思想、教育勅語、その他内外の倫理道徳に関する思想の研究発表、講演会の開催。

（二）機関誌、資料、その他の刊行物の発行。〔以下略、松永『時事雑感』による〕

もっとも、松永のもとに届いた手紙の中には、「ラッセルの思想は近代的自我の確立の上に成立っているのに、教育勅語は前近代的な封建思想、自我の否定を基礎にしている。百八十度方向の違うラッセルと教育勅語をともに支持するのは矛盾だ」という批判もあったという〔前掲『サンデー毎日』〕。まことにごもっともで、そもそも他ならぬ当のラッセル自身、一九二六年の著書『教育論』で、当時の日本の教育について「神道は、大学の教授さえも疑問をさしはさむことを許されないもので、そこには、「創世記」と同じくらい疑わしい歴史が含まれている」「これに劣らぬ道徳上の圧政もある。たとえば、国家主義、親孝行、天皇崇拝などは疑いはさしはさんではならないものであり、したがって、さまざまな進歩がおよそ不可能になる」と、手厳しく批判しているのである〔ラッセル 一九九〇：五〇～五一〕。

中道会は、一九七〇年七月頃には「一万円以上の寄金をした維持会員が九十三人、普通会員が七十八人」〔前掲『サンデー毎日』〕に達したというが、その後どうなったのかは不明である。

いっぽう、渡辺正広は日本洋書販売配給株式会社（通称「洋販」）の創立者。洋販は社名の通り洋書・洋雑誌の取り扱い業者で、二〇〇三年六月にタトル商会と合併し日本洋書販売となるが、渡辺の没後、二〇〇八年七月に倒産した。渡辺の著書には『日本国憲法について』（一九六七年）、『Made in U.S.A. 日本国憲法』（一九七三年）、『素晴らしき国日本』（一九七九年）などがある。渡辺は一九七〇年一〇月一〇日付で、自社の出版部門である洋販出版から『みんなの教育勅語』を刊行し、その中で独自の現代語訳を掲げた。「まえがき」によれば、同書は「わたくしに、日本人であることのしあわせを感じさせ、人間としての生き方を考えさせてくれる」教育勅語を、「愛する若い人たちにもぜひ読んでもらい、同じように日本人としての喜びと誇りをもってほしい」という意図によって書かれたものという。

松永訳・渡辺訳・佐々木訳の特徴

現代語訳による教育勅語宣伝の試みとしては、これ以前に、田中智学《ちがく》（一八六一～一九三九）の創立した日蓮宗系在家仏教団体「国柱会」の関係者によるものがある。一九六四年に、智学の孫で国柱会講師の田中冨士子（一九一九～二〇一一）が、国柱会の機関誌『真世界』八月号に現代語訳を発表しており、翌六五年には、智学の三男で日本国体学会を主宰する里見岸雄（一八九七～一九七四）が『教育勅語か革命民語か』を出版し、独自の現代語訳を発表した。立憲養正会（智学の創立した政治団体）や日本国体学会などによる教育勅語復権運動はその後も続けられているが、大きな社会的影響を与えるには至っていない。

この時期には、他に、明治百年記念事業団（編）『教育勅語』（一九六八年）、日本思想研究会（編）『教育勅語を仰ぐ』（同年）、小池松次『教育勅語絵巻物語』（一九七一年）などが出版されているが、全体として、戦後、このころまでは、教育勅語に関する出版活動は低調といえる。

さて、ほぼ同時期に相次いで発表された松永訳・渡辺訳・佐々木訳には、共通する特徴がある。

松永訳は、冒頭の「朕惟フニ」を省略し、「我カ皇祖皇宗」を「われわれの祖先」と訳し、「子孫臣民ノ倶ニ」を「皆で一緒に」と訳し、「我カ」「爾」などの人称代名詞を省略するといった操作により、天皇から臣民への命令、という形式を打ち消し、天皇が「国民」の一員として誓った言葉であるかのような印象を作り出している。さらに、「克ク忠ニ克ク孝ニ」を「誠実で父母を敬愛し」、「朕カ忠良ノ臣民」を「誠実な国民」と訳すことによって、天皇に対する「忠」が打ち消されている。さらに「天壌無窮ノ皇運」を「わが日本民族の永遠な生命」と訳しており、天皇の影が極力薄まるような配慮がなされている。

渡辺訳も、やはり冒頭の「朕惟フニ」を落とし、「我カ皇祖皇宗」を「わたくしたちの祖先」と訳している。「天壌無窮ノ皇運」を「未来永遠につづく日本の国の生命」に置き換える。また、解説では「教育勅語のどこにも、「私に対し忠義をつくしなさい」と書いておりません」と主張し、文中の「忠」には「封建的な、個人的忠誠という考えの入りこむ余地は全くありません」と主張する。

佐々木は参考文献を挙げていないので、先行する松永訳・渡辺訳を参照したかどうかは不明だが、佐佐木訳には、松永訳・渡辺訳以上に、天皇の存在感を極力薄めようとする印象操作が施されている。佐々木は、逐語解説において、「吾カ皇祖皇宗」については、「日本は「君民一体」の国がらでありますから、天皇の祖先は、われわれ国民全体の祖先でもあります。つまり「皇祖皇宗」とは、わたくしたち日本民族の祖先を指すのでありまして、それがわが国のすぐれた伝統であります」と解説する。さらに、「天皇と国家は一体でありますので、国民が天皇に忠実であることは、国家に対しても忠実な国民であるということです」とし、この「国体」は日本国憲法下においても「天皇は国民統合の象徴である」とされているから変化していない、としている。もっとも、天皇と国を同一視したことについてはこれで説明できるとしても、意図的誤訳についての説明は無い。

ところが、この、明治天皇の存在を隠した佐々木訳を、当の明治天皇を祀った神社である明治神宮が、「国民道徳協会訳」として積極的に流布させることになるのである。

明治神宮による国民道徳協会訳の流布

明治神宮は一九二〇年一一月、明治天皇とその皇后である昭憲《しょうけん》皇太后（美子《はるこ》）を祀る神社として、東京・代々木の地に創建された。現在、内苑には木々が生い茂り、あたかも太古から残った原生林であるかのように見えるが、じつは、そのように育つよう巧妙に計算されて作られた人工林である。また明治神宮は、神宮外苑内にある、明治記念館（結婚式場、一九四七年設立）や、神宮球場（一九二六年竣工）をはじめとするスポーツ施設なども経営している。

一九七三年九月八日付『朝日新聞』東京版は、明治神宮で、教育勅語の「口語訳」を載せたパンフレットが無料で配られていることを報じている。この記事によれば、神宮を訪れたある大学生がこのパンフレットに疑問をいだき、同紙に「都合の悪い部分を国の平和と安全という美名にすりかえることによって、新たな軍国主義をめざそうとする意図とも読み取れる」と投書してきたのだという。

このパンフは縦約十五センチ、横約三十センチの三つ折りで、表に明治神宮、明治天皇、昭憲皇太后の説明など。中を開くと「明治天皇と教育勅語」とあり、天皇が勅語を詔勅するに至った簡単ないきさつと、句読、ふりがな付きの「教育勅語の正文」、およびその口語文訳が並ぶ。宗教法人明治神宮総務部の話では、昨年〔一九七二年〕六月から南神門近くの宿営舎と、神宮南端の無料休憩所に置かれ、希望者は自由に持ち帰ることができる。

ところで、勅語の口語訳だが、たとえば「一旦緩急アレハ　義勇公ニ奉シ　以テ天壌無窮ノ皇運ヲ扶翼スヘシ」の部分が「非常事態の発生の場合は、真心を捧げて、国の平和と、安全に奉仕しなければなりません」と、〝苦労〟のあとがみえる。

つづいて「是ノ如キハ独リ朕カ忠良ノ臣民タルノミナラス」が「これらのことは、善良な国民として当然のつとめであるばかりでなく」などとなっており、「皇室を中心にみ国を愛し務めを楽しく」と題した前文には「勅語にお示しになった大御心は、いかに時代が変わっても、本質的にはいささかの変わりもない訳です」と。

この無料パンフレットの発案者は、当時、明治神宮財務部長だった谷口寛《ゆたか》（のち権宮司《ごんぐうじ》、明治神宮外苑顧問。一九一七〜二〇〇四）だという。谷口は同時期に『大御心《おおみごころ》　明治天皇御製教育勅語謹解』（一九七三年一月一日初版）という新書判の冊子を編纂・発行しており、こちらにも「国民道徳協会

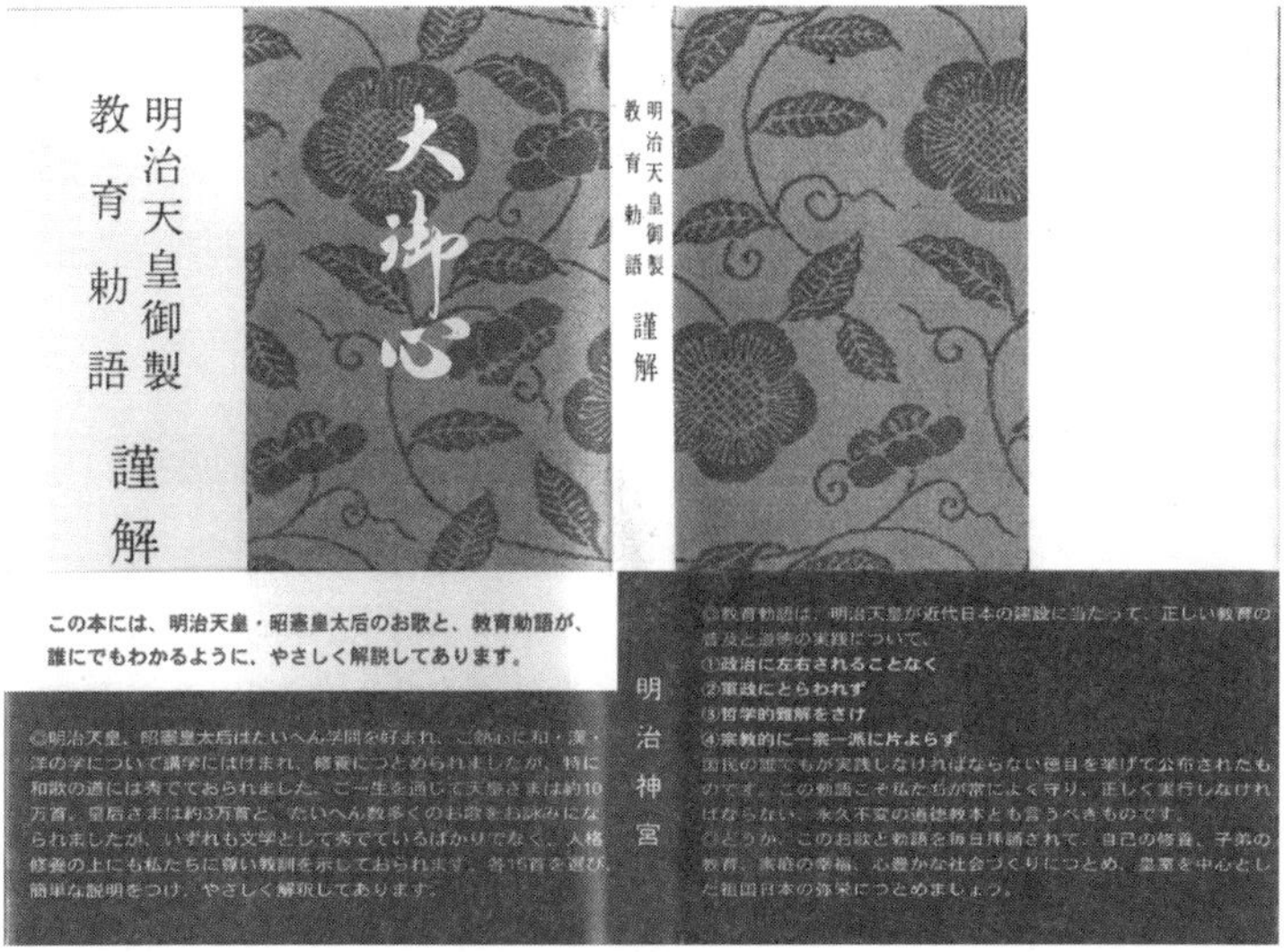

図3-5　『大御心』カバー

訳文による」として同じ「口語文訳」が掲載されている［谷口寛 一九七六］（表紙と扉では『大御心　明治天皇御製教育勅語謹解』、背表紙では『明治天皇御製教育勅語謹解』、「まえがき」では『大御心』となっていて、どれが正式な題名のつもりなのか判断しづらいのだが、ひとまず『大御心』と呼んでおく）。『大御心』には佐々木盛雄の名前はどこにも出てこないが、すでに触れたように、この訳文は佐々木の訳文を一部改変したものに他ならない。当時、明治神宮に奉務していた鎌田紀彦（のち杉並大宮八幡宮宮司）の回想によれば、「明治神宮の上司」の命で「『国民道徳協会』を主唱された佐々木盛雄先生」による「教育勅語の「口語訳文」の借用につき協会へお願いに伺い、快諾を得た」という［鎌田 二〇一二］。

谷口は『朝日新聞』の取材に対し「道徳の乱れた世の中です。親孝行や兄弟愛、夫婦の和をといた勅語を、この辺で思い出してほしかった。内容は軍国主義でも何でもない。人間が守らなければならない基本です。おおやけの学校などで配るというならともかく、神宮が配るのですから当然ではないでしょうか」と語っている。

この記事には、三人の識者コメントがつけられている。

まず、禅僧で国語教師の無着成恭《むちゃくせいきょう》（一九二七〜。当時、明星学園教諭。主著『山びこ学校』『無着成恭の詩の授業』他）。

「とんでもない。ナンセンスです」「昭和二十三年に、教育勅語は民主国家の建国の意志に反するとして、国会で失効が確認されたでしょ。忠とか孝とかは人間の本質というが、道徳なんて両刃の剣です。誤った目的のためにバカ正直なのは、何の値うちもない。勅語に忠実だったために、どれだけの人が苦しんだんですか」

次に、西洋史家で右派の論客としても知られた会田雄次（一九一六〜九七。当時、京都大学教授。主著『ルネサンスの美術と社会』『アーロン収容所』他）。

「何も目くじらをたてることはないのでは」「だって、戦争を連想させるからイカンと言うのでは、軍歌も歌っちゃいけないことになりゃしませんか。明治神宮の存在そのものがイカンというのなら話は別ですが。まあ、内輪の問題だと思います」

最後に、作家の佐藤愛子（一九二三〜。代表作『戦いすんで日が暮れて』『血脈』他）。

「ああいう時代があったということを知る記録として、便利なんじゃないかしら。はっきりさせなくてはならないのは、現代から当時を見つめるためであって、当時に引き戻すためではないこと。だから、口語訳も意訳で逃げずに、正確に訳すべきです」

また、同紙のコラム「天声人語」を担当していた深代惇郎《ふかしろじゅんろう》（一九二九〜七五）も、同年一〇月三〇日の教育勅語渙発記念日に際してこの訳文を取り上げている。

希望者に渡しているだけのことだから、「さては国家主義の復活」と興奮するつもりはない。ただこの現代訳は、骨なしクラゲ、気の抜けたビールとでもいおうか、硬質な明治の感じがさっぱり出ていない。

それに訳し方が忠実でなく、妙に現代にこびて、物分かりの良さがあるのも、かえって興をそぐ。たとえば「一旦緩急アレバ義勇公ニ奉ジ」のくだりは「非常事態の発生の場合は、真心を捧げて、国の平和と、安全に奉仕しなければなりません」。これではまるで防衛庁長官の訓示だ。

「朕爾臣民ト倶ニ」も「私もまた国民の皆さんとともに」と、やわらかく、やわらかく訳されている。〔深代 一九七六：一二八に再録〕

なお、佐々木のいう「偏向で知られる大新聞」云々とは、あるいはこの九月八日付記事と一〇月三〇日付「天声人語」のことかもしれない。といっても、『甦える教育勅語』には全く触れられていないし、そこでの批判も、「左翼常習語の羅列」などではないのだが。

「教育勅語の十二徳」

『大御心』は、「明治天皇の御製、昭憲皇太后の御歌と、それに教育勅語とを謹載し、誰にでもわかる様に、簡単な説明を附け加えました」（「はじめに」）というもので、教育勅語については「古今東西、いつの時代、いずこの国にも通用する御教えでありまして、人間が本当の人間となるための修業の基本をお示しになられた」ものだとした上で、「只今のところでは、家庭や社会で伝えなければなりません。親から子へ、或は職場や諸会合のさまざまな場合に、教育勅語を仰ぎ戴く多くの機会を作るようにいたしましょう」と謳っている。

なお、同書では、教育勅語の徳目数を以下の一二としている。

教育勅語の十二徳
一、孝行（こうこう）子は親に孝養をつくしましょう
二、友愛（ゆうあい）兄弟、姉妹は仲よくしましょう
三、夫婦の和（ふうふのわ）夫婦はいつも仲むつまじくしましょう
四、朋友の信（ほうゆうのしん）友だちはお互いに信じ合ってつき合いましょう
五、謙遜（けんそん）自分の言動をつつしみましょう
六、博愛（はくあい）広くすべての人に愛の手をさしのべましょう
七、修学習業（しゅうがくしゅうぎょう）勉学にはげみ職業を身につけましょう
八、智能啓発（ちのうけいはつ）智徳を養い才能を伸ばしましょう
九、徳器成就（とくきじょうじゅ）人格の向上につとめましょう
十、公益世務（こうえきせいむ）広く世の人々や社会の為になる仕事にはげみましょう
十一、遵法（じゅんぽう）法律や規則を守り社会の秩序に従いましょう
十二、義勇（ぎゆう）正しい勇気をもってお国の為に真心をつくしましょう

これは『大御心』独自の解釈である。そもそも、教育勅語の徳目の数え方には定説はなく、九・一〇・一二・一四・一五・一六などさまざまな説がある［籠谷 一九九四：四〇二］。佐々木盛雄は徳目の

数を挙げていないが、その解説では「進ンテ公益ヲ広メ」と「世務ヲ開キ」、「一旦……公ニ奉シ」と「以テ……扶翼スヘシ」をそれぞれ区切っているので、徳目の数は一三ないし一四（皇運扶翼を数え入れるかどうかで異なる）になるはずである。また、『大御心』では「学ヲ修メ業ヲ習ヒ」「智能ヲ啓発シ」「徳器ヲ成就シ」の部分を三つに分けているが、『井上哲衍義』は「学ヲ修メ……啓発シ」と「徳器ヲ成就シ」の二つに分けているし、後述する明治神宮崇敬会の『たいせつなこと』では、「学ヲ修メ……徳器ヲ成就シ」全体で一つの徳目としている。他にも「学ヲ修メ業ヲ習ヒ」と「智能ヲ啓発シ徳器ヲ成就シ」の二つとする数え方、「学ヲ修メ」「業ヲ習ヒ」「智能ヲ啓発シ」「徳器ヲ成就シ」の四つとする数え方などもある。

また、この解説にも問題がある。たとえば「遵法」は、憲法にまったく触れない代わり、原文にない「秩序」が出てくる。そして「以テ……扶翼スヘシ」は無視されてしまっている。

近年、教育勅語の徳目の数は一二である、とする説を、あたかも定説であるかのように扱っている文献がしばしば見られるが、この説はもともと、この『大御心』に由来するもののようである。

一二という数字は、「フランクリン（あるいは昭憲皇太后）の十二徳」を意識したものかもしれない。ベンジャミン・フランクリン（一七〇六～九〇）は、その自伝の中で「節制」「規律」など一三の徳目を掲げているが、元田永孚は、そのうち「純潔」を省いた一二徳を美子皇后（昭憲皇太后）に進講し、それに感銘を受けた皇后は、一八七六年に「弗蘭克林《フランクリン》の十二徳」一二首を詠んでいる［所二〇一〇］。

『明治天皇のみことのり』

明治神宮では、明治百年（一九六八年）記念事業の一環として明治天皇の詔勅集の編纂を行なうこととし、一九六七年九月に明治天皇詔勅謹解編修委員会を設置し、一九七三年一月に講談社から『明治天皇詔勅謹解』を刊行した。さらに、この『謹解』のうち重要な詔勅を抄録し、現代語訳をつけて読みやすくしたものとして、一九七五年一一月三日（旧明治節）付で『明治天皇のみことのり』（初版は日本教文社、のち明治神宮より再刊）を刊行している。

同書は詔勅本文と「ことばの意味」、「歴史上のことがら」、「文の意味」（現代語訳）、「解説」から構成されている。執筆者は、明治天皇詔勅謹解編修委員であり、平泉澄《きよし》門下の古代史家で、文部省主任教科書調査官であった村尾次郎である。

村尾訳にも「朕惟フニ」の無視、「忠」を「まごころ」、「国憲」を「国のおきて」と訳すなどの問題点はあるが、少なくとも国民道徳協会訳よりは原文に近い。明治神宮が二〇一二年に発行した『新版 明治の聖代』には、神道史家・阪本是丸《これまる》の監修のもと、この村尾訳が一部修正の上で採用されている。なお『新版 明治の聖代』は、明治天皇百年祭を期して発行された明治天皇御製・昭憲皇太后御歌集である。一九三〇年の明治神宮鎮座十年祭にあたって発行された『明治の聖代』の改訂版とされているが、内容はほとんど別物である。

2 神社界の教育勅語キャンペーン

神社本庁とは？

このようにして明治神宮による流布が始まった国民道徳協会訳だが、これが全国的に普及するようになったきっかけは、一九八〇年前後の、神社本庁を中心とする教育勅語キャンペーンであった。

神社本庁は、戦後、政教分離により神社が国家管理でなくなり、神社を管轄していた官庁である神祇院（内務省神社局から一九四〇年に昇格）も廃止されることになったため、各神社の受け皿として一九四六年二月に設立された宗教法人で、全国の神社の大半がこれに所属している。文化庁の『宗教年鑑』（二〇一七年版）によれば、宗教法人として登記されている神社は約八万一〇〇〇社（二〇一六年末現在）あるが、そのうち約七万九〇〇〇社（約九七％）が神社本庁の所属となっている。

また公称信者数は約七四六〇万人で、数字の上では日本最大の宗教団体である。といっても、これは各神社の氏子《うじこ》（その神社を氏神《うじがみ》とし、神社の祭りに参加する地域住民）や初詣《はつもうで》の参詣者などを数え入れたものなので、あまり真に受けてはいけない。たとえば、二〇〇六年に神社本庁が国民全体を対象として行なった意識調査では、神道を「信仰している」と回答した者は三・四％にすぎなかった（「氏神を知っている」六五・一％、「神棚がある」四三・八％）［神社本庁教学研究所＝編 二〇〇七］。この年の公称信者数は約九七〇〇万人なので、数字上は、日本国民の四人に三人は「信者」だったことになるはずなのだが。

なお、諸事情から神社本庁に所属していない神社には、靖国神社、伏見稲荷大社（京都市伏見区、以上、設立当初から所属せず）、東照宮（栃木県日光市、一九八六年離脱）、気多《けた》大社（石川県羽咋《はくい》市、二〇一〇年離脱）、梨木《なしのき》神社（京都市上京区、二〇一三年離脱）などがある。明治神宮も二〇〇四年に一度離脱したが、二〇一〇年に復帰している。

ちなみに、神社本庁という役所のような名前（「庁」という漢字自体に役所という意味がある）を発案したのは、戦前に内務省神社局長、厚生大臣などを歴任した吉田茂（一八八五〜一九五四）［「神社本庁 一九五六：一三九」。ややこしいが、首相をつとめた吉田茂とは同姓同名の別人である。

神社本庁は地方組織として都道府県ごとに「神社庁」を置いている。また、関係団体として、氏子総代の組織である「全国神社総代会」（一九五八年設立）と政治団体の「神道政治連盟」（神政連、一九六九年設立）があり、教化指定団体として、婦人会の連合組織「全国敬神婦人連合会」（一九四八年設立）、教職員を兼任する神職の団体「全国教育関係神職協議会」（全神協、一九六〇年「全国神職兼務教職員協議会」として設立、のち改称）などがある。このほか関連企業として、週刊紙『神社新報』を発行する株式会社神社新報社がある。『神社新報』はもともと神社本庁の機関紙として一九四六年七月に創刊されたもので、翌四七年に編集権を独立させるため法人化されているが、その後も神社本庁とは密接な関係にある。

神社本庁はもともと全国の神社の連合体として設立されたため、特定の教義を定めていない。ただし、神社本庁庁規によって「神宮」（伊勢神宮）が「本宗《ほんそう》」（総親神といったような意味合いだが、神社本庁自身も明確に定義していない）とされており、また、綱領文書として「敬神生活の綱領」（一九五六年五月二三日宣言）と「神社本庁憲章」（一九八〇年七月一日施行）が定められている。「敬神生活の綱領」の第三条には「大御心《おおみこころ》をいただきて、むつび和らぎ、国の隆昌と世界の共存共栄とを祈ること」という規定があり、この「大御心をいただく」について、神社本庁編纂の解説書（ただし「稿本」とされる）では「皇祖天照大御神の神勅を継承する天皇を現人神と仰ぎ、その大御心を国民が敬仰し奉る」という意味だと説明されている［神社本庁 一九七二＝二〇一一：五八］。また、神社本庁憲章第八条第一項には「神社は、神祇を奉斎し、祭祀を行ひ、祭神の神徳を広め、以て皇運の隆昌と氏子・崇敬者の繁栄を祈念することを本義とする」とある。

この立場から、教育勅語をはじめとする諸詔勅は絶対的なものとして扱われる。もっとも昭和天皇は、一九四六年の年頭詔書で、天皇が「現御神《あきつみかみ》」であることを「架空なる観念」として自ら否定している（この詔書を俗に「人間宣言」ともいうが、「自分は人間である」と述べた箇所はない）。この矛盾について、國學院大學の神道神学のテキストでは、「天皇のお言葉である限り、神道者が否定できないのは当然」であるが「国民としての我々が解釈申し上げることは許されてゐる」とし、その上で「天皇が、建国の根本精神を伝へる神話を、否定なさる筈《はず》が」なく、この詔勅はあくまで神話に対する軽薄な理解をいましめたものにすぎない、としている［上田 一九九〇：六三〜六四］。

このような思想を持つ神社本庁は、改憲、ことに政教分離原則の見直しと、天皇主権の再確立を主張し続けてきた。その主張を実現するため、一九六九年一一月には神道政治連盟、翌七〇年五月には神道政治連盟国会議員懇談会（国議懇）を発足させている。

念のため断っておくが、神社本庁は各神社の人事権を握っているとはいえ、決して一枚岩な組織ではなく、また、本庁に所属する神社・神職が、すべて同じ思想的立場でまとまっているわけでもない。自前の政治団体を持ってはいるものの、集票組織としての力も弱いといわれる。ただし、上述のような思想的・政治的傾向を持っており、その立場から、改憲運動をはじめ、紀元節復活運動や靖国神社国家護持運動、元号法制定運動などの政治運動に関わってきたのも事実である。

「肝腎の皇運扶翼は言はない」

「戦後の偏向教育の是正」とともに、「教育勅語の精神の復活」を主張してきた全神協は、一九六九年一〇月、「教育勅語公的復効実現請願書」を佐藤栄作首相・坂田道太文相らに宛てて提出、教育勅語渙発八〇周年にあたる一九七〇年には「教育勅語復効国民運動」を展開、衆議院に「教育勅語の復活に関する陳情書」を提出するなどしている〔『神社新報』一九六九年一一月一三日、一九七〇年一〇月一九日、他〕。

もっとも、このキャンペーンについては神社界でも有効性を疑問視する意見があったようで、一九七〇年一二月七日付『神社新報』には、八坂社《やさか》（大分県東国東郡国東町《くにさき》＝現・国東市）宮司《ぐうじ》の鎌田正忠による、「一旦国会の決議で排除せられたものを、神道人が先頭に立って提唱するのはどうであらうか。ことのよし悪しに拘《かかわ》らず今日の社会情勢―思想界、政界、言論会《ママ》が簡単に之《これ》をうけ入れられるとは思はれない」「神道人は保守の立場にあっても、よく時代の動向を察知して調和の姿勢を崩してはならないと思ふ。このまま進めばいつか社会より遊離し、見放され、孤立化する時代が来ないとも限らない」という批判が掲載されている。

ところで、一九七四年五月二七日付『神社新報』には、「教育論議を空騒《から》ぎにするな」という無署名の論説記事が掲載されている。

［政府・自民党は］日教組［日本教職員組合］は諸悪の根源といふが、日教組を罷《まか》り通らせてゐるものは戦後体制であり、それを支へる理念である。それは不幸な生ひ立ちを持つ新憲法、それに基づく教育基本法である。日教組教育の是正を言ふのなら、当然これらのものにメスを入れなければならない。真意は忖度《そんたく》できないが、今日の政府・自民党にはその意志はないのではないか。田中首相あたりも、教育勅語にしばしば言及するが肝腎《かんじん》の皇運扶翼は言はない。これを明らかにしなければ戦後の教育は変らないし、遂に日教組の活動を終熄《しゅうそく》させることもできないであらう。

田中角栄首相（在任一九七二年七月〜七四年一二月）は、このころ、教育勅語について「現代にも通ずるものがあるという事実に徴し、それらについては、国民の共感を得られるような状態で世論に問うべきではないか」［一九七四年三月二八日・衆議院本会議］、「「教育勅語」そのものの復活を考えているわけではない。しかし「父母ニ孝ニ〔…〕公益ヲ広メ」といった基本原理は、「教育勅語」であろうと、なかろうと今日にも共通する命題であるはずだ」〔『自由新報』同年四月二三日付〕、などといった発言を繰り返していた。しかし、確かに「皇運扶翼」には言及していない。神社神道の側では、その点に不満を持っていたようである。

ところが、その、他ならぬ神社本庁が、肝心の「皇運扶翼」を無視した国民道徳協会訳の流布に、大きな役割を果たすことになるのである。

教育勅語キャンペーン

きっかけとなったのは、一九七九年に元号法の制定が実現したことである。

帝国憲法下では、元号は皇室典範に基づき、天皇の践祚《せんそ》（皇位継承）に際してのみ改められるものとされていた。しかし、一九四七年の日本国憲法施行にともない、旧皇室典範は廃止され、代わって制定された新皇室典範には元号に関する規定はなかったため、元号は法的根拠を失うことになった。このままでは、いずれ天皇の代替わりが行なわれる際に問題が生じることは避けられない。そこで神社本庁をはじめとする右派は、「明治百年」を機に、元号に法的根拠を求める運動を起こし始める。七七年には日本青年協議会や神社本庁などが全国的にキャンペーンを繰り広げ、この結果、全国各地の地方議会が、次々と元号法制化を求める決議を出す。七八年七月には「元号法制化実現国民会議」が設立される。世論調査で国民の六割が法制化を支持していたことも手伝い、国会ではそれほど大きな抵抗を見ることなく（野党のうち社会党と共産党は反対したが、民社党・公明党・新自由クラブが賛成に回った）、元号法は成立を見るに至る。

この直前、右派は靖国神社国家護持運動で挫折を味わっている。自民党を通じて靖国神社の国営化を求めたこの運動は、一九六九年から七四年にかけて国会に「靖国神社法案」を五度提出するところまでこぎつけるが、しかし、左派や他の宗教団体などからの反対に加え、日本国憲法の定める政教分離に抵触するため、靖国神社が神道の神社であることを否定して無宗教化しなければならないという問題が浮上し、神社神道の側からも反発が生じる始末であった。この失敗で自民党に不信感を抱いた右派は、自民党に陳情するのではなく、下からの運動を広範に組織して政府に圧力をかける、という方向へ方針を転換し、元号法制化を実現させたのである［渡辺治 一九九〇：三三九～三四〇］。

この成功に勢いづいた神社本庁では、一九八〇年に渙発九〇周年を迎える教育勅語の〝復権〟に向けて取り組むことになる。

一九七九年五月二五日、神社本庁は一九七九～八一年度の「三ヶ年継続教化活動方針」を発表し、その一つとして、「教育正常化の運動」として、「『正しい天皇観に基づく日本人教育』をめざす啓蒙活動」を行なうことを定めた。さらに、同年九月二一日には「教育正常化運動の方針」を決定、各神社庁に送付した。これは、「国民思想の分裂抗争は避け難く、青少年の非行、自殺問題等は跡を絶たず、戦後教育の欠陥は随所に現はれてきてゐる」という問題意識に基づき、学校教育を対象とした国民的運動を展開しようとしたもので、その「大綱」は以下の通りである。

一、皇室を敬愛し、民族の連帯感を強める教育を推進すること。
一、国旗・国家を尊重し、愛国心を培ふ教育を推進すること。
一、敬神崇祖《すうそ》の念を涵養《かんよう》し、宗教情操教育を推進すること。
一、神話と伝統を重んじ、正しい国史、国語教育を推進すること。
一、教育勅語を奉戴し、国民道徳を昂《たか》める教育を推進すること。

〔神社本庁 一九八一：一五九〜一六一〕

また、保守系宗教者・文化人団体「日本を守る会」は、一九七九年五月付（実際は六月）でこども向け絵本『たのしくまなぶ12のちかい〈教育勅語から〉』（監修＝副島廣之《そえじまひろゆき》、絵＝斉藤梅、文＝秋永勝彦）を発行している。同書巻末には監修者の副島が執筆した「教育勅語について」という一文があり、さらに、国民道徳協会訳を一部訂正した訳文が掲載されている。副島廣之は明治神宮権宮司《ごんぐうじ》（宮司を補佐する役職。在任一九七二〜八七）、また秋永勝彦は同広報課長で、のち雲八幡宮（大分県中津市）の宮司となっている。

「日本を守る会」は、一九七四年四月二日、朝比奈宗源《そうげん》（臨済宗円覚寺派管長、世界連邦日本仏教徒協議会初代会長）・富岡盛彦（富岡八幡宮宮司、神社本庁元事務総長）・伊達巽《たつみ》（明治神宮宮司）・安

図3-7 『12のちかい』

岡正篤（全国師友協会会長）・山岡荘八《そうはち》（作家）・岡田光玉《こうたま》（良一《よしかず》、世界真光《まひかり》文明教団初代教《おし》え主）・関口トミノ（佛所護念会《ぶっしょごねん》二代会長）らの呼びかけで設立された団体で、副島は伊達宮司に依頼され、その初代事務総長（在任一九七四～八六）をつとめている〔副島 一九八九：二〇六～二一二〕。同会はのち、一九九七年五月に「日本を守る国民会議」（元号法制化実現国民会議が八一年一〇月に改組）と合併して「日本会議」となり、日本最大の右派団体として現在に至っている。

副島によれば、『12のちかい』は、教育勅語九〇周年を機に、「子供たちに教育勅語の真の精神を教えるとともに、ややもすれば誤解されがちな教育勅語を家庭の父母にも啓蒙し理解してもらうため」に作成されたもので、「主として神社経営の幼稚園や私立幼稚園、七五三詣の児童を対象として頒布した」〔副島 一九八九：二五五〕。主に神社を通じて頒布されたが、中には町内会を通じて頒布されたところもあったという。

『12のちかい』は、題名の通り、教育勅語の一二徳目（『大御心』と同じ数え方）を一つ一つ取り出し、見開き二頁を使った絵とこども向けの言葉、それに「お父さんお母さんへ」という解説文をつけた絵本である。また末尾には国民道徳協会訳をもとにした「口語文訳」が掲載されていた。なお、

図3-8　『12のちかい』12頁

一九九〇年一〇月付で明治神宮社務所より再版が出されている。

さらに、全国敬神婦人連合会は、一九七九年一一月二六日付で、全二九頁のパンフレット『教育勅語の平易な解釈』を発行した。内容は『大御心』の抜粋で、国民道徳協会訳も含まれている。同書は「発刊当初の発行部数の目標を、当時の会員数に合わせ、十万部とし、会員一人一冊の購入を目指して出発致《いた》しましたところ、二、三年の間に、当初の目標を大幅に上回る二十二万部を頒布」し、その後も「例年二千部程度の全国よりの注文に対して頒布を行なって」おり、また、「神社関係はもとより会社の経営者の方から社員教育の教材にと申し込みがあった」という［全国敬神婦人連合会 一九九八：三七、六六］。

一九八〇年一二月八日に神社本庁で開かれた教化担当者研究会全体討議からは、各神社庁でも『教育勅語の平易な解釈』の頒布が熱心に行なわれた様子がうかがえる〔『月刊若木』一九八一年三月号〕。岩手・長野・宮城各県などで、研修会などでの頒布が行なわれたほか、三重県神社庁は、「一枚ずりにして広く普及すべきだ」という意見を受けて印刷し、各家庭に配ったという。しかし、この討議の記録からは、内容に対する疑念の声は全くうかがえない。

教育勅語九〇周年（および明治神宮鎮座六〇周年）の記念行事としては、さらに壮大な計画もあった。一九八〇年秋に、日本宗教代表者会議（議長＝篠田康雄・神社本庁総長、事務総長＝副島廣之）とローマ教皇庁諸宗教連絡聖省との共催で「世界宗教者倫理会議」を日本で開催し、それに合わせ、教皇ヨハネ・パウロ二世を、歴代教皇として初めて日本に招く、というものである。当初は、一〇月三〇日の教育勅語渙発記念日と一一月三日の旧明治節に日程が合わさる予定だったのだが、日本のカトリック信徒などから批判の声があがる。結局、諸事情により、教皇の来日は翌八一年二月に延期され、会議も同年六月に延期されて開催された〔村上一九八二：一五五〜一七一〕。

国民道徳協会訳への批判

このような一連のキャンペーンによって、国民道徳協会訳は必然的に多くの人々の目に触れるようになる。その中には当然ながら、教育勅語に批判的な人々も含まれていた。

たとえば、日本共産党の機関紙『赤旗』（現『しんぶん赤旗』）は、一九八〇年九月一四日付の紙面で、「「一旦緩急アレハ義勇公ニ奉シ」と天皇のために命を捧げることを教えた戦前の教育勅語の本質をおおい隠し、これを「国の平和と安全に奉仕し…」などと〝異訳〟して国民に浸透させようとするキャンペーンが、にわかに強まっています」「この口語訳、「天皇」「忠君」といったことばを意識的にボカしているのが特徴です」と報じた。この記事に「教育勅語の本質は天皇への絶対服従、滅私奉公の精神だが、これをカムフラージュし、まず夫婦や兄弟愛など一見あたりまえのことをおもてにだしている。そんな手をつかってでもして、まず国民に浸透させたいというねらいだ」というコメントを寄せた国民教育研究所（日教組の附属施設）の伊ヶ崎暁生《いがさきあきお》（一九三〇〜）は、研究所の機関誌『季刊国民教育』一九八一年冬季号でもこの訳文を取り上げ、「天照大神や天皇、あるいは戦争につながる「滅私奉公」的な部分はかくされ、作為をこらした解釈になっている。このような修正をほどこしてまで、日本国憲法下で普及を試みようとする意図はどこにあるのか、深く検討してみなければならない」と述べている［伊ヶ崎 一九八二］。

また教育学者の山住正己《まさみ》（一九三一〜二〇〇三。東京都立大学教授）も「よくもまあ、これほど原文から大きくはずれた口語訳をつくりあげたものだと驚く」「換骨奪胎しても、ともかく教育勅語の存在を「渙発九十周年を機に」国民に知らせておこう、というところにあるのではないか」と評している［山住 一九八〇b］。

ジャーナリストの茶本繁正《ちゃもとしげまさ》（一九二九〜二〇〇六）は、『12のちかい』所載の訳文を取り上げ、「〈我が皇祖皇宗〉を〈私達の祖先〉とされては、〈私達《たち》〉が皇室一家なのか、〈ナンジ臣民〉をもふくむ天皇と国民全員の祖先なのか、きわめてあいまいである」「〈以テ天壌無窮ノ皇運ヲ扶翼スベシ〉の訳が、すっぽりと抜けおちている」「忠良と善良とは明らかにちがう。また〈ナンジ祖先〉が〈私達の祖先〉なら、勅語冒頭の〈我ガ皇祖皇宗〉の〈私達の祖先〉も、おなじものになってしまう」などといった点を指摘し、全体として「ていのいい、今日的よそおいをこらした〝すりかえ〟と〝まやかし〟である」と評している［茶本 一九八三：二六一〜二六四］。

一九八二年に明治神宮を訪れた歴史学者の松浦玲《れい》（一九三一〜）は、『大御心』掲載の訳文を見て次のように評する。

> 原文がむずかしいので平易な現代文にすると称して「我ガ皇祖皇宗」を「私達の祖先」、「爾祖先」も「私達の祖先」にしてしまった。これで、教育勅語の枠組みの、最もかんじんな部分は消されてしまった。［…］
>
> 皇祖皇宗と臣民どもの先祖とを同じ現代語に置きかえたくらいだから、皇祖皇宗の威光によって明治天皇が臣民に強要している個所は、みな右へ倣えで、「平易な現代文」にされてしまう。［…］「天壌無窮ノ皇運ヲ扶翼スベシ」がどうなっているかというと「国の平和と、安全に奉仕しなければなりません」であって、「皇運」という物騒なものは、そおっと外しておくのである。「我ガ皇祖皇宗ノ遺訓ニシテ子孫臣民ノ倶ニ遵守スベキ所」すなわち、皇祖皇宗の子孫である天皇も守るから、お前たち臣民も守れと言っているところは「祖先の教訓として、私達子孫の守らなければならないところ」と、またしても「私達」が出てきて、天皇と臣民を

ゴチャマゼにしてあるのである。皇祖皇宗がどこかへ消えてしまったことは、あらためて強調するまでもない。〔松浦 一九八三：一三八〕

教育学者の佐藤秀夫は、西沢潤一〔編著〕『新教育基本法６つの提言』（二〇〇一年）が国民道徳協会訳を無批判に紹介しているのを取り上げ、この訳文について次のように述べている。

冒頭の「朕」を「私」と訳しているが、それでは中国皇帝から日本天皇へと継承された独特の一人称の「公」性を否定することになるのに気づいていない。〔…〕「教育ノ淵源亦実ニ此ニ存ス」を、「教育の根本もまた、道義立国の達成にある」とするのは意訳の域を越えて、天皇制に基づく国体と教育との一体性を無視して「道義」なる「からごころ」理念を日本の教育の基本に据えるという、天皇制原理主義者からすれば許し難い修正主義解釈となるはずである。

中間徳目の末尾にある「一旦緩急アレハ義勇公ニ奉シ以テ天壌無窮ノ皇運を扶翼スヘシ」を「非常事態の発生の場合は、真心をささげて、国の平和と、安全に奉仕しなければなりません」と訳している。「皇運」と「国運」とを混同するという、天皇制原理への「恐るべき」不敬侵犯を明らかにしているといってよいだろう。続く「爾祖先ノ遺風ヲ顕彰スルニ足ラン」の「爾祖先」を、「私達の祖先」とするに至っては、二人称と一人称とを混同するという噴飯ものの誤謬を犯している。

後文においても、戦前の公式解釈に無知ゆえの同様な誤りを犯す。「子孫臣民ノ倶ニ遵守スヘキ」の子孫臣民を「私達子孫」としている。実はこの「子孫」は「皇祖皇宗の子孫」を指し、臣民とは区別したうえで、「倶ニ」と表現したところがミソなのである。そうでなければ「臣民子孫」となり「倶ニ」が生きてこない。重要な結びの一句にしてもそうである。「咸其徳ヲ一ニセン」を単に「立派な日本人となるように」としては、意訳を越えて原意を抹殺してしまっている。明治天皇自らが臣民と一緒に「皆其徳を一にする」と述べた「大御心」のほどが、全く通じてこないからである。［佐藤二〇〇一＝〇五：六八〜六九］

他にも数多くあるのだが、このくらいにとどめておく。念のため断っておくが、ここで指摘されているのは、イデオロギーの問題でもなければ解釈のズレでもない。間違い、それも、原文ときちんと見比べれば容易に気づくはずの初歩的な間違いが意図的に含まれている、という指摘なのである。

奇妙なのは、教育勅語に肯定的な人々の側から、この訳文のおかしさを指摘する意見が出てこないことである。

たとえば、アサヒビール副社長、アサヒビール飲料会長などを歴任し、日本会議代表委員、「英霊にこたえる会」会長などをつとめた中條高徳《なかじょうたかのり》（一九二七〜二〇一四）は、孫娘から教育勅語とその口語訳について教えてほしいと言われた、という体裁の文章の中で、次のように記している。

さて、口語訳だが、漢文学者や国文学者の専門家がつけたしっかりした口語訳がどこかにあったはずだとあちこち探した揚げ句に、いいのを見つけた。国民道徳協会というところがつけた訳文で、実にしっかりした、わかりやすい訳文だ。しかしね、こういうことにはど素人の私が言うのもなんだが、率直な感想を言わせてもらうと、原文とはやはり微妙なニュアンスの違いがあるような気がする。〔中條 二〇〇一：三三〜三四〕

小学校で教育勅語を習った世代のはずの中條は、原文とのずれは感じているようだが、それを「微妙なニュアンスの違い」というだけで済ませている。

国民道徳協会訳の現状

教育勅語復権キャンペーン自体は、特に大きな成果を見せることなく終わっている。一九八二年からは、自主憲法制定国民会議（岸信介会長、一九六九年設立）が、地方議会に呼びかけて教育勅語の復権を求める決議をさせようとする運動を行なっているが、これもはかばかしい成果は得られなかったようである。だが、こうした一連の過程で、国民道徳協会訳が広まることになった。近年ではインターネット上でも広まっており、明治神宮をはじめ、北海道神社庁、宮城県神社庁など、多くのウェブサイトに掲載されている。

また、大阪市鶴見区に本拠のある仏教系新宗教「念法眞教《ねんぽうしんきょう》」（一九二八年創教、五二年宗教法人化）は、その機関誌『鶯乃声《うぐいすのこえ》』の各号巻頭に教育勅語とその現代語訳を掲げていることで知られるが、そこで用いられているのも国民道徳協会訳である。

なお、この訳文を「佐々木盛雄訳」として取り上げた文献もないわけではなく、たとえば清水馨《けい》八郎《はちろう》『「教育勅語」のすすめ』［二〇〇〇：六六～六七］や前野徹《とおる》『新 歴史の真実』［二〇〇三：一三四～一三五］などは佐々木訳として紹介している。とはいうものの、「国民道徳協会訳」として紹介している文献の方が圧倒的に多い。近年では、べつに教育勅語の賛美や再評価を目的としているわけでもない学術的著作や大学用教科書のたぐい――たとえば、朴倍暎《パクベエヨン》『儒教と近代国家』［朴二〇〇六：一三一～一三二］、貝塚茂樹『道徳教育の教科書』［貝塚二〇〇九：二九～三〇］など――にすら、この訳文が無批判に掲載されている。

二〇一七年には、長野県松本市の旧開智学校の売店で、松本市教育委員会が販売していた教育勅語の複製に、国民道徳協会訳を一部改訂した訳文が付けられていることが問題として指摘され、教育委員会は批判を受けて販売を中止した。これは岩手県内の業者が作っていたもので、三〇年近く前から売店に置かれていたものという［『信濃毎日新聞』二〇一七年五月一九日付］。

広めている神社本庁の側としては、この訳文は一種の、いわば〝方便〟と見なしているようである。神社本庁講師であった石井寿夫（一九一五～九一）は、一九八〇年の講演において、「教育勅語を戦後派に教えるのには、現代っ子にもなじみやすくわかりやすい表現で説きなおす工夫がいる」「現に、普及を志される方々は、しばしば「現代訳」をつけている」と説いている［石井 一九九一：六八］。なお、この講演を収録した著書にも国民道徳協会訳が収録されているのだが、没後刊行のため、本人の意思によるものかどうかは不明である。

こうした神社本庁の融通無碍な態度について、歴史学者の中島三千男（一九四四〜）は、一九八〇年の時点で、「彼らは私たちが思う程「伝統」主義者でも何でもなく彼らにとって実はもっとも大切なものと思うものでも、またそれを大事にもっている神道家をも、時代や状況に応じて平気で捨てさり、切り捨てていくことが出来るものである」と指摘している［中島 一九八〇：九］。

3　明治神宮崇敬会の『たいせつなこと』

二〇〇三年、明治神宮崇敬会が、三月一四日付でこども向けの教育勅語解説パンフレット『たいせつなこと Important qualities』（執筆者不記載）を発行し、その中で、従来の国民道徳協会訳とも異なる、新しい現代語訳を示した。

明治神宮崇敬会は、氏子のいない明治神宮の氏子組織代わりとなっている団体である。戦後に明治神宮が国家管理から外されたことにともない、経営維持のために一九四六年六月一日に設立されたもので、二〇一六年に一般財団法人となっている。本部は神宮境内にあり、神宮と密接な関係に

図3-8 『たいせつなこと』表紙

図3-9 『たいせつなこと』11頁

ある。

このパンフレットは二〇頁あまりのごく薄い絵本で、「明治天皇は、日本人にとって何が「たいせつなこと」かを「教育勅語」（教育に関する勅語）にまとめ、それをみずから実践して御手本を示されました。その内容は、新たな国際化に直面している今の私たちに贈られた「生きる知恵」のプレゼントといえるかもしれません」とし、「文意に即して「たいせつなこと」を十二項目に置き換え、それぞれ「すなおに言ってみたい日本語」に直してみました」とある。徳目の数え方は次のようになっている。

1　両親に感謝する――「お父さんお母さん、ありがとう。」（父母ニ孝ニ）

2　きょうだい仲良くする――「一緒にしっかりやろうよ。」（兄弟ニ友ニ）

3　夫婦で協力する――「二人で助けあっていこう。」（夫婦相和シ）
4　友達を信じあう――「お互い、わかってるよね。」（朋友相信シ）
5　自ら反省する――「ごめんなさい、よく考えてみます。」（恭倹己ヲ持シ）
6　博愛の輪を広げる――「みんなにやさしくします。」（博愛衆ニ及ホシ）
7　知徳を磨く――「進んで勉強し努力します。」（学ヲ修メ…徳器ヲ成就シ）
8　公のために働く――「喜んでお手伝いします。」（進テ公益ヲ広メ世務ヲ開キ）
9　ルールに従う――「約束は必ず守ります。」（常ニ国憲ヲ重シ国法ニ遵ヒ）
10　祖国を守る――「勇気を出してがんばります。」（一旦緩急…扶翼スヘシ）
11　伝統を守る――「いいものは大事にしていきます。」（爾祖先ノ…足ラン／斯ノ道ハ…遵守スヘキ所）
12　手本を示す――「まず、自分でやってみます。」（朕爾臣民ト…庶幾フ）

『大御心』の「十二徳」と数は同じなのだが、区切り方が違っている。本来の徳目条項から拾ってきているのは⑩までで、⑪と⑫は、明らかに徳目でない箇所をむりやり徳目に仕立て上げている。⑪は、途中で段落が分かれていることを無視して、「ここまでに挙げられた徳目を守る」という話を、抽象的な「伝統を守る」にすりかえたものである。この強引な読み替えは、むしろ、教育勅語に「伝統を守る」という徳目が直接には含まれていないことを明らかにしてしまっている。また、⑫は、明治天皇自身の決意表明を、国民が守るべき徳目の一つにすりかえている。

すでに触れたように訳文も問題だらけで、二回出てくる「我カ皇祖皇宗」を、最初は「私たちの祖先」、二回目は「わが皇室の祖先」と訳し分けているのをはじめ、「克ク忠ニ克ク孝ニ」を「国家と家庭のために」、「忠良ノ臣民」を「善良な日本国民」と置き換えることで「忠」を隠蔽し、天皇を国家・国民に置き換えた上、「日本の伝統」という言葉を持ちこむことで、美しい伝統であることを強調している。「一旦緩急アレハ」は「国家の平和と国民の安全が危機に陥るような非常事態に直面したら、愛する祖国や同胞を守るために」となっており、余計な説明（「非常事態に直面したら」だけで十分である）が付け加えられている上に、その後の「天壌無窮ノ皇運」はどこかに消え失せている。

教育学者の高橋史朗（一九五〇〜）は、『神社新報』二〇〇三年七月一四日付でこのパンフレットを紹介し、その中で、「GHQによって強要された衆議院決議によって、教育勅語は「違憲詔勅」の烙印を押され、「一旦緩急アレハ義勇公ニ奉シ以テ天壌無窮ノ皇運ヲ扶翼スヘシ」といふ部分のみがことさら強調されて、軍国主義的、超国家主義的であると非難されてきた」と主張し、「「教育ニ関スル勅語」を大胆な発想と工夫で蘇らせた本冊子が、若者を含む多くの世代の人々に広く読まれ、戦後の不当な烙印をはねのける教育勅語の「再発見・再評価の一大ムーブメントが巻き起こることを期待したい」と述べている。高橋が原文と訳文のズレを気にしている様子はない。

教育勅語渙発一二〇周年となる二〇一〇年一〇月には、神道政治連盟が、この『たいせつなこと』

を下敷きにした教育勅語解説パンフレット『こころの豊かさを求めて 〜教育勅語のチカラ〜』を作成し、会員や一般向けに頒布している。このパンフレットは一二月二〇日付『産経新聞』で紹介されたこともあって、三五万部が発行されたという〔『神政連四十五年史』他〕。

エッセイストの山口文憲《ふみのり》（一九四七〜）は、二〇一二年に明治記念館を訪れた際に、二種類の教育勅語のリーフレットを見たことを記している。それぞれ国民道徳協会訳と明治神宮崇敬会訳が掲載されたもので、山口は、どちらも「政治的思惑から、勅語のキモにあたる〈一旦緩急アレハ〔…〕扶翼スヘシ〉の部分を口語訳ではうまく逃げている」としながらも、国民道徳協会訳が「まずまず原文を押さえている」のに対し、崇敬会訳は「いわゆる「超訳」のたぐいで〔…〕明治天皇のおことばをもう好きなようにいじりまくっている」とあきれ返っている〔山口文憲二〇一二〕。国民道徳協会訳については褒めすぎだと思うが、比較対象が悪いから仕方あるまい。

私は二〇一八年三月に明治神宮に赴き、明治神宮文化館（明治記念館が運営）の売店で『大御心』と『新版　明治の聖代』が頒布されていること、休憩所に『たいせつなこと』の訳文の転載されたパンフレットが置かれていることを確かめてきた。つまり明治神宮では、国民道徳協会訳、村尾・阪本訳、明治神宮崇敬会訳という三種類の訳文を並行して頒布しているのである。

配布・宣伝する側にすれば、明治神宮が配布しているのだから問題ないだろう、と思って配布しているらしい。また、配布する側が宣伝したいのは教育勅語の原文そのものなのであり、現代語訳は宣伝のためにつけたしているにすぎないのだから、それほど気にすることはないのではないか、という意見もある。確かに宣伝する側はそれでいいのかもしれないが、受け取る側はどうだろうか?

＊　＊　＊

本章の最後にあらためて確認しておくが、国民道徳協会訳の実体は、佐々木盛雄という元政治家・評論家の個人訳である。ところが、「佐々木盛雄」という個人名が消され、「国民道徳協会」という匿名組織の訳文とされたものが、明治神宮という明治天皇を祀る著名な神社で配布され、さらに神社本庁などを通じて全国的に配布されたために、あたかも、何かしら権威がある訳文であるかのような扱いを受けることになってしまったのである。

余話3

アデナウアー・西ドイツ首相は教育勅語を信奉したか？

新宗教「生長の家」の創始者、谷口雅春が一九五八年に出版した著書『我ら日本人として』(日本教文社)に、当時、「憲法調査建議合同会」なる改憲派団体が頒布していたビラからの引用として、次のような逸話が紹介されている。

「西独《せいどく》のアデナウアー首相の部屋に日本の教育勅語が其《そ》の侭《まま》掲《かか》げられ、その傍らに独乙《ドイツ》語で訳文が並べられてあり、同首相を訪《たず》ねた日本の議員団が其訳《そのわけ》を聞いたら、ア首相は『自分が敗戦後頻《しき》りに首相になれと勧《すす》められて、いろいろ思い悩《なや》むことがあって五度までそれを断ったが、日本の教育勅語を国民道徳の中心とすることに気附《きづ》いて六度目に漸《ようや》く引受《ひきう》けました。だから全国の各学校其他《そのた》各職場、持場《もちば》の末梢《まっしょう》に至《いた》るまでこれを同様掲《かか》げさせて生活の目標とさせている』と答えられたというのです。」

コンラート・アデナウアー(一八七六～一九六七)は、ドイツ連邦共和国(西ドイツ)の初代連邦首相(在任一九四九～六三)を一四年間にわたってつとめ、戦後ドイツの復興を担《にな》った政治家である。「経済の奇跡」と呼ばれる高度成長を実現させただけでなく、一九五五年には再軍備とともに北大西洋条約機構(NATO)に加盟し、さらに翌五六年には徴兵制を復活させている(二〇一一年停止)。

この逸話は教育勅語信奉者の間では人気があるらしく、近年出版された書籍でもしばしば登場する。二〇〇九年三月四日には埼玉県議会で、自民党のある議員が、この話を実話として紹介している。

しかし、この話には明らかにおかしなところがある。全国の各学校や職場に教育勅語を掲げさせた、というのが事実なら、他にもいくらでも証言が出てきそうなものだし、その前に写真なり公文書なりが残っていそうなものだ。そもそも、ドイツ連邦共和国では教育は連邦政府ではなく各州政府の所管事項なので、連邦首相の鶴の一声で全国の学校に同じ文書が配布される、という話自体がおかしい。だいいち、アデナウアー本人の回顧録には、首相就任を何度も固辞したなどといった話は全く出てこないし、それ以前に、教育勅語のことなど一切取り上げられていないのである。

教育評論家の小池松次（一九二八〜）は、逸話の出所について調べがつかなかったことを認めつつ、「事実は未確認でも、情況証拠は存在します」と主張し、文部省によるドイツ語訳教育勅語（一九〇九年）が存在すること、一九〇八年九月にロンドンで開かれた第一回国際道徳教育会議で、日本代表が教育勅語を紹介したこと、日露戦争の勝因は教育勅語にあると欧米の為政者が考えていたこと（根拠不明）、の三点を挙げている[1]。いったい何の関係があるのかさっぱりわからないのだが、この程度の「情況証拠」しか挙げられないほど、根拠らしい根拠がないということらしい。

そもそもアデナウアーは、キリスト教倫理に基づいて「個人の尊厳、自由、およびそこから生まれる要求、――これらがすべてのうえに立たねばならない[2]」と訴え、その立場から、ナチスと共産主義をともに全体主義として否定した人物である。その彼が、臣民の天皇への忠誠を賛美し、国家への奉仕を説く一方で、個人の尊厳や自由には全く触れない教育勅語を、国民のための道徳綱領として掲げるようなことをするだろうか？

さて、この逸話を広めたのは、どうやら自民党衆議院議員の荒舩《あらふね》清十郎（一九〇七〜八〇）であるらしく、荒舩が講演でこの話をしていた、という証言がちらほら見られる[3]。

もっとも、荒舩は典型的な利益誘導型政治家で、その上、放言癖がある。一九六六年、運輸大臣に抜擢されたとたん、国鉄（現・ＪＲ）に要求して自分の選挙区である埼玉県深谷市に急行を停車させた（のを新聞記者に追及されて「一つぐらい、いいじゃないか」と口走った）のをはじめ、数々の職権濫用が発覚して顰蹙を買い、わずか二カ月で辞任に追い込まれたエピソードは、今日でも語り草になっている。また七二年には、後援会主催の新年旅行で、学生による暴力デモ（前年に中核派が起こした渋谷暴動や日比谷暴動などを指していると思われる）について「社会党や共産党」が「一日に五千円ずつ払ってあばれさしたんだ、この金は隣の共産党の国からきている」などと発言し、これを日本共産党の機関紙『赤旗』が暴露して抗議したため、衆議院副議長の地位を棒に振っている。荒舩は「そのような噂がある」というつもりで言ったはずだ、という釈明になっていない釈明をしているが、要するに、受け狙いでいい加減なことを無責任に言う癖があるのである。

なお、荒舩でなく、同じく自民党衆院議員の佐々木秀世《ひでよ》（一九〇九～八六）が講演で話していた、という証言もある。(4) ことによると、荒舩も佐々木も、誰かの受け売りをしていただけだったのかもしれない。

ちなみに、ミュンヘン大学留学生（一九五七～五八）、ベルリン自由大学講師（一九五八～六〇）として西ドイツに滞在した経験を持つ、ドイツ文学者・演出家の岩淵《いわぶち》達治（一九二七～二〇一三）は、この伝説は右派の思想的イデオローグだった安岡正《まさ》篤《ひろ》（一八九八～一九八四）による創作だと断定している。ただ、その根拠は明らかでない。(5)

〈注〉

（1）小池松次『世界の徳育の手本となった教育勅語と修身』（日本館書房、二〇一一年）一六八～一七〇頁。

(2)佐瀬昌盛〔訳〕『アデナウアー回顧録Ⅰ』（河出書房新社、一九六八年）五〇頁。

(3)森本忠「国造りの前提」『神社新報』一九五七年一〇月一二日付。荒木俊馬「明治時代の教育精神」『神社新報』同年一二月二八日付。今村均「教育勅語に就て」『新民』第一〇巻第一一号（一九五九年一一月）。鹽谷《しおのや》温《おん》「講経」『斯文《しぶん》』第三一号（一九六一年九月）。

(4)小原國芳《おばらくによし》「止揚のできない仕様のない人たち」『全人』第三一巻第一二号（一九五七年一二月）。『小原國芳全集　20』（玉川大学出版部、一九六五年）に再録。

(5)岩淵達治／林功三〔訳〕「過去の克服と日本の文学」『季刊戦争責任研究』第二四号（一九九九年六月）。

第4章

教育勅語の失効をめぐって

三角形の内角の和は二直角であるというのはたしかに正しい。しかし、そのうえに「朕思うに」がつくと問題は別になってしまう。父母に孝に、夫婦相和し、朋友相信じ……は、三角形の内角の和は二直角というのと同じようなものだ。そして最後に、これらの道徳をまもれと天皇が命令しているのだ。

――羽仁五郎（一九〇一～八三）［羽仁 一九七六：二〇〇］

1　教育勅語が失効するまで

戦後教育改革の始まり

ここで改めて、終戦から教育勅語排除・失効確認両決議までのいきさつを確認し、教育勅語の何が問題とされたのかを見ていくことにしよう。

「憲政史研究者」と称する倉山満（一九七三～）は、次のように記している。

時の前田多門《たもん》文部大臣は、「教育勅語は決して危険思想ではない。また、決して民主主義と矛盾しない。立派な日本人を育てるための道徳だ」と運動したのですが、無情にもマッカーサーの口頭命令で廃止が決定されました。マックとしたら「そうか、ならば廃止しよう」です。立派な日本人が育ってしまっては、弱体化になりません。［倉山二〇一四：三二］

つまり教育勅語廃止は日本弱体化の陰謀だというわけだが、いい加減な記述もあったもので、国会決議が行なわれたときの文相は前田多門（在任一九四五年八月〜四六年一月）ではないし、決議を行なうよう口頭で要請したのもマッカーサーではない。だいたい、決議が行なわれたのは、終戦からじつに三年近くも経ってからである。それどころか、勅語の奉読式は、じつは、多くの学校で終戦後一年以上も行なわれ続けていたのである。

確かに前田文相は、一九四五年八月一八日、就任後最初の記者会見において、「教育の大本は勿《もち》論《ろん》教育勅語をはじめ戦争終結の際に賜《たま》うた詔書を具体化していく以外にあり得ない」［『朝日新聞』八月一九日付］と語ったのをはじめ、その後も教育勅語を繰り返し擁護している。これは、当時の文部省関係者にほぼ共通する見解であった。

一方、ＧＨＱ／ＳＣＡＰの教育政策担当部局である民間情報教育局（ＣＩＥ）は、当初、教育勅語に対して明確な態度を決めていなかった。ＣＩＥ言語課長ロバート・キング・ホールの後年の回想によれば、当時、ＧＨＱ／ＳＣＡＰ内部においても、「勅語は本質的に悪くはない」「勅語を攻撃することは、儒教の倫理、仏教思想、日本神話に対する攻撃であり、宗教への攻撃とみなされるかもしれない」「基本的には独裁ともいえる軍事占領の当局者が、行先や目的を中央で指令する場合に、便利である」といった理由で、教育勅語の禁止に反対する意見が強くあったという〔鈴木英一一九八三：九〇〜九一〕。日本の民主化を目指す一方で、占領統治を円滑に進めるために天皇制を温存・利用しようとしていたＧＨＱ／ＳＣＡＰにとって、天皇制と直結する教育勅語は、手のつけにくい存在であったのである。

日本の占領統治にあたっては、ＧＨＱ／ＳＣＡＰが日本政府に対してＳＣＡＰＩＮ《スキャップイン》と呼ばれる指示書を出し、日本政府がそれに基づいて政策を実施することになっていた。ＣＩＥは一九四五年一〇月二二日のＳＣＡＰＩＮ―１７８「日本教育制度に対する管理政策」によって教育行政への介入を開始し、教育において「軍国主義的《ミリタリスティック》及び極端なる国家主義的《ウルトラ・ナショナリスティック》イデオロギーの普及を禁止すること」を要求、さらに一二月一五日にＳＣＡＰＩＮ―４４８「国家神道、神社神道に対する政府の保証、支援、保全、監督並に弘布の廃止に関する件」（通称「神道指令」）を発し、政教分離を指示するとともに、公立学校で神道教育を行なうことなどを禁止した。なお、「国家神道」という呼び名は、この指令によって一般化したものである。

当初、ＣＩＥでは神道指令によって教育勅語も一緒に葬り去ろうとしたのだが、このときはＧＨＱ／ＳＣＡＰ内部からの反対もあって見送られている。一方、当時東大助教授でＣＩＥの非公式顧問をつとめていた宗教学者の岸本英夫（一九〇三〜六四）によれば、神道指令の発令直前、起草者であるＣＩＥ宗教課長ウィリアム・ケネス・バンス（一九〇七〜二〇〇八）から見せられた草案の中に、

「公文書に於《おい》て〝大東亜戦争〟〝八紘一宇〟〝国体〟なる用語乃至《ないし》その他の用語にして日本語としてその意味の連想が、国家神道、軍国主義、過激なる国家主義と切り離し得《え》ざるものは之《これ》を使用することを禁止する。而《しか》してかかる用語の即刻停止を命ずる」と書かれていたという。教育勅語の文言には「国体」が含まれているので、これでは、自動的に教育勅語そのものが禁止されることになってしまう。あわてた岸本はバンスを説得し、結局、ぎりぎりになって「国体」は削除されたという〔岸本 一九六三＝七六：七五〜七八〕。

一二月二〇日、文部省は文部次官通牒「御真影奉還ニ関スル件」を発し、天皇の服装変更を名目として御真影の回収を始めている〔小野 二〇一四：三一九〜三二六〕。

一二月三一日、ＳＣＡＰＩＮ－５１９「修身、日本歴史及《およ》び地理停止に関する件」が発せられた。この三教科の教科書が「軍国主義的及び極端な国家主義的観念《イデオロギー》」を生徒に植えつける内容になっている、と考えたＣＩＥは、三教科の暫定的な授業停止と、教科書の作り直しを求めたのである。その後、地理と国史については暫定教科書が作成され、翌一九四六年中に再開されたのだが、修身については文部省側が作成に応じなかった。文部省国民教育局の勝田守一《かつたしゆいち》らが、「公民科」を新設して修身をこれに統合する、という構想を打ち出したからである。その後、ＣＩＥの指導もあり、公民科はアメリカ式の「社会科」へと切り替えられる〔勝田 一九七二〕。社会科は、かつての修身・地理・歴史などを統合する形で、四七年九月に発足した。

「教育勅語は自然法」

一九四六年二月二一日、文部省で開かれた地方教学課長会議において、文部省学校教育局長の田中耕太郎は、「一部の教育者が元旦の詔書〔いわゆる人間宣言〕に依《よ》つて教育勅語が廃止せられたかの疑問を抱《いだ》いて居《い》る」が、教育勅語は「我が国の醇風美俗と世界人類の道義的核心に合致する」「いはば自然法」であって、「必ずしも完全であるとは申せない」が「決して誤謬では無い」と発言した〔田中耕太郎 一九四六：九〕。これに対して三月四日付『朝日新聞』の投書欄で、社会学者の本田喜代治が「教育勅語が過去半世紀のあひだにどんな役割を演じてきたか」という「反省のひとかけらすら」も「見られない」、また、元長野県国民学校長三澤隆茂が、教育勅語は「国民思想の研究を封鎖し教師生徒の自主性をうばひ、教育勅語順応で万事足れりとする盲目屈従の習性をまねいた」と批判、田中は三月一三日付同紙投書欄で、教育勅語が「国家主義的方向に濫用せられた」のは「濫用者、援用者の罪であり、責をあるひは天皇に、あるひは勅語の内容に帰すべきものではない」と反論している。

教育勅語と同い年（誕生日が発布の五日前）の田中は、この後、教育勅語失効までの過程で重要な役割を演じることになるので、ここで、その経歴に簡単に触れておく。もとは商法学者で、東大法学部教授（在任一九二三～四六）であったが、一九四五年一〇月に当時の前田文相に乞われて文部省学校教育局長となり、さらに四六年五月には第一次吉田茂内閣の文相に就任した（～四七年一月）。その後は貴族院勅選議員（一九四六～四七）、参議院議員（一九四七～五〇、保守系無所属議員からなる院内会派「緑風会《りょくふう》」に所属）、最高裁長官（一九五〇〜六〇）、国際司法裁判所判事（一九六〇〜七〇）等を歴任している。信仰上はクリスチャンで、青年時代は内村鑑三門下の無教会主義者であったが、一九二六年にカトリックに改宗している。戦前の東大教授時代には自由主義者として右派から攻撃を受けているが、戦後はむしろ反共主義者として知られ、最高裁長官時代には、数々の冤罪問題で裁判批判が高まった際に、裁判官に「世間の雑音に耳をかさず」と訓示するなど、その権力主義的な姿勢がしばしば物議をかもした。その一方で、砂川事件（一九五七年、在日米軍立川飛行場の拡大工事に反対するデモ隊が基地内に侵入したとして起訴された事件。米軍の駐留自体が合憲かどうかが争点となった）では、進行中の裁判の見通しを駐日アメリカ大使館に対して漏らしていたことが、近年になって明らかになっている［布川＋新原＝編著二〇一三、他］。

幻の〝新勅語〟構想

このころＣＩＥでは、天皇の権威を利用して教育改革を潤滑に進めようとして、従来の教育勅語に代わる新勅語を発布する、という案を模索していた。一九四五年一二月には、プロテスタント神学者で同志社大学法文学部教授の有賀鐵太郎《てつたろう》が、第六軍司令部軍政部のＪ・Ｊ・シーフェリン海軍中佐の依頼で「大東亜戦後ノ教育ニ関シテ下シ給ヘル勅語」（通称「京都勅語案」）を作成している［鈴木英一 一九八三］。また、一九四六年二月二日にはＣＩＥ局長ケン・リード・ダイク代将と安倍能成《よししげ》文相（在任一九四六年一〜五月）の会談が開かれ、その席でダイクは安倍に新勅語の発布を提案した。安倍は三月一五日には昭和天皇に拝謁し、教育勅語改正案の骨子について奏上している〔『昭和天皇実録』〕。

いっぽう、三月にはGHQ／SCAPの要請で、教育改革のため米国教育使節団（委員長＝ジョージ・D・ストッダード）が来日することになり、日本側ではこれに対応するため日本教育家委員会（委員長＝南原繁《なんばらしげる》・東京帝国大学総長）が組織された。この委員会でも、新勅語案が検討されることになる。ただし、教育使節団内部では教育勅語についての評価は割れ、結局、報告書では、「勅語勅諭を儀式に用ひることと御真影に敬礼するならはしは、過去において生徒の思想感情を統制する力強い方法であつて、好戦的国家主義の目的に適つてゐた。かやうな慣例は停止されなくてはならぬ」〔文部省 一九五一：二五〕と勧告されるにとどまった。同年八月、日本教育家委員会を引き継ぐ形で、教育刷新委員会（教刷委、委員長＝安倍能成）が内閣総理大臣の諮問機関として設置される。教刷委は四九年六月に教育刷新審議会（教刷審）と改称、五二年六月に廃止された。

田中耕太郎文相発言と奉読式停止

四月一七日、政府は憲法改正案全文を公表し、これを受けて六月二〇日から第九〇回帝国議会での憲法改正審議が始まった。このとき、文相となっていた田中耕太郎は、教育勅語を高く評価する発言を繰り返している。

六月二七日の衆議院本会議で、田中は、日本社会党の森戸辰男（一八八八〜一九八四）から帝国憲法と「恐らくは同じ精神を以て起草せられたる教育勅語は、新しき国民を育成して行き、新しき日本を作つて行く所の教育の根本原理としては、既に十分でない所が含まれて居るのではないか」と質問され、「之《これ》を廃止する必要を認めないばかりでなく、却《かえつ》て其《そ》の精神を理解し昂揚する必要があると存ずるのであります」「古今東西に通ずる道徳律、人倫の大本でありまして、特に軍国主義的又《また》極端な国家主義的要素は見受けられないのであります」と答弁している。

さらに、七月一五日の衆議院帝国憲法改正案委員会では、日本自由党の加藤一雄（一九〇〇～六二）からの質問を受けて、「従来の誤りは、教育勅語を単に形式的に諳誦して表面だけ遵奉したやうな顔をして居ると云ふ所に、誤りがあつたのであります、其《そ》の態度は改めなければならない、本当に肚《はら》の底から教育勅語に示されて居るやうな道義を実践すると云ふ所に重きを置かなければならない」「我々と致しましては、教育勅語に示されて居ります国体の精華、又《また》其の国体が教育の淵源になつて居つたと云ふことに、決して誤りはないと存じます」と答弁した。この発言は七月一六日付の英語紙『ニッポンタイムズ』（現『ジャパンタイムズ』）で報じられ、GHQ／SCAP、さらにはアメリカ本国にも伝わる。

このころCIEでは、教育勅語奉読式がいまだ多くの学校で行なわれている、という報告を受け、対応に迫られていた。すでに七月一二日の時点で、バンス宗教課長は、教育課宛文書で次のように主張している。

一八九〇年教育勅語は、「急進的な」（即ち、民主的な）傾向を抑える目的で作成された神道と儒教の文書である。勅語は、古事記や日本書紀以上に、現代国家神道の「聖書」である。教育勅語から、軍国主義者と超国家主義者は、沢山の弾薬を引き出した。最も自由主義的な解釈をしたところで、新憲法草案の精神に反している。教育勅語は、おそらく歴史的文書として扱う大学段階を除き、公立学校で奉読されてはならないし、教科書に掲載されてはならない。［鈴木＋平原＝編 一九九八：一四六］

こうした中での田中文相発言は、火に油を注ぐ結果となった。ＣＩＥは文部省に対して教育勅語の学校での使用停止を求める。一〇月八日、文部次官通牒が発せられ、学校教育現場での教育勅語の使用が停止された。

昭和二十一年十月八日　発秘三号　直轄学校長、公私立大学高等専門学校長、地方長官へ文部次官通牒

勅語及《および》詔書等の取扱《とりあつかい》について

標記の件に関して往々《おうおう》疑義をもつ向《むき》もあるから左記の通り御了知の上《うえ》御措置相成《あいなり》り度《た》い。

一、教育勅語を以《もつ》て我が国教育の唯一の淵源となす従来の考へ方を去つて、これと共に教育の淵源を広く古今東西の倫理、哲学、宗教等にも求むる態度を採るべきこと。

一、式日等に於て従来教育勅語を奉読することを慣例としたが、今後は之を読まないことにすること。

一、勅語及詔書の謄本等は今後も引続き学校に於て保管すべきものであるが、その保管及《および》奉読に当《あた》つては之《これ》を神格化するやうな取扱をしないこと〔佐藤＝編 一九九六b：二九四〕

さらに、翌一〇月九日公布の文部省令第三一号（八日にさかのぼって適用）によって国民学校令施行規則が一部改正され、祝日に行なわれる学校儀式の規定から、「君が代」斉唱、御真影への最敬礼、勅語奉読などが削除された。一一月七日、田中文相は昭和天皇に拝謁し、この措置について奏上した〔『昭和天皇実録』〕。また、これに先立って、九月二五日には教刷委特別委員会で新教育勅語の奏請を行なわないことが決定されている。だが、謄本を学校保管としたことは、後で問題となる。

教育基本法と学校教育法の制定

ところで、上述した六月二七日の衆議院本会議で、田中文相は「教育に関する根本法」、すなわち教育基本法の立案準備に着手していることを明らかにしている。田中は、教育基本法を制定することによって、教育勅語を『論語』や『聖書』などと同様の歴史的文書にしようと考えていたのである〔勝野 一九八九〕。

なお、教育基本法はＧＨＱ／ＳＣＡＰが制定を求めたものではなく、日本側が独自に発案したものである。文部省原案は九月に教刷委に提出され、約半年にわたる教刷委での審議を経て、翌一九四七年三月一二日、最後の帝国議会となった第九二回帝国議会に提出された。この間、一月の内閣改造で、文相は田中から慶應義塾塾長で経済学者の高橋誠一郎（一八八四〜一九八二）に交替している。

文部省調査局では、法案提出に際して予想質問答弁書を作成しているが、その中で、教育基本法案には「教育勅語のよき精神はひきつがれている」とした上で、教育勅語については「過去の教育史上極めて重要なる意義を有し、重大な役割を果してきたものであり、又《また》その中には天地の公道たるべきものが示されてゐる」から「廃止する意思はない」としている。また、教育勅語は道徳・教育に関するものであり、形式的にも国務大臣の副署のない、単なる「天皇の御言葉」であるから、憲法の国民主権原則には違反しない、とした［鈴木＋平原＝編 一九九八：四〇〇〜四〇二］。これによれば、教育勅語はもともと法的拘束力がないのだから法的に廃止する意味もなく、したがって日本国憲法や教育基本法が施行されても何の影響もないことになる。

ところが、三月二〇日の貴族院教育基本法案特別委員会で、高橋文相は、国務大臣（憲法担当）の金森徳次郎や法制局とも協議の上、この説明を覆す答弁をしている。

教育勅語は統治権者の意思を示されたものとして、国民を拘束すべき効力を有するものと考へるのでありまする、日本国憲法の施行と同時に之《これ》と抵触する部分に付きましては其の効力を失

> ひ、又教育基本法の施行と同時に、之と抵触する部分に付きましては其の効力を失ひまするが、其の他の部分は両立するものと考へます、［…］詰《つま》り政治的な若《もし》くは法律的な効力を教育勅語は失ふのでありまして、孔孟の教へとかモーゼの戒律とか云《い》ふやうなものと同様なものとなつて存在するものと、斯《こ》う解釈すべきではないかと思ひます

つまり、法的拘束力はあったが日本国憲法・教育基本法の施行により失効する、という話になったのである。この答弁はその後も訂正されていない。今日では、教育基本法は教育勅語に代わるものとして制定されたとされることが多いが（本来は両立する関係だったとする主張［高橋史朗 一九八四、杉原 二〇〇二］もある）、当時の文部省の立場には混乱が見られるのである。

ちなみに、高橋の回想によれば、「私の答弁がはなはだなまぬるいと思ったのか、当時の閣僚［行政調査部総裁］斎藤隆夫氏は休憩室で私をつかまえて、教育勅語がいかにこれまで自分たちを悩まして来たかを痛烈な語気でまくし立てた」という［高橋誠一郎 一九五五：二九］。斎藤（一八七〇〜一九四九）は、二・二六事件を批判した「粛軍演説」（一九三六年五月七日）や、日中戦争の戦争指導を批判して衆議院議員除名の憂き目にあった「反軍演説」（一九四〇年二月二日）などで知られる政党政治家である。

三月三一日、教育基本法と学校教育法が公布され（前者は即日、後者は翌四月一日施行）、同時に国民学校令など一六の法律・勅令が廃止された。また、学校教育法施行規則（昭和二二年五月二三日文

部省令第一一号、四月一日にさかのぼって適用）によって国民学校令施行規則なども廃止され、これによって、法令上から教育勅語に関する規定はすべて消えたことになる。五月三日には日本国憲法（一九四六年一一月三日公布）も施行される。

民政局の教育勅語廃止要求

ところで、一九四六年七月の田中文相発言は、『ニッポンタイムズ』の報道を通じて各方面に波紋を投げかけることになった。

七月一八日、ＧＨＱ／ＳＣＡＰの治安・情報収集・検閲などの担当部局である民間諜報局（ＣＩＳ）は、田中文相発言を受けて特別報告「教育勅語」を発し、「勅語の大部分が無害に思えるのは、事実であるけれども、この文書が反動的目的のために使用されてきたことが強調されなければならない」とした上で、「教育勅語は、もし占領が長期的目的を達成する予定なら、廃止されなければならない」と主張した［鈴木＋平原＝編 一九九八：一四九〜一五五］。

さらに一〇月五日、アメリカ本国の最高政策決定機関であった国務・陸軍・海軍三省調整委員会（ＳＷＮＣＣ《スウィンク》）は、「日本教育制度改訂のための政策」（ＳＷＮＣＣ─１０８／２）を承認したが、その中には「修身および倫理の教科目は、普遍的道徳および宗教教授であって、勅語に基づくべきではない」と、教育勅語の排除を明示した文章が含まれていた。連合国側が教育勅語そのものの排除を明示したのは、これが最初である。この文書は連合国の最高政策決定機関で、ＧＨＱ／ＳＣＡＰの上位組織にあたる極東委員会（FEC）に送られ、修正の上、一九四七年四月一一日、「日本教育制度改革に関する極東委員会指令」として公示された［久保二〇〇六：六五七～六六三］。この指令では、「勅語、詔勅は授業研究又《また》学校の儀式の基本として使用されてはならない」とされた。つまりアメリカ政府および連合国全体の意志として教育勅語の排除が求められたのだが、この時点ですでに使用は停止されていたため、結果的にあまり意味のない指令となった。

ところが、一九四八年五月になって話が蒸し返される。蒸し返したのは、GHQ／SCAPの中枢部局で、統治機構を担当していた民政局（GS）であった。すなわち、GS次長のチャールズ・ルイス・ケイディス（一九〇六～九六）が、国会政治課長のジャスティン・ウィリアムズ（一九〇六～二〇〇二）に対し、「国会の決議によって教育勅語を廃止できないものか」と示唆してきたのである［ウィリアムズ一九八九：七二～七三］。ケイディスは、GHQ／SCAPによる新憲法草案の起草の中心人物の一人として知られる。

ウィリアムズによれば、憲法や諸法律の改正という大仕事を終えたケイディスが、やり残した仕事を確認している際に、二年前のCIS文書で指摘されていた教育勅語の問題がまだ残されていたことに気づき、CIEとの間で管轄上のトラブルが起こることを避けるため、あえて、GSが担当している国会で決議を行なうように求めたのだという。なお、ウィリアムズもケイディスも、一九四六年一〇月の使用停止措置は知らなかったと証言している［杉原一九九五］。

この間、一九四七年四月の総選挙では、日本自由党（吉田茂総裁）に代わって日本社会党が第一党となり、社会党の片山哲委員長が民主党・国民協同党と連立を組んで組閣、文相には、社会政策学者でもあった社会党の森戸辰男が就任した。片山内閣は社会党の内紛が原因で四八年三月に崩壊し、代わって民主党の芦田均総裁が同じ連立の組み合わせで組閣するが、森戸は引き続き文相をつとめている。

ウィリアムズは衆参両院の文教委員長を呼び出し、しかるべき措置をとるよう求める。このときの衆議院文教委員長は社会党の松本淳造(一八九四~一九五〇)、そして参議院文教委員長は田中耕太郎であった。田中の回想によれば、彼は、教育勅語は「もはや法律上何等の効力がなく、一片の歴史的文書になつてしまつている」「違憲の宣言は国会の権限には属せず、最高裁判所がなすべき事項である」「一般の教育者は教育勅語の内容をなす人類普遍の道徳律まで無効になつたかのように誤解するおそれがある」といった点を挙げて抵抗したが、押し切られてしまったという[田中一九五七:三七]。一方でウィリアムズは、一九八八年のインタビューで、自分は示唆《サジエスチョン》をしただけであって、決議文の内容にまでは干渉しなかったと主張し、また、田中も含め、「教育勅語を廃止することについては少しも反対はありませんでした」と証言している[杉原一九九五:一二〇]。

決議案の作成過程ははっきりしていないが、五月下旬から六月中旬にかけて、衆参両院の文教委員会と衆議院議員運営委員会で決議案の公開審議が行なわれている。ちなみに、六月一五日の衆議院議院運営委員会では、松本文教委員長が「二十日くらい前からG・Sに呼ばれまして教育勅語につきましてこの際効力がないということを、明らかにせよということで、一体《ママ》ならポツダム宣言によってオーダー〔命令〕を出す予定であるが、それよりも国会で、自主的にした方がよくはないかというお話がきつくありました」と、GSの〝示唆〟があったことを明言している。

もっとも、こうした内輪の事情を知らないマスメディアの側からは、「すでにその奉読が禁止され、廃止されていたはずの教育勅語が、いまごろになって両院の文教委員会でその取扱い問題が蒸し返されて来たというのは、どういうわけであろう」〔『佐賀新聞』五月二九日付「主張」〕、「今さらその失効を再確認しなければならないような議論が出てくるのは、むしろ不可思議な現象といわねばならぬ」〔『朝日新聞』六月一日付社説〕といった困惑の声があがっている〔鈴木＋平原＝編 一九九八：二〇四、二〇六〕。一九四六年一〇月の時点ですでに廃止されているはずなのに、何をいまさら話を蒸し返しているのか、というのが、おおかたの理解だったようだ。

排除・失効確認両決議

決議案は衆参両院ともに六月一九日に本会議に提出され、衆議院では全会一致、参議院では過半数として可決された。

教育勅語等排除に関する決議（衆議院）

民主平和国家として世界史的建設途上にあるわが国の現実は、その精神内容において未だ決定的な民主化を確認するを得ないのは遺憾である。これが徹底に最も緊要なことは教育基本法に則り、教育の革新と振興とをはかることにある。しかるに既に過去の文書となつている教育勅語並びに陸海軍軍人に賜わりたる勅諭その他の教育に関する諸詔勅が、今日もなお国民道徳の指導原理としての性格を持続しているかの如く誤解されるのは、従来の行政上の措置が不十分であつたがためである。

思うに、これらの詔勅の根本的理念が主権在君並びに神話的国体観に基いている事実は、明かに基本的人権を損い、且つ国際信義に対して疑点を残すもととなる。よつて憲法第九十八條の本旨に従い、ここに衆議院は院議を以て、これらの詔勅を排除し、その指導原理的性格を認めないことを宣言する。政府は直ちにこれらの謄本を回収し、排除の措置を完了すべきである。

右決議する。

教育勅語等の失効確認に関する決議（参議院）

われらは、さきに日本国憲法の人類普遍の原理に則り、教育基本法を制定して、わが国家及びわが民族を中心とする教育の誤りを徹底的に払拭し、真理と平和とを希求する人間を育成する民主主義的教育理念をおごそかに宣明した。その結果として、教育勅語は、軍人に賜はりたる勅諭、戊申詔書、青少年学徒に賜はりたる勅語その他の諸詔勅とともに、既に廃止せられその効力を失つている。

しかし教育勅語等が、あるいは従来の如き効力を今日なお保有するかの疑いを懐く者あるをおもんばかり、われらはとくに、それらが既に効力を失つている事実を明確にするとともに、政府をして教育勅語その他の諸詔勅の謄本をもれなく回収せしめる。

われらはここに、教育の真の権威の確立と国民道徳の振興のために、全国民が一致して教育基本法の明示する新教育理念の普及徹底に努力をいたすべきことを期する。

右決議する。

どちらも、教育勅語はすでに法的には失効している、とした点では同じなのだが、その理由が異なっている。

衆議院側の理屈は、教育勅語等は主権在君原則と神話的国体観に基づくものであるから基本的人権に抵触し、それゆえに違憲である、というものである。松本衆院文教委員長は、「教育勅語の内容におきましては、部分的には真理性を認める」としながらも、「勅語というわくの中にあります以上は、その勅語そのものがもつところの根本原理を、われわれとしては現在認めることができない」と説明している。

いっぽう、参議院側の理屈は、教育勅語等は教育基本法の施行の時点で失効した、というものである。田中参院文教委員長は、教育勅語は、日本国憲法施行よりも前の教育基本法施行の時点で、すでに「道徳訓に関する過去の文献に過ぎないもの」になっているので、「勅語の憲法上の効力を論ずるとしますするならば、それは論語やバイブルが憲法違反で無効であるかどうかということを云々すると同じく意味を成さないことになる」と説明している。

なお、ウィリアムズは、謄本の回収については自らは指示しておらず、国会側で付け加えたものだと証言している〔杉原 一九九五：一二九〕。この両決議を受け、六月二五日付で最後の仕上げがなされた。文部次官より各都道府県知事に宛てて通牒「教育勅語等の取扱について」（発秘七号）が発せられ、両決議について「その趣旨徹底について遺憾のないよう万全を期せられたい」という通牒が出されるとともに、文部省から交付された詔勅謄本については回収する、という措置が取られたのである。

ちなみに、GHQ／SCAP自身がまとめた日本占領史では、教育勅語は日本国憲法・教育基本法・学校教育法により失効したが、「学校における勅語の謄本の存在が、勅語をなお崇拝物として崇めることになるという危惧」があったため、参議院の決議（なぜか衆議院には触れていない）によって回収が図られた、とされている〔土持《つちもち》＝訳 一九九六：六八〕。

2 失効をめぐるいくつかの問題

教育勅語合憲確認訴訟

違憲かどうかを判断する権限は最高裁判所にある、という田中の主張自体には一理あるのだが、最高裁は一九五二年に、違憲審査権（日本国憲法第八一条）によって合憲か違憲かを判断するのは、具体的な法律上の争いがあるときに限られる、とする判断を示している（警察予備隊違憲訴訟）。なお、このときの裁判長は、他ならぬ田中耕太郎その人である。

　この判例が出される前に、排除・失効確認両決議の憲法判断について問題提起した訴訟がいちおう存在する。

　一九四九年、大月倉一なる人物が、排除・失効確認両決議は憲法違反であり、かつ大月自身に対する基本的人権の侵害だと主張し、教育勅語の合憲確認、および両決議の取り消し決議と、国民もしくは天皇に対する陳謝の決議を求め、国会を訴えた。この裁判は「憲法違背是正請求事件」または「教育勅語合憲確認訴訟」などと呼ばれている。

　この裁判は最高裁まで争われているが、その上告理由書（裁判文書らしからぬ悲憤慷慨調の文章で、おそらく原告本人が書いたと思われる）によれば、原告（一九五二年当時五〇歳）は、「昭和五年［一九三〇］以来、教育勅語の民主的解釈、民主化運動を提唱して」おり、「遺訓伝道団」なる組織を通じて伝道活動をしていたという。原告は、教育基本法の制定段階では「教育勅語の効力に何等の変化なし」とされていたのに、「森戸文部大臣、赤色国会議員の一聯の非日活動分子」の謀略による不当な国会決議がなされたと主張し、「上告人の如《ごと》くこの聖訓を以て日本国国教典と仰《あお》ぎ、［…］而《しか》も之《こ》れが世界的伝導を行はんことを期して居《お》ります者にとりましては如此《かくのごとき》無効宣言決議は死刑宣告にも相当する決議であり人権の侵害、国民精神の侮辱これより大なるは無しと申すの他ありませぬ」と主張、国会決議以来「全く生きた心地とては無き其《その》日、其日を送つて居《い》る」と訴えた。

素人目に見ても無理筋な訴訟としか思われないが、一審で却下、控訴・上告ともに棄却、という事実上の門前払いに終わっている。最高裁判決（一九五三年一一月一七日）によれば、裁判所が扱う「法律上の争訟」（裁判所法第三条）とは、「当事者間の具体的な権利義務ないし法律関係の存否に関する紛争であつて、且《か》つそれが法律の適用によつて終局的に解決し得《う》べきもの」でなければならない。だが、原告側の主張は、結局のところ原告の「主観的意見又《また》は感情に基《もと》づく精神的不満」にすぎないから、法律は適用できず、したがって裁判所では扱えない。また、国会決議は「専《もっぱ》ら道義的又《また》は政治的の見地から自《みず》から決すべき問題であつて、裁判所が法律の適用によつて終局的に解決し得べき事項ではな」い［最高昭和二七年（オ）三〇三号、行裁例集四巻一一号二七六〇頁］。考えてみれば当然のことで、裁判所が国会に対して決議を命令できるようでは、三権分立が崩れてしまう。

国会決議の法的拘束力

国会決議には原則として法的拘束力はない（憲法に規定のある内閣不信任決議等は例外）。このことから、教育勅語を擁護する向きの中には、排除・失効確認両決議自体が無意味である、という主張もある。たとえば神道学者の大原康男（一九四二〜）は、「国会決議は、ある特定の時点での国会の希望的意見の表明に過ぎず、法的な拘束力は全くない」から、「国会決議を持ち出して教育勅語の無効を主張するのは、お門違いと言わねばなるまい」と主張する［大原二〇〇七：三三二］。

確かに、後で事実上反故になってしまった国会決議はいくつもある。たとえば、一九五四年六月に、参議院では自衛隊が海外に出動しないことを確認する決議を出しているが、海外派遣は一九九一年から行なわれている。一九七二年一二月には消費税導入に反対する決議が出されているが、消費税は一九八九年に導入された。米の輸入自由化に反対する国会決議は三回（一九八〇年四月、八四年七月、八八年九月）も出されているが、一九九三年に一部自由化がなされた。

だからといって、法的な拘束力はないから単なる希望的意見として無視していい、というのでは、自分の気にくわない意見だから無視していい、と言っているようなものである。そもそも、国会決議だけを否定したところで、日本国憲法や教育基本法と矛盾する、という問題は解決しない。

「義勇奉公」だけが問題だったのか？

教育勅語擁護論者の中には、「義勇奉公」のくだりが軍国主義的だとして問題視されたことが教育勅語排除につながった、と主張する向きもある。たとえば、日本航空学園理事長の梅沢重雄（一九五二〜）は次のように記している。

> 戦後、『教育勅語』が廃止された要因のひとつに、「一旦緩急アレバ、義勇公ニ奉シ、以テ天壌無窮ノ皇運ヲ扶翼スベシ」という下りがあります。
>
> これが「戦争になったら勇気を出して天皇陛下のために命を捧げよ」という意味に解釈され、第二次世界大戦で特攻隊や人間魚雷、そして玉砕戦法などの壮絶な戦死につながったと判断さ

れました。

しかし、これは大きな誤解です。この一文は「戦争や災害があったら勇気を持って公のために奉仕し、長い間続いている国家をしっかり守りましょう」という意味です。［梅沢二〇一四：二四］

なお、『巽軒衍義』には「如何《いか》なる人も、我邦《わがくに》の男子としては、進んで身を犠牲に供し、以《もっ》て国家の福祉を図《はか》るの念慮なかるべからず。蓋《けだ》し世に愉快なること多きも、真正の男子にありては、国家の為めに死するより愉快なることなかるべきなり」とある。

また、教育学者の高橋史朗は次のように述べる。

当時の国会審議で唯一問題になったのは「一旦緩急アラバ義勇公ニ奉ジ」という箇所で、これが戦争や軍国主義につながるという批判〔羽仁五郎〕がありましたが、これは世界のどの国でも教えている愛国心の基本ではないでしょうか。［明成社二〇一二：一一九］

ここまでくると完全にウソである。羽仁五郎（マルクス主義歴史学者、決議当時は無所属の参議院議員）は、当時の国会では義勇奉公のくだりなど一切問題にしていない。実際の羽仁の発言は、たとえば次のようなものである。

> 教育勅語に述べられておる内容には、内容的には反対する必要がないものもあるというようなお考えもありましたが、そういう点に問題があるのでなくて、たとえ完全なる真理を述べておろうとも、それが君主の命令によつて強制されたという所に大きな間違いがあるのである。だから内容に一点の瑕瑾がなくても、完全な真理であつても、専制君主の命令で国民に強制したというところに間違いがある。［一九四八年五月二七日・参議院文教委員会］

羽仁は後年、自伝の中で、島根県立邇摩《にま》高校（現・大田市仁摩町）で講演した際に、ある数学教師から「羽仁先生は教育勅語は非常に有害なものであったといわれるけれども、あれに書いてあることは、兄弟は仲よくしろ、父母はだいじにしろ、夫婦は愛しあえということだし、少しも間違っていないじゃありませんか」と言われて、「それじゃあなたは〝朕思うに三角形の内角の和は二直角である〟というふうになってもいいんだね」と言い返した、というエピソードを記している［羽仁 一九七六：二〇〇］。羽仁は一貫して、道徳律の中身を国家が定める、というあり方を批判していた。これは、政治学者丸山眞男《まさお》（一九一四～九六）の論文「超国家主義の論理と心理」（一九四六年）にある、教育勅語を「日本国家が倫理的実体として価値内容の独占的決定者たることの公然たる宣言」とする評価とも共通している［丸山 一九六四：一五］。

梅沢らの主張の前提には、おそらく、教育勅語の本体は列挙された徳目である、という思い込みと、問題になったのは軍国主義、つまり戦争との結びつきだけである、という思い込みがあるのだろう。教育勅語の何が実際に問題にされたのか、ということを全く見ようとしないまま、思い込みだけで議論を進めようとするため、何が問題なのか全くわからない、という話になってしまうのだ。

国体論は飾り？

教育勅語の本体は徳目であって、それ以外の部分はただの飾りにすぎない、という主張はしばしば見かける。たとえば社会学者の清水幾太郎《いくたろう》（一九〇七～八八）は、『中央公論』一九七四年一一月号掲載の「戦後の教育について」と題する講義録で、次のように述べる。

> 教育勅語は、明らかに、二つの部分から成り立っています。第一の部分は、その最初および最後の個所で、第二の部分は、右の二つの個所に前後を包まれた個所です。第一の部分は、修飾的、形式的なもので、第二の部分（内容）が万世一系の皇室の神聖な伝統に基づくことを明らかにしております。これに対して、第二の部分は、道徳的な行為規則のシステムを含んでいるのです。すなわち、両親に対する孝行、兄弟姉妹の愛、夫婦の調和、忠実な友情、節約、博愛、学問や技術のための努力、知的錬磨、道徳的完成、公益や産業のための献身、憲法及び法律の遵守、勇敢。これらの徳目は、「之ヲ古今ニ通シテ謬ラス、之ヲ中外ニ施シテ悖ラス」とあります通り、すべての時代のすべての社会に通用する一般的なルールなのです。私たちがど

んな徳目を挙げても、恐らく、それは既に教育勅語に含まれているでしょう。外国の或る日本研究者は、第一の部分は単なる額縁で、第二の部分が肝腎の絵である、と解釈しました。私も同じように考えております。〔清水幾太郎 一九七四：九二〕

一見戦前回帰的な主張に見えるが、実は戦後的な主張である。「万世一系の皇室の神聖な伝統」を「単なる額縁」と切り捨てたりすれば、戦前であれば「不敬」と非難されたであろうからだ。実際に、神社本庁講師の石井寿夫などは、この清水の論を「とんでもない大カンちがい」と批判している〔石井 一九九一：九六〕。それにしても、「義勇奉公」を「勇敢」にさりげなくすり替えているあたりも問題だが、「どんな徳目」も「教育勅語に含まれている」とは、よくも言い切れたものである。たとえば、「特別の教科　道徳」の学習指導要領には二二の徳目が掲げられているのだが、果たしてすべてを教育勅語にうまく当てはめることができるだろうか。最初の「善悪の判断、自律、自由と責任」や「正直、誠実」あたりでつまづきそうだが。

そもそも、教育勅語は天皇の言葉である以上、常にひとまとまりの修正不可能な文章として扱わなければならない。諸徳目と国体論は決して切り離せない仕組みになっているのである。もし切り離したとすれば、それは教育勅語ではなくなる。

ところで、『中央公論』と同じ版元の女性雑誌『婦人公論』の一九五一年二月号に、次のような文章が掲載されている。

教育勅語も昔の修身も、たゞその章句や徳目の一つ一つとして生きてゐたのではなく、いはず語らず、日本が、明治初年以来、用いて来た国家的方法を背景としてこそ生きてゐたのであります。その国家的方法といふのは、〔…〕日本の人口過剰とか資源の不足とか失業とかいふ困難な状況の堂々めぐりを軍国主義的方法によつて解決して来たことを指すのです。国内においては、天皇を中心とする結束、国外に向っては武力的進出、さういふ大きな枠の中でこそ、また、さういふ背景を負ってこそ、あの教育勅語も修身の徳目もピチピチと生きて来たのです。

つまり、徳目が問題なのではなく、それが実際の歴史の中で果たした役割が問題なのだというわけである。清水の主張とは見事に話がかみ合っていないのだが、これを述べたのは誰かと言うと、他ならぬ清水幾太郎本人である［清水幾太郎 一九五一：一八八］。清水は思想的転変の激しい人物で、一九三〇年代にマルクス主義の論客として論壇に登場し、戦時中は戦争を翼賛する論説を書き連ね、戦後は反戦平和論の論客として華々しく活躍したものの、六〇年代には保守主義に転向し、七〇年代には改憲・再武装、それどころか核武装すら主張するに至る。

逆にしたらよくわかる？

中には、教育勅語の本体は徳目であるから、教育勅語の否定は列挙された徳目そのものの否定である、と解釈する者もいる。

里見岸雄は、「教育勅語が正しいかどうかを、最も簡明に判断するのには、これをすべて反対にして、革命民語にしてみるのが一番手取り早いと信ずる」として、次のような文章を作っている。

人民惟うに、我皇祖皇宗国を肇むること西暦三世紀より早からず、徳を樹つること浅く、不徳の者もありたり。人民よく天皇国家に叛逆しよく親に不孝をなせる者すくなからず、これ我国体の結果にして、教育の淵源ここに求むべからず。われら人民、父母に不孝に、兄弟に不友に、夫婦相和さず、朋友相信ぜず、慴奢《きようしや》己れを持し、憎悪《ぞうお》衆に及ぼし、学を修めず、業を習はず、以て智能を退化し、徳器を破損し、進んで公益を広めず、世務を開かず、常に国憲を軽んじ、国法に遵はず、一旦緩急あれば卑怯遁走し、以て天壌無窮の皇道を革命すべし。

斯の道は実に我がマルクス・レーニンの遺訓にして、天皇及び人民の供に遵守すべきところ、これを古今に通じて謬らず、これを中外に施して悖らず、革命委員長、国民と倶に拳々服膺して、皆革命の惨を一にせんことを庶幾ふ。

日本国体革命委員長［里見 一九六五ｂ：四三～四四］

近年でも倉山満が「逆・教育勅語」なる代物を作っている［倉山 二〇一四：二二五～二二八］が、里見のものと同工異曲でもあるし、ここでわざわざ紹介するまでもあるまい。

もちろん、これはただの詭弁である。「教育勅語が正しければ、親孝行をすべきである」が成り立つとして、その裏「教育勅語が誤りであれば、親孝行はすべきではない」や、逆「親孝行をすべきであれば、教育勅語は正しい」は、常に成り立つとは限らない。こんな理屈が成り立つのであれば、「日本国憲法第二条には皇位は世襲されるものと定められている。つまり、日本国憲法の否定は皇位の世襲の否定である」といった理屈も成り立つことになってしまう。

ついでながら、里見の「革命民語」のうち、「我皇祖皇宗……すくなからず」については、事実その通りじゃないか、としか言いようがない。たとえば、「兄弟ニ友」どころか、日本史をひもとけば、皇位継承をめぐる兄弟・親族間の対立は、壬申《じんしん》の乱（六七二年）、平城《へいぜい》太上天皇の変（薬子《くすこ》の変、八一〇年）、保元《ほうげん》の乱（一一五六年）、そして南北朝動乱（一三三六～九二年）など、いくつもある。また不忠にしたって、たとえば『大日本史』は「叛臣伝」と「逆臣伝」を立てており、前者には藤原仲麻呂の乱（七六四年）を引き起こした藤原仲麻呂、宇佐八幡宮神託事件（七六九年）で皇位を狙ったとされる弓削道鏡、承平《じょうへい》・天慶《てんぎょう》の乱（九三五～四一年）を引き起こした平将門・藤原純友、一二九〇年に伏見天皇を襲撃した浅原為頼《ためより》、一三三五年に後醍醐天皇暗殺をもくろんだ藤原（西園寺）公宗《きんむね》などといった人々の伝、後者には崇峻天皇暗殺（五九二年）の張本人である蘇我馬子の伝が収められている。「我カ皇祖皇宗……徳ヲ樹ツルコト深厚ナリ」「我カ臣民克ク忠ニ克ク孝ニ」は、そういった事実を無視することでしか「証明」できなかったのである。

余話4 ソ連にも教育勅語があった?

一九六五年、奈良県橿原市の好川三郎市長（一九一六〜八三、在任一九五六〜七二）は成人式で教育勅語を配布し、物議をかもした。好川はその後も配布を続けており、一九六八年一〇月三〇日には市内各戸に配布したときのあいさつ文には「ドイツ、ソ連、中共等の外国ですら日本の教育勅語を大いに取り入れていると聞いて居ります」と書かれていたという[1]（中共は中国共産党の略称だが、日本が台湾の中華民国政府の方を中国を代表する政権として承認していた当時は、大陸の中華人民共和国を「中共」と呼ぶことが多かった）。ドイツというのはアデナウアー首相の件（余話3参照）だろうが、ソ連（ソヴィエト連邦）や中国というのは何の話だろうか。

『週刊文春』一九六〇年二月八日号に、「ソ連の〝教育勅語〟」と題する、六ページにわたる特集記事が掲載されている。元陸軍大将の今村均など、道徳教育復活を主張する人々の一部から「日教組の一派は、頭ごなしに、道徳教育に反対している。しかし、彼らが頭のあがらないソ連にさえ、レッキとした教育勅語がある」という主張が出されている、という話である。

ここでソ連版教育勅語と呼ばれているのは、初等教育で用いられていた「生徒規則」（「生徒守則」とも訳される）のことである。第二次世界大戦中の一九四三年八月二日付で、ソ連の構成国であったロシア連邦の教育人民委員会議（教育省）の決定により承認されたもので、日本では、文部省調査局『各国の道徳教育』（一九五七年）や唐沢富太郎『世界の道徳教育』（一九六一年）などで紹介された（制定年を一九四五年とする文献があるが、これは『各国の道徳教育』の誤りが原因)。全二〇条で、第一条「教養のある文化的な市民となり、かつソビエトの祖国にできうるかぎりの利益をもたらすために、忍耐強く、根気強く、知識を身につけること」、第三条「校長と教師の命令には絶対に従うこと」、第一七条「親のいうことを聞き、かれらの手助けをし、弟や妹の面倒を見ること」などの規定がある。(2)この規則は当時、入学した生徒全員に配布される生徒手帳に必ず掲載されていたという。

もとより、教育勅語とは内容や性格に似たところがある、というだけで、教育勅語を参考にして作られたという根拠は特にない。ついでながら、実際に教育勅語から影響を受けたと考えられている海外の教育関係文書には、朝鮮国王高宗《ゴジョン》の「教育立国詔書」(一八九五年)、清の光緒《こうしょ》帝の「教育宗旨」(一九〇六年)、大韓民国大統領朴正熙《パクチョンヒ》の「国民教育憲章」(一九六八年、九四年事実上廃止)などがあるのだが、これらが引き合いに出されることは、あまりないようである。

今日の感覚からすれば、スターリン時代(一九二二〜五三年)のソ連に教育勅語に似たものがあった、ということは、教育勅語は全体主義国家向けの非民主的な道徳律ということなのか、という話になってしまいそうなものだが、ソ連に対する左派の幻想が今日よりはるかに強かった当時は、それなりに説得力がある話と思われたのだろう。

それどころか、道徳教育を主張する側の中には、この「生徒規則」を自ら積極的に取り入れようとする者も現れる。たとえば松下幸之助は、この「生徒規則」をいたく気に入り、講演で「かつてのわが国の教育勅語の内容に即するものがその中にある」と紹介したり、(3)パンフレットにして政治家や教育関係者に配布したり、(4)自著の付録に収めたりしている。(5)

もっとも、この「生徒規則」は、非スターリン化の過程で、一九六〇年代初頭に改正されている。(6)その後、七二年に生徒の自主性をある程度認める内容の「模範生徒規則」が制定された[7]。八五年に改訂された[8]のち、ペレストロイカにより教育の自由化が進む中で廃止が検討された[9]が、その前にソ連自体が九一年に消滅した。

ソ連「生徒規則」は他の共産主義諸国にも影響を与えており、朝鮮民主主義共和国[10]や、モンゴル人民共和国[11]などでも同種の規則が制定されているが、特に有名なのが中華人民共和国の「小学生守則」である。

「小学生守則」は教育部（日本の文部科学省にあたる）が一九五五年二月一〇日付で教育部令として公布したもので、全二〇条からなり、第一条「よい生徒になるよう努力し、健康で、勉強がよくでき、行いが立派な人になるようにつとめる。祖国に服務し、人民に服務することを心掛けること」、第二条「国旗を尊敬し、人民領袖を敬愛すること」、第三条「校長や教師の教導に従うこと。自分の学校、自分の学級の名誉を守ること」などの規定がある[12]。また中学（日本の中学校にあたる初級中学と、日本の高等学校にあたる高級中学からなり、義務教育は初級中学まで）については、「中学生守則」全一八条が同年五月一三日付で制定されている。

この守則は一九六三年に改訂される。その後、文化大革命による混乱を経て、一九七九年に、全一〇条からなる新しい小学生守則と中学生守則の試行草案が公布・施行され、八一年には、これに修正を加えたものが正式に施行された[13]。二〇〇四年には小学生守則と中学生守則が統合されて「中小学生守則」全一〇条となり、一五年には「愛党《アイダン》・愛国《アイグオ》・愛《アイ》人民《レンミン》」で始まる「中小学生守則（2015年修訂）」（全九条）が制定された[14]。教育部では、この守則の宣伝普及のため、「中小学生守則之歌」を作っている。

ついでながら、中国語のウェブサイトを検索してみると、日本やアメリカやイギリスなどの「小学生守則」と称する怪文書が流布している。「日本小学生守則」の内容は「始業ベルが鳴ったらすみやかに着席する」とか「地震・火災などの緊急時にはあわてずに、先生の指示にしたがって迅速に行動する」とかいったものである。大真面目に「国際比較」をやっているような例すらあり、中小学生守則の改訂にかかわった中国教育科学研究院研究員の鄧友超《ドンヨウチャオ》は、新華社のインタビューで「アメリカ、イギリス、日本の『中小学生守則』は参考にしましたか?」と尋ねられ、「イギリス、アメリカ、日本のいずれにも、全国統一の学生守則はありません」「いわゆる『日本小学生守則』は、日本のどこかの学校の校則の抜き書きにすぎません」と答えている(15)。

〈注〉

(1)谷彌兵衛「橿原市の教育勅語闘争」『歴史地理教育』第一五三号(歴史教育者協議会、一九六九年三月)九三頁。

(2)柴田義松+川野辺敏〔編〕『資料ソビエト教育学——理論と制度』(新読書社、一九七六年)五四〇~五四二頁。

(3)「民主主義の正しい理解を」(一九六二年一二月二八日、『松下幸之助発言集 7』PHP研究所、一九九一年、一七頁)。

(4)『松下幸之助発言集 12』(PHP研究所、一九九一年)二二二頁。

(5)松下幸之助『繁栄のための考え方』(実業之日本社、一九六四年)。

(6)川野辺敏「ソ連」(原田種雄+新井恒易〔編著〕『現代世界教育史』ぎょうせい、一九八四年)三七六頁。

(7)世界教育史研究会〔編〕『世界教育史大系 16 ロシア・ソビエト教育史II』(講談社、一九七七年)三三〇頁。

(8)『海外教育ニュース』第八集(文部省大臣官房調査統計課、一九八六年)。

(9)熊谷真子「ソビエト 国が定める〝標準生徒規則〟」『教育心理』第三七巻第七号(日本文化科学社、一九八九年七月号)四九頁。

(10)「学生規則」(一九五四年)。朴尚得「北鮮《〔ママ〕》における生活指導の原則・細則・指導方法」『生活指導』第三二号(明治図書出版、一九六二年二月)。

(11)「生徒規則」(一九六三年)。Bayasgalan Oyuntsetseg

「モンゴル国の道徳教育の一断面――「生徒規則」の変遷を中心に」『教育学雑誌』第四四巻（二〇〇九年）。 https://doi.org/10.20554/nihondaigakukyouikugakkai.44.0_85

（12）文部省調査局〔監修〕『中華人民共和国教育法令――解説と正文』（国民出版協会、一九五六年）六九～七〇頁。

（13）『海外教育ニュース』第二集（文部省大臣官房、一九七九年）、同・第四集（一九八二年）。

（14）文部科学省『諸外国の教育動向　２０１５年版』（明石書店、二〇一六年）一七五～一七六、二七二頁。

（15）「専家解読《守則》修訂」（新華社、二〇一四年八月三日）http://www.wenming.cn/wcnr_pd/xxyz/201408/t20140803_2097497.shtml（二〇一八年七月二九日確認）。

第5章

「教育勅語的なるもの」への欲望

教育勅語を暗記しておけば修身は満点である少年少女の教育。彼等の不道徳性はこんな所から胚胎する。
――正木ひろし（一八九六～一九七五）『近きより』一九四一年六月号［正木 一九四一：一四］

1 教育宣言制定論の歴史

吉田茂の「教育宣言」構想

教育勅語がなくなったいま、教育基本法だけでは心もとない。勅語そのものを復活させよとはいわないが、国民に対する道徳的な指針のようなものを、国が定める必要があるのではないか――このような主張は、教育勅語の廃止段階からすでに一部で出されていたが、その後も、道徳教育の〝復活〟を求める主張とも合わさって、延々と繰り返され続けることになる。これは教育勅語そのものの復権論ではないが、国が道徳的規準を定める、という点で、それと似通った性格を持っている。

ここで念のために断っておくが、戦後、学校での道徳教育自体が否定されたことは一度もない。

たとえば、一九四七年の最初の『学習指導要領　一般編（試案）』では、「教育の一般目標」の最初に「人の生活の根本というべき正邪善悪の区別をはっきりわきまえるようになり、これによって自分の生活を律して行くことができ、同時に鋭い道徳的な感情をもって生活するようになること」が掲げられている。さらにいえば、愛国心教育自体も否定されたわけではなく、一九五一年版要領では、目標のひとつとして「わが国に対する愛情を深め、そのよい伝統を保持し、伸張すると同時に、外国の人々の生活に対する正しい理解をもって、国際親善、人類平和の増進に努力するようになる」というものが掲げられている。しかし、道徳教育といえば修身科で徳目を教えること、という認識は根強く残っており、修身科復活論はその後も長くくすぶりつづけることになる。

一九四八年一〇月、芦田均内閣は汚職事件（昭電疑獄）により崩壊し、吉田茂が首相に返り咲いた。以後の日本政治は、基本的には吉田の流れをくむ保守政党（民主自由党→自由党→自由民主党）が牛耳ってゆくことになる。

一九四九年五月、吉田茂首相は、私的諮問機関「文教審議会」を設置した。高瀬荘太郎文相（在任一九四九～五〇）の説明によれば、教育勅語がなくなったために「どういうふうにしたらば道義の確立についての教育上の処置が十分徹底できるだろうかということを非常に心配」した吉田が、「我が国で非常に識見の高い、権威のある一般の方々の中でそういう問題についての意見をお持ちの方に一つ集まつて貫つて意見を聞いて見たい」と考えて設置したものだという［参議院文部委員会、一九四九年六月一九日］。メンバーは仏教哲学者の鈴木大拙《だいせつ》、ジャーナリストの長谷川如是閑《にょぜかん》、哲学者の安倍能成、天野貞祐、和辻哲郎らであった。

ところが、これが新聞で〝教育宣言〟の制定構想として報じられたことから、各方面から反発を受けることになる。それどころか、当の文教審議会の面々からも総スカンを食らったという。安部能成（吉田が幣原内閣の外相だった際の文相）などは、開口一番「新聞などの伝えるところによれば、あなたは、われわれを集めて、教育勅語に代るべき、教育宣言とやらを作らせるつもりだそうだが、そのような一片の紙をつくることによつて、わが国の文教がよくなると思ったら、とんでもない間違いである」と言ってのけたという［長坂 一九五六：一七］。

ところで、天野貞祐によれば、吉田は審議会において、マッカーサーから聞いた話として、次のような逸話を披露したという。

マッカーサーの父は北清事変に従軍したとき、日本軍が強いのは軍律がきびしいことに一因があるのだと知った。マッカーサー自身も、その後、日本軍に従軍して父のことばが真実であることを体験した。しかし、対日戦争でフィリピンに上陸したら日本軍の軍律は乱れに乱れており、これでは日本が敗退するのも当然だと思った。

この話を聞いた吉田は、「日本軍が強かったのは教育勅語があって精神訓練が徹底していたからだ」と考え、「教育勅語にかわる教育宣言のようなものを出して教育のよりどころにしたいのだが……」と審議会に話を持ちかけたのだという〔日本教育新聞編集局＝編著一九七一：二〇六〕。

この話には多少の事実誤認があるようである。ダグラス・マッカーサーの父アーサー・マッカーサー・ジュニアは、一九〇〇年に北清事変（義和団事変。清国における反キリスト教武装蜂起が、反乱軍および清国政府と欧米諸国および日本との戦争に発展した事件）が起こった際には、フィリピン駐留アメリカ軍司令官として独立派勢力と戦っていた（米比戦争、一八九九〜一九〇二年）。アーサーはその後、日露戦争（一九〇四〜〇五年）に際し、観戦武官として、息子ダグラスを連れて日本軍に同行している。

和辻哲郎（一八八九〜一九六〇）の回想では微妙に話が違っていて、マッカーサーの言葉は次のようなものであったという。


　自分は日露戦争のころにも日本に来て多くの将軍たちに会った。彼らはそれぞれに風格があって非常に感じがよかった。ところが今度、三、四十年ぶりに日本に来て、また大ぜいの将軍たちに会って見ると、前とは非常に違った印象を受ける。同じ人種、同じ民族だとは思えないくらい違っている。これは一体どういうわけなのだ。〔和辻一九五七＝九一：五七〕

吉田はこの話を気に入っていたらしく、一九五〇年一一月一六日付『読売新聞』によれば、一一月一五日に首相官邸で開かれた全国中小学校長代表招待お茶の会でも、「ある外国人」（当時はまだ占領下なので、新聞記事ではマッカーサーの名前を出せなかったのだろう）から聞いたという「日露戦争時代の将軍の態度は立派で世界の称賛をうけたが太平洋戦争のさいの日本軍の行動をみると人種が違つたかのような感じをうける」という話を紹介し、「これこそ教育の欠陥で、余りに独りよがりの教育が行われた結果であると思う、特に最近の教育の実情をみると道徳、しつけ教育が不足しているようで今後はかゝる教育がぜひとも必要であると思う」と説いたという。

もっとも、文教審議会では、この発言は「それは吉田さん話が違う。日清戦争［原文のママ］のころは教育勅語が徹底する前の軍隊だ」［読売新聞社社会部 一九八四：一一四］とこきおろされたという。確かに、吉田の言っていることは辻褄が合わない。日露戦争の開戦は教育勅語の発布から一三年三カ月後で、小学校で教育勅語に基づく教育を受けた最初の世代が、ようやく成年に達するころである。だいたい、義務教育で用いる修身教科書に教育勅語の内容についての解説が載るようになるのは、日露戦争よりも後である。もちろん、児玉源太郎（一八五二～一九〇六）、乃木希典《まれすけ》（一八四九～一九一二）、東郷平八郎（一八四八～一九三四）といった指揮官たちは、教育勅語どころか近代学校教育が始まる前の世代である。一方で、マッカーサーがフィリピンで戦った日本軍は、親の代から教育勅語による教育を受けている。東條英機（一八八四～一九四八）や山本五十六《いそろく》（一八八四～一九四三）といったあたりは、ちょうど教育勅語に基づく教育を受けた最初の世代にあたる。これでは、教育勅語は日本軍の軍律や人品を高めたどころか、逆に悪化させたことになってしまう。

じつは、日露戦争の勝利と教育勅語を結びつける物言いは、日露戦争の真最中にまでさかのぼる。一九〇五年四月、日本の宣伝のためアメリカに派遣された金子堅太郎は、ニューヨークのカーネギー・ホールで講演し、日本の連戦連勝は教育勅語による精神教育のおかげだ、と力説した。金子は後年、「満場の聴衆は拍手喝采して大いに教育勅語を称賛致しました。其の演説は翌日、［…］亜米利加《アメリカ》全国の都府の新聞に載つて、教育勅語に就いて種々論評致しました」と自画自賛している［金子 一九九六：二二六］。ところが実際は、金子は天皇に馴染みのないアメリカ人の理解を得やすいように、徳目のところだけを抜き出して紹介したのであり、しかも、当時『ニューヨーク・タイムズ』紙は、「そのご立派な勧告は残念ながらわれわれにすべて馴染みのあるものであって、善行と認められていることを奨励したり、悪行とされていることを戒めたりすることにどれほどの効果があるのかわかりきっている」と冷ややかに評していたのである［平田諭治 一九九四：一六七〜一六八］。

天野貞祐の「国民実践要領」

ところで、文教審議会では他の面々と一緒に教育宣言に反対していた天野貞祐は、一九五〇年五月、吉田首相によって文相に起用されると、一転して道徳教育の推進と教育宣言の制定を主張するようになる。

天野はもともとカント哲学の専門家で、京都帝国大学文学部教授、甲南高校（旧制、現・甲南大学）校長、第一高等学校校長などを歴任している。本人によれば、文相として地方の教育者たちと接し、彼等から「教育勅語が一般に通用しなくなった結果、そこに示すところの徳目までもすべて不妥当ではないかという疑問をもつ青少年も少なくない、例えば孝行などはもはや過去の道徳であるような考えも行われがちであるから、一般的規準を明示する仕事は当然文教の府の責務として考えてほしい」と要求され、考えを改めたのだという〔天野 一九七〇：二二五～二二六〕。

一方で、五〇年六月に朝鮮戦争が始まり、八月には警察予備隊が設置され、日本が事実上の再軍備をなし崩し的に果たしていることも、背景として指摘しなければならない。

一〇月一七日、天野は談話を発表し、祝日に学校で国旗を掲揚し、国歌を斉唱するように求めた。ついで一一月七日には、天野は全国都道府県教育長会議の場で、修身科が必要だとして「教育勅語に代わる教育要綱といったようなものを決めたいと思う」と発言する〔『読売新聞』一一月七日付夕刊〕。戦後、文相が「日の丸」掲揚・「君が代」斉唱や修身教育の復活を公《おおやけ》に唱えたのは、これが初めてである。天野は一一月二六日付『朝日新聞』に寄稿し、教育勅語の「父母ニ孝ニ……国法ニ従ヒ」という徳目を「今日といえども妥当性を有つもの」としつつ、教育勅語に代わる道徳要領が、「知識人にとっては不必要だとしても、一般人にとってはやはり何か心の拠りどころとして必要だとも考えられはしないか」と主張した。そして一二月には、文相の諮問機関である教育課程審議会（教課審）に「道徳教育振興方策」を諮問する。

ところが教課審は、翌五一年一月に出した答申において、「道徳教育振興の方法として、道徳教育を主体とする教科あるいは科目を設けることは望ましくない。道徳教育の方法は、児童、生徒に一定の教説を上から与えて行くやり方よりは、むしろそれを児童、生徒に自ら考えさせ、実践の過程において体得させて行くやり方をとるべきである」とした。つまり、修身科復活論を全面否定し、道徳教育は学校教育全体で行なわれるべきだ、としたのである。これを道徳教育の全面主義という。

天野は次の方策を図る。九月八日に対日講和条約と日米安保条約が調印され、日本の再独立が秒読み段階に入った直後、二二日に天野は、訪問先の富山県で、講和条約の批准成立と同時に「国民実践要領」を発表する、と発言する。一〇月一五日、参議院本会議において、天野は「近く一般の基準、道徳的基準、個人、社会、国家というような、天皇の象徴性というようなことを、国民諸君に理解して頂く参考のものを提示したい」と発言、さらに「国家の道徳的中心は天皇にある」と発言した。

「要領」は「日常座右において行き行く途上、しばしば立ち止まって考える資料となるようなもの」とされ、国会や首相の名ではなく、文相の名で出すものとされた。しかしこの構想は、教育勅語のような天下り式道徳の押しつけだとして、各方面から反発を受ける。一〇月一七日付『朝日新聞』のコラム「天声人語」(荒垣秀雄執筆)は、「勅語の真似ごとめいた〝天野勅語〟を行政官庁から学校に配布することはやめてもらいたい」と批判した。

ちなみに「国民実践要領」という呼び名は、福沢諭吉(一八三五~一九〇一)がその晩年、慶應義塾の道徳綱領とするために門下生たちに作らせた『修身要領』(一九〇〇年)にならったものである。

これはいささか皮肉な話である。『修身要領』は、井上哲次郎をはじめとする保守派から、忠孝をないがしろにした個人主義的道徳で、教育勅語の精神に反する、と非難され続けてきたからだ［山住一九八〇］。

一一月一七日付『読売新聞』は、「要領」の草案とされる文書をスクープした。もっとも、じつは出所秘匿のため表現や配列の修正が行なわれており、草案そのものではなかった［金口一九五七］。二六日、参議院文部委員会において参考人の意見聴取が行なわれたが、評価は芳しいものではなかった。翌二七日、天野は白紙撤回を表明する。対日講和条約の批准が成立したのはその翌日、二八日のことであった。

なお、当時の世論は決して反対一色であったわけではない。当時、『東京新聞』と世論科学協会が共同で、東京の昼間人口を対象として行なった世論調査によれば、国民実践要領については否定一七・二％（「全然なくしたい」一二・六％、「ない方がよい」八・七％、「なくてもよい」五・九％）に対し肯定四〇・九％（「あってもよい」一八・七％、「あった方がよい」一九・二％、「大いにあった方がよい」三・〇％）となっている［『東京新聞』一九五一年一一月三〇日］。天野が白紙撤回を決意したのは、世論よりもむしろ、周囲の知識人から反対されたことが大きかったようである。文部大臣官房総務課長であった相良《さがら》惟一《いいち》によれば、天野にとって最もショックだったのは、田中耕太郎最高裁長官の反対だったという［相良一九八八：二五二〜二五三］。

天野は文相退任後、前文と全四章四一カ条からなる「国民実践要領」を、『心』一九五三年一月号に発表し、さらに同年三月に酣燈社から出版したが、もはやほとんど問題にされることはなかった。

のちに天野は、「要領」の起草を、カント哲学者の高坂正顕《こうさかまさあき》（一九〇〇～六九）、宗教哲学者の西谷啓治（一九〇〇～九〇）、西洋史家の鈴木成高《しげたか》（一九〇七～八八）の三人に委嘱したことを明らかにしている［天野 一九七〇：四一五］。高坂と西谷は元京大文学部教授、鈴木は同助教授であり、いずれも天野にとっては後輩にあたる。この三人に、同じく京大文学部教授であった高山岩男《こうやま》（一九〇五～九三）を加えた四人組は、「大東亜戦争」勃発と前後して『中央公論』誌上でたびたび座談会を行ない、戦争を正当化する「世界史の理論」を提唱した、いわゆる「京都学派」のメンバーとして知られる。彼らはいずれも戦後に教職追放を受けており、高坂にいたっては大日本言論報国会理事でもあったため、公職追放にも引っかかっている。彼らの教職追放解除は一九五一年一〇月四日のことであった（高坂の公職追放解除は同年八月一五日）。当時、相良総務課長などから「既にパージ［追放］になっている人たちに大臣が公の仕事を依頼するのは適当でない」と注意する声があったが、天野は耳を貸さなかったという［八木淳 一九八四：七六］。なお、この事実は一部では漏れ伝わっていたらしく、評論家の大宅壮一は、一九五二年六月一六日付『東京日日新聞』掲載のコラムで、「ある雑誌記者」から聞いた話として、「高坂正顕に委嘱して草案をつくらせたものらしい」と記している。

「要領」は、見出しを含めると六七〇〇字以上もあり、しかも「われわれの人格と人間性は永遠絶対なものに対する敬虔な宗教的心情によって一層深められる」といった抽象的な記述が多く、一般人向けに作ったという割には、わかりづらいものになってしまっている。

その内容は、個人道徳が家族－社会－国家へと拡大していく、という同心円状の構成になっている。最後に「世界人類」が掲げられているものの、「われわれが世界人類に寄与しうるのは自国の政治や文化を正しく育てることによってのみである」となっているので、じつは国家に収斂していることになる。この構成は、すでに井上哲次郎の国民道徳論にも見られたものであり、のちの学習指導要領や「期待される人間像」などとも共通している。また「天皇」については「わが国の国柄の特長は、長き歴史を一貫して天皇をいただき来たったところに存している。したがって天皇の特異な位置は専制的な政治権力に基づかず、天皇への親愛は盲目的な信仰や強いられた隷属とは別である」とされている。

党人文相の登場と池田＝ロバートソン会談

一九五二年四月、日本は再独立を果たす。同年六月に教刷審は廃止され、代わって、文相の諮問機関として中央教育審議会（中教審）が設置された。そして八月、天野貞祐に代わり、政権与党である自由党衆議院議員の岡野清豪《きよひで》が文相に就任した。

終戦直後の前田多門から天野貞祐までは、学者・文化人出身の文相が続いていたのだが、岡野以後の歴代文相は、わずかな例外を除き、政権与党の国会議員から選ばれるようになる。これは、文部行政に対する政権与党の影響力が強まることでもあった。

文部省と日本教職員組合（日教組）の対立が強まるのも、このころからである。一九四七年に日教組が設立された当時は、文部省との間にも交流があったのだが、朝鮮戦争中の五一年一月、日教組が「教え子を再び戦場に送るな」というスローガンを掲げて再軍備反対を主張しだしたあたりから、両者の対立は抜き差しならぬものとなる。それでも天野のころまでは対話が成り立っていたといわれるが、岡野以後は、日教組が社会党の有力な支持団体ということもあって、両者ははっきり対立関係に変わり、文部省側は教員の政治活動に対する締め付けを強めていくことになる。

いっぽうで吉田内閣は、一九五二年一〇月には警察予備隊を保安隊に改組し、さらに五四年七月には日米相互防衛援助（ＭＳＡ）協定に基づき自衛隊に改組した。この協定のための非公式な予備交渉として、五三年一〇月に首相特使の池田勇人《はやと》（当時自由党政調会長、のち首相）とウォルター・ロバートソン国務次官補との会談が行なわれている。このとき、ロバートソンが陸上兵力の増強を求めたのに対し、池田が、青年層を中心に反戦思想が浸透しており、また、共産主義の影響を受けた青年を入隊させるのはかえって危険である、といったことを挙げて反論したところ、アメリカ側は教育によって国民に愛国心を吹き込むよう求めてきた。この話は正式な合意文書には書き込まれなかったものの、日本側が作成した覚書《おぼえがき》（一〇月二五日付『朝日新聞』がスクープ）には、「日本政府は、日本に愛国心と自衛のための自発的精神が成長するように、教育および広報によってこのような空気を助長すべく努めることに第一の責任を持つものである」と記されていた［明神 一九九二］。

以後、政府側がことあるごとに愛国心教育の必要を主張し、左派が、再軍備と戦争準備のためとしてこれに反発する構図が出来上がっていく。

「道徳の時間」の設置

一九五七年七月、第一次岸信介内閣の文相に就任した松永東《とう》は、道徳教育のための独立教科を、できれば翌五八年度からでも実施したい、と発言した。これは、かねてから道徳科設置を主張してきた文部省初等中等教育局長の内藤誉三郎《たかさぶろう》の影響といわれている［船山 一九六〇：二二六］。内藤は文部官僚時代には日教組潰しに奔走し、のち、文部事務次官（在任一九六二～六四）を経て自民党の参院議員（在任一九六五～八三）に転じてからは、国会で「『豊葦原瑞穂国、なんじ皇孫ゆいて治めよ、皇祚の栄えまさんこと天地とともにきわまりなかるべし』という神勅があるわけなんです。これは日本書紀や古事記にも出ております」「このことは子供たちによく教えなければならぬと思う」［一九六七年五月一三日・参議院予算委員会］などと主張していたほどの戦前復古主義者であった（なお、『日本書紀』についてはすでに触れた通りだが、そもそも『古事記』にこんな文言はない）。

本来、新教科導入には学習指導要領の策定をはじめ、教員研修、教科書の編纂・検定・採択などの手間がかかるので、数年の準備期間が必要である。ところがこのとき、教課審はごく短期間の審議で「道徳の時間」の特設を決定、翌五八年三月、小・中学校の「道徳」実施要領を文部次官通達として発した。これにより同年四月から、「教科以外の活動」「特別教育活動」の時間の一部を道徳に回すという変則的な形で、「道徳の時間」が始まる。教科ではなく特設の「時間」とされたのは、成績評価の対象外にするためとされる。同年八月、学校教育法施行規則が改正され、ようやく「道徳の時間」が法的に設置されることになった（私立学校では道徳に代えて「宗教」を置くことが認められた）。また、この改正により、学習指導要領は文部省告示として『官報』に公示されるようになる。それまでは文部省が発行するガイドラインにすぎなかった学習指導要領は、これ以後、法的拘束力を持つとされるようになる。

このころ、日教組は教員への勤務評定（勤評）の導入をめぐり、自民党および教育委員会と激しく対立していた。そこへ「道徳の時間」と学習指導要領の『官報』公示が導入されたことに日教組は反発を強め、各地で「道徳の時間」導入反対運動を繰り広げる。このため、右派の間では「道徳教育に反対する日教組」というイメージが流布されることになるのだが、実際には、日教組は道徳教育それ自体に反対していたわけではなく、道徳教育は従来通りの全面主義で行なうべきだ、とする立場をとっていたのである。

「期待される人間像」

一九六三年六月二四日、池田勇人《はやと》内閣の荒木萬壽夫《ますお》文相（在任一九六〇～六三）は、中教審に対して「後期中等教育の拡充整備について」を諮問した（後期中等教育は高等学校段階を指す）。この諮問は「後期中等教育のあり方について」と「今後の国家社会における人間像はいかにあるべきか」の二つの課題から成り立っていた。後者の課題が、「期待される人間像」と呼ばれるものである。

このときの中教審会長は、かつて文相として教育勅語を葬り去る役割を果たした森戸辰男であった。主査には、かつて「国民実践要領」を起草した高坂正顕が任じられた。ちなみに委員には天野貞祐の名も見える。

政府・自民党側には、この「人間像」を教育憲章制定の下敷きにしたいという考えがあった。たとえば灘尾弘吉文相（在任一九六三〜六四）は、一九六三年一二月一〇日の記者会見で、教育基本法の改正を否定したうえで、「教育基本法は抽象的なので、教育効果をあげるため具体的な教育目標を示したい」として、「期待される人間像」の答申があり次第、「教育憲章」の制定を試みたいとしている〔『読売新聞』一九六三年一二月一一日付朝刊〕。

一九六五年一月一一日、第十九特別委員会は「期待される人間像」の中間草案を発表する。最終案は翌六六年一〇月三一日、答申「後期中等教育のあり方」の「別記」として示された。答申全体の約三分の二を占める長い文章（約一万三〇〇〇字）で、起草者は主査の高坂正顕である。これは、日本社会には「敗戦による精神的空白と精神的混乱」に加え、「経済的繁栄」による「利己主義と享楽主義」の問題が生じているとし、戦後のさまざまな思想潮流を「日本人の精神的風土」や「日本民族が持ち続けてきた特色」を軽視した「抽象論」として否定した上で、「正しい愛国心」を持ち、「象徴〔＝天皇〕に敬愛の念をもつ」日本人になることを主張するものであった。徳目としては「自由であること」「家庭を愛の場とすること」「仕事に打ち込むこと」「正しい愛国心をもつこと」「象徴に敬愛の念をもつこと」など一六が掲げられている。起草者が同一人物であるためもあって、「国民実践要領」と似た部分がある。

一九六六年九月三〇日の参議院文教委員会で、有田喜一文相（在任一九六六年八～一二月）は、「人間像」を「いわゆる教育憲章的な形にしようというような考えは現段階では持っておりません」と答弁した。「人間像」自体も、騒ぎになった割にはすぐに忘れ去られる。とはいうものの、その後の文部省による教育政策には、この「人間像」が強い影響を与えたともいわれている。たとえば、六八年度版の小学校学習指導要領では、「天皇についての理解と敬愛の念を深める」（社会科・六年）といった規定が初めて登場するのである。

以後、政府機関が教育勅語めいた教訓書を作成する試みはほとんどなくなる。また、一九八〇年代以後になると、国旗・国歌や愛国心が強調されていく一方で、「天皇への敬愛の念」が扱われる機会はむしろ減っていく［市川二〇一一：三〇〇］。

うたかたの「教育憲章」構想

その後も、教育憲章を制定すべきである、という主張は、時折、思い出したかのように現れては消えていく。

一九七四年五月一三日、田中角栄首相は「五つの大切・十の反省」なる自製の徳目を披露した。この際、自民党の一部には、これを教育憲章化しようとする主張があったという［『朝日新聞』

一九七四年五月一五日付朝刊」。

一九七七年一二月、内藤誉三郎が会長をつとめていた退職校長団体「日本教育推進連盟」（教推連）が、「日本教育憲章」の制定をめざして「日本教育憲章制定法制化委員会」（のち「日本教育憲章制定推進委員会」）を立ち上げた。内藤は、以前から教育勅語の廃止は「戦後教育の失敗」だったとして、教育憲章の制定を主張していた［一九七四年三月二一日・参議院予算委員会、七七年一〇月一八日・同］。教推連副会長で憲法学者の三潴《みつま》信吾（一九一六～二〇〇三、当時、高崎経済大学教授）らが中心となって起草作業を進め、一九八一年八月六日に「日本教育憲章」草案を教推連定期総会に提出する。もっとも評判はいまひとつで、教推連としての承認を得ることはできなかった［『教育にっぽん』第一〇八号～第一一七号、一九七八年一月～八一年一二月、三潴一九八五］。

一九七八年一二月、第一次大平正芳《まさよし》内閣の文相に起用された内藤誉三郎は、就任直後の記者会見で「［教育］勅語に強調されていた徳目を生かすため、道徳教育の基本法を制定したい」と発言した［『読売新聞』一二月八日付夕刊］。しかし、内藤はそのわずか三カ月後に、国会でこの件について追及され、「私の願っておった考え方が、新指導要領で去年〔ママ〕できましたので、この指導要領の線をしっかりやれば、私の願いはかなえられると思っています」と、その考えを撤回している［一九七九年二月二一日・参議院文教委員会］。ちなみに、その要領が公布されたのは、内藤が文相に就任する一年以上も前である（小・中学校は七七年七月公布、小学校は八〇年度、中学校は八一年度より施行）。

一九八二年一月二三日、当時、社会党・公明党に次ぐ第三野党で、右派系労働組合を支持基盤としていた民社党（佐々木良作委員長）は、党としての政策大綱案を発表し、その中で戦後教育の見直しと「教育憲章」の制定を主張した［『読売新聞』一月二四日付朝刊］。同党は一九八四年三月一四日には「教育改革に関する提言」を発表し、そこでも教育憲章の制定を主張している［『読売新聞』三月一五日付朝刊］。

一九八四年、中曽根康弘内閣（一九八二～八七年）は、明治・戦後に続く「第三の教育改革」を掲げ、臨時教育審議会（臨教審）を設置した（～八七年）。自民党の機関誌『月刊自由民主』では、自民党の石橋一弥《かずや》（一九二二～九九）や海部《かいふ》俊樹（一九三一～）が、「教育憲章」の制定を主張した［『月刊自由民主』一九八五年七月号、八月号］。同時期、臨教審においても「教育憲章」の制定は議題に取り上げられたが、深くは追及されず、それどころか教育基本法の見直しすらされずに終わった。一九八九年、海部と石橋はそれぞれ首相と文相に就任するのだが、国会でこの件を追及された石橋は、「教育憲章を今つくりたいという考え方は既になくなっております」と答弁している［一九八九年一二月五日・参議院文教委員会］。その理由は、新しい指導要領（八九年三月公布、小学校は九二年度、中学校は九三年度より施行）が制定されたから、というものであった。

二〇〇〇年三月、小渕恵三内閣下で、首相の私的諮問機関として「教育改革国民会議」が設置された。この際、有識者意見を求められた全国連合退職校長会（全連退、一九六五年設立）会長の土橋荘司は、「教育憲章」の制定を主張している。国民会議においても「教育憲章」の制定は審議事項として挙げられたが、特に具体案は出されずに終わった。第一分科会審議報告（二〇〇〇年七月二六日付）として、委員の一人であった曾野綾子（一九三一〜）の名義で「日本人へ」という文書が出された程度にとどまる。

二〇〇〇年六月、自民党と連立を組んでいた保守政党の保守党（扇千景党首）は、選挙公約で教育基本法の見直しと「人格形成の基本となる『教育憲章』の制定」を主張した〔『産経新聞』六月一九日朝刊〕。

二〇一〇年六月二日、全連退は全九条からなる「教育憲章」を独自に策定した〔渡辺敦司二〇一〇〕。そもそも、国が道徳にまで踏み込んだ内容の教育憲章を定めることは、「思想及び良心の自由」（日本国憲法第一九条）に抵触するのではないか、また、仮に憲章を定めるとしても、一方的に国が定めるという非民主的な手続きで果たしてよいのか、という問題が存在する。それが教育勅語が排除された大きな理由でもあり、教育憲章が実現困難な理由ともなっている。

教育基本法改定と道徳の教科化

かつて全教職員の八割以上が加入し、政府・自民党の教育政策に対する批判勢力として一定の影響力を持っていた日教組は、一九七〇年代以後、内紛や加入率の低下などによって次第に弱体化していく。八九年には共産党系の反主流派が離脱して全日本教職員組合協議会を設立（九一年に全日本教職員組合に改組、全教）、九五年七月には文部省との「和解」を宣言している。二〇一七年一〇月現在の教職員団体加入率は三五・九％（うち日教組二二・九％、全教三・八％）である。

小渕内閣時代の一九九九年八月に国旗国歌法が制定されたことは、ひとつのターニングポイントとなった。二〇〇〇年一二月二二日、教育改革国民会議は「教育を変える17の提案」を発表し、「新しい時代にふさわしい教育基本法」の制定を求めるとともに、「人間性豊かな日本人を育成する」として、「学校は道徳を教えることをためらわない」「奉仕活動を全員が行うようにする」といったことを提言した。

二〇〇二年、文部科学省は道徳用補助教材『心のノート』（二〇一四年度より『私たちの道徳』と改題）の配布を始める。そして〇六年一二月、「伝統と文化を尊重し、それらをはぐくんできた我が国と郷土を愛するとともに、他国を尊重し、国際社会の平和と発展に寄与する態度を養うこと」（第二条第五項）が規定された〇六年教育基本法が制定される。さらに、一七年三月公示の学習指導要領で、道徳が独立した「特別教科」に昇格した（小学校では一八年度から実施、中学校では一九年度から施行予定）。

教育勅語の〝再浮上〟？

ところで、教育勅語の代わりとなる教育憲章を制定せよ、という主張は、裏を返せば、教育勅語そのものの復権は現実には無理だ、と認めていることにもなる。神社本庁などが教育勅語の復権をいくら叫んだところで、日本国憲法のもとで、教育勅語を帝国憲法時代と同じように扱えるわけがない。そもそも天皇主権を前提とした内容なのだから、もし本当に復権させるつもりなら、まずは国民主権を否定して天皇を再び主権者としなければならない。だから、教育勅語の徳目を評価する政治家たちも、その多くは、「教育勅語の復活は考えていない」という留保をつけていたのである。

だが、二一世紀になり、戦争や教育勅語による教育を全く知らない世代が再評価論の中心になってからは、そのような留保も曖昧になってきている。

二〇一七年二月、大阪府豊中市の国有地が、大阪市の学校法人・森友学園（籠池泰典《かごいけやすのり》理事長＝一九五三年生）に不自然に安い価格で売却された疑惑が浮上し、これに関連して、同法人が大阪市内で経営する塚本幼稚園で、園児に教育勅語を素読させていることが問題化した。

かつて一九八三年、島根県の松江日本大学高等学校（現・立正大学淞南《しょうなん》高等学校）で建国記念の日に教育勅語奉読式が行なわれていることが国会で問題となり、当時の瀬戸山三男文相（在任一九八二～八三）は、教育勅語自体は評価しつつも「教育勅語の成り立ち及び性格、そういう観点からいって、現在の憲法、教育基本法のもとでは不適切である」と認め、島根県知事を通じて是正勧告を行なった［参議院決算委員会・一九八三年五月一一日］。ところが、安倍晋三内閣の対応は、このときとは全く異なっていた。

三月三一日、安倍晋三内閣は、初鹿《はつしか》明博衆議院議員（民進党）による「衆参の決議を徹底するために、教育勅語本文を学校教育で使用することを禁止すべきだと考えますが、政府の見解を伺います」という質問に対し、次のような答弁を閣議決定した。

お尋ねの「禁止」の具体的に意味するところが必ずしも明らかではないが、学校において、教育に関する勅語を我が国の教育の唯一の根本とするような指導を行うことは不適切であると考えているが、憲法や教育基本法（平成十八年法律第百二十号）等に反しないような形で教育に関する勅語を教材として用いることまでは否定されることではないと考えている。［教育勅語の根本理念に関する質問に対する答弁書］

さらに四月三日、菅義偉《すがよしひで》内閣官房長官（一九四八〜）は、記者会見で「教育の唯一の根本とする指導は極めて不適切だが、「親を大切に」など普遍的なことまで否定すべきではない」と発言する。これに対し、仲里利信衆議院議員（無所属）が「一体教育勅語の何が憲法や教育基本法に反しないとするのか、適切な配慮とは一体如何なるものなのか」という質問書を提出したところ、内閣は二一日、「まずは、学校の設置者や所轄庁において、教育を受ける者の心身の発達等の個別具体的な状況に即して、国民主権等の憲法の基本理念や教育基本法の定める教育の目的等に反しないような適切な配慮がなされているか等のさまざまな事情を総合的に考慮して判断されるべきものであるが、教育に関する勅語を、これが教育における唯一の根本として位置付けられていた戦前の教育において用いられていたような形で、教育に用いることは不適切であると考えている」とし、「政府としては、教育の場における教育に関する勅語の活用を促す考えはない」と明言した［教育勅語を道徳教育に用いようとする動きに関する質問に対する答弁書］。

結局、何が「適切な配慮」なのかさっぱりわからない。たとえば「互いに信頼し、学び合って友情を深め、男女仲よく協力し助け合う」「父母、祖父母を敬愛し、家族の幸せを求めて、進んで役に立つことをする」（小学校学習指導要領）といったことを教えるために、教育勅語を持ち出す必要性がどこにあるのだろうか。

2　教育勅語の幻想と実像

教育勅語は完璧な道徳律?!

埼玉県議会議員や埼玉県朝霞《あさか》市長（在任一九八九〜九三）を歴任した岡野義一（一九二四〜二〇〇四）は、二〇〇一年に雑誌に載せた文章の中で、「日本の教育は危機に瀕している否、断末魔の症状を呈していると大方の国民は見ていると思う」と主張し、「怠学を注意され中学男子生徒が女性教師を殺害した」「育児に堪えられず小学生以下三女を殺した若い母親」などといった例を取り上げ、「こんな事件の連続が戦前にあったであろうか、断じてなかった。それもこれもみんな日本人にはなじまない占領軍の押しつけ憲法が諸悪の根源であり、それに準拠した教育基本［法］にも大きな罪の芽を育む要素がある」と断言する。そして岡野は、「教育再興が出来る唯一の道は、教育勅語を復活し、教育勅語の本旨を体した教育の第一歩から始めなければならいと考える」と主張する［岡野二〇〇一：三五〜三六］。

その一方で岡野は、当時（改正前）の教育基本法第五条の「男女は、互いに敬重し」について「敬重？、聞きなれない字句なので意味が分からない。広辞林にも出ていない。（ケイジュウ＝軽重だけだ）」などと書いている（どうやら「敬重」を「ケイジュウ」と誤読して、辞書に載っていない、と早とちりしたらしい。もちろん『広辞林』にも「敬重《けいちょう》」はきちんと載っている）。

ここまでお粗末でなくとも、似たような主張はいくらでも見つけることができる。

［…］敗戦とこれに続く占領によって、「教育勅語」は教育界から消えてしまいます。その結果、自分と血のつながった親や兄弟に対してもまったく恩愛を感じないなど、かつての日本では考えられない悲惨で残酷な事件が当たり前のように起こる時代になってしまいました。また、いじめによる自殺や不登校、学級崩壊など教育界は深刻な問題を多く抱えています。［明成社＝編二〇一二：三〜四］

教育勅語は、大東亜戦争後学校教育では教えなくなりました。昭和、平成と時代が進むにつれ「親・子ごろし」「友人へのいじめ」「妻への暴力」「簡単に離婚」などむなしいニュースが数多く流れます。［手塚二〇一三：二］

よく考えてみれば、おかしな話である。修身教育が行なわれていた戦前は、親殺しや子殺し、いじめや家庭内暴力などはなかったとでもいうのだろうか？　まあ、「なかった」は言い過ぎとしても、「今よりずっと少なかった」と言われると信じてしまう向きがあるかもしれないが、そんなことはない。

河野通保『学校事件の教育的法律的実際研究』（一九三三〜三四年）や学校事故防止研究会〔編〕『学校事故実話・実例・対策集』（一九三六年）には、一九二〇〜三〇年代の新聞で報じられた、膨大な数の青少年犯罪が紹介されている。いくつか例を拾ってみると——尋常小学三年生の女子が仲の悪い同級生に誤って足を踏まれたため、怒って相手を下駄で殴り殺した（一九二一年五月、茨城県）、尋常小学六年生の男子が、自分を泥棒呼ばわりしていじめる同級生たちに復讐しようと、弁当に猛毒の昇汞《しょうこう》（塩化第二水銀）をふりかけて同級生を皆殺しにしようとした（一九三〇年七月、広島県）、尋常小学三年生が、同級生が筆を貸してくれなかったことに腹を立て、友人二人とともに同級生を松林に引きずり込んで樹木にしばりつけ火あぶりにして殺そうとした（一九三四年一一月、北海道）——等々。

犯罪統計を見てみると、一九四一年に検挙された人数は、殺人一四三三（うち少年一〇七）、強盗九三九（少年四三六）、翌四二年は殺人一一三九（少年一二六）、強盗一〇七六（少年四〇六）で、これは決して少ない数ではない。なお、一九四〇年当時の内地の総人口は約七三〇〇万、うち少年は約九〇〇〇万である（ここでいう少年は満一四歳以上満二〇歳未満。ただし、戦前の犯罪統計では満一四歳未満も含む）。確かに戦後は増加傾向にあるのだが、そのピークは終戦直後の一〇年間ほどで、一九四八年には殺人二八九五（少年三五四）、強盗一三五八八（少年三八七八）、一九五四年には殺人三三五六（少年四一二）、強盗五八五六（少年一八三〇）を記録している（一九五〇年の総人口は約八三〇〇万、うち少年約一〇四〇万）。これを、修身を学校で教えなくなったから凶暴化した、などと思ってはいけない。たとえば、一九四八年に満一四歳になる少年は、終戦の年には満一一歳だったのだから、修身教育を受けた世代になるはずなのである。また、その後は減少傾向に転じており、一九九〇年には殺人一二三八（少年七二）、強盗一五八二（少年五七四）、二〇一五年には殺人九一三（少年六〇）、強盗一九七二（少年四〇一）となっている（二〇一五年の総人口は約一億三〇〇〇万、うち少年約七二〇万）［統計局「日本の長期統計系列」等による］。

断っておくが、現代の社会や教育のありかたに問題がない、などと言いたいわけではない。間違った思い込みをもとに社会や教育を論じるのは有害無益だ、と言いたいだけである。

学校教育は知育偏重？

一九七四年、田中角栄首相は自民党機関紙『自由新報』紙（四月二三日付）上で、「いまの教育は知育偏重のきらいがあって、徳育が伴《ともな》わない、いわば「知恵太り」の割には「徳やせ」している気がしてならない」と訴えた。

ありがちな主張で、一見もっともらしいのだが、じつは大きな問題がある。そもそも、教育勅語が生きて学校で教えられていた時代ですら、学校教育が知育偏重だ、という批判はさんざん叫ばれていたからである。たとえば、一九〇九年に開かれた全国中学校長会議（当時の中学校は現在の高校、また、当時の高校は現在の大学教養課程にそれぞれ相当する）では、東京府下各中学校長が、高校受験のために「学力万能智育偏重」の問題が生じているとして、倫理・修身教育の強化を主張した。このことを取り上げた七月一四日付『読売新聞』の社説は、「教育が智育に偏す可《べか》らずと云《い》ふが如《ごと》き黴《かび》の生えたる言葉」と指摘し、倫理・修身の時間を増やすだけでは効果は薄く、むしろ従来の徳育の方法に問題があるのではないか、と論じている。

一九七六年、天野貞祐以来二二年ぶりに民間から文相に起用された教育学者の永井道雄（一九二三〜二〇〇〇、在任一九七四〜七六）は、国会で「わが国においては実は知育というのはさほど重視されてきたのではないのではないか」と発言している［一〇月一五日・衆議院文教委員会］。つまり、近代の学校教育では試験が重視され、教育は「受験のための情報詰め込み教育」となりがちであるため、確かに知識偏重の傾向は存在するのだが、その一方、その知識を利用して自分で考え判断を下す能力、すなわち知恵の習得はおろそかになりやすい、というわけである。これは、べつに永井独自の意見というほどのものではない。たとえば教育家の木下竹次（一八七二〜一九四六）は、一九二三年の著書『学習原論』で、「知育偏重など云《い》ふて知育を蔑視しようとするのは大《おお》いなる誤《あやまり》である。知識と云《い》ふよりも寧《むし》ろ知慧が足らないで経済に破れ道徳に失敗するものが非常に多い」と述べている［木下 一九二三：四三］。

「一番好い事は忠孝」

そもそも、戦前の徳育は本当に「徳育」の名に値するものだったのだろうか？

一九一八年三月、新聞各紙は、鉄道院九州鉄道管理局（現・JR九州）・農商務省福岡鉱務署（現・経済産業省九州産業保安監督部）および官営八幡製鉄所（現・新日鐵住金八幡製鐵所）のからんだ大規模な収賄事件を報じた。捜査は前年から始まっていたが、重大事件として三月六日まで報道が差し止められていたのである。この間、二月には製鉄所長官の押川則吉が自殺している。起訴者は一〇〇人以上に及んだ。

この際、教育家の新渡戸《にとべ》稲造（一八六二～一九三三）は、『東京朝日新聞』の取材に答えて「根本原因は国民の道徳教育に一大欠陥があるからではあるまいか」と述べている。新渡戸は、心理学者の速水滉《ひろし》（一八七六～一九四三）が行なった研究として、「全国の主なる小学校へ向け生徒が「一番好い事と一番悪いと思ふ事は何か」といふ質問を出して答案を蒐《あつ》めて貰つたら皆《みな》版で押したやうに一番好い事は忠孝、一番悪い事は不忠といふ答ばかりで「正直が一番善い」といふやうな答えは一つもなかつた」というエピソードを紹介し、「日本人の頭脳には平常は少々怠けても不正直でも国家に一旦緩急ある場合に異常な功を樹てさへすれば夫《そ》れで国民として立派なものだといふ考えが潜んでゐる」と評している［『東京朝日新聞』三月八日付］。

談話記事なので、速水の研究をどれほど正確に紹介しているのか疑問があるが、生徒がことごとく「一番好い事は忠孝」と答えた、というのは、修身教育の賜物だと考えられる。戦前の修身科では成績がつけられていたし、修身教科書は多数の例話からなっているが、いずれにも正解があった。嘘をいうな、生き物を苦しめるな、師をうやまえ、規則に従え、皇室を尊《たつと》べ、迷信におちいるな、人の名誉を重んぜよ——正解がある、ということは、自分の頭で判断せず、ひたすら正解を覚えればいいということになってしまう。これでは徳育ではなく知育、というより知識の詰め込みである。

内村鑑三不敬事件

教育勅語は実際のところ、どのような機能を果たしていたのだろうか。そのことを考える上で示唆となる事件が、発布からわずか二カ月半後に起こっている。

一八九一年一月九日、第一高等中学校（東京大学教養学部の前身）において教育勅語の捧読式が行なわれた。この際、教員と生徒が一人ずつ登壇して勅語の署名に敬礼することになった。ところが、嘱託教員だったプロテスタント信者の内村鑑三（一八六一～一九三〇）は、自らのキリスト教信仰に反する行為なのではないか、とためらい、最敬礼せずに軽く頭を下げるだけで済ませようとした。だが、この行動が同僚や学生たちから「不敬」「国賊」などという批難を浴び、さらにマスメディアからも集中攻撃を受ける。内村は、木下広次《ひろじ》校長から、敬礼は宗教的な礼拝ではない、という保証を取りつけた上で敬礼をやり直そうとするが、その前にインフルエンザに倒れ、意識不明になっている間に「依願解嘱」の形で免職されてしまった。

世に「不敬事件」というが、刑法上の不敬罪が問題とされたわけではない。そもそも、内村に「不敬」の意図は一切なく、ただ単に頭の下げ方が足りなかっただけなのである。ところが、内村がクリスチャンだったため、キリスト教排撃の口実にされてしまったのだ。事件当時、内村を攻撃した生徒たちの中には、内村宅に押しかけて内村を罵倒しただけでなく、玄関の三畳間に小便をして帰った者すらいたという［山住 一九八〇：一〇三］。自分の信じる〝正義〟のためなら多少のことは許される、と思っている人間はいつの世にもいるが、この場合、本当に〝不道徳〟なのはどっちなのだろうか。

この事件に飛びついたのが井上哲次郎だった。井上は、キリスト教徒は不忠不孝であり国体に反する存在である、とする主張をさまざまな雑誌で執拗に繰り広げ、一八九三年には『教育と宗教の衝突』と題して単行本化する。

内村自身は教育勅語自体を決して否定したわけではなかったが、教育勅語は内容を実践すべきものであって、礼拝するものではないと考えていた。だが、内村を攻撃した人々にとっては、教育勅語の内容に従っているか、ということよりも、教育勅語を礼拝しているか、ということの方が重大だったのである。

天皇は神聖であり絶対的に正しく、それに疑いを差しはさむこと自体が〝不敬〟である。教育勅語は天皇の言葉であるから絶対的に正しい。したがって、少なくとも外形的にはそれを尊敬しなければならない。だが、実際に徳目が内面化できた〝道徳的〟な人間になっているか、ということはさして重視されない。

ちなみに井上哲次郎自身も、内村事件から三五年後に「不敬」攻撃の犠牲となった。一九二五年に刊行した著書『我が国体と国民道徳』の内容が、翌一九二六年になって攻撃を受けたのである。三種の神器のうち「元《も》との鏡と劔とは、疾《と》くに失はれて、今は只《ただ》模造のそれが存して居るやうである」とした箇所をはじめ、「天照大神の事は歴史と云ふよりは寧ろ神話に属する」という箇所などが集中攻撃を受け、彼は大東文化学院総長・貴族院議員など一切の公職を辞任に追い込まれてしまう。

関東大震災と教育勅語

道徳として内面化されているかどうかは怪しいが、異端者を見分ける〝踏絵《ふみえ》〟としては恐るべき機能を発揮する――そうした教育勅語の性格が最も悲劇的な形で露《あらわ》になったのは、おそらく関東大震災のときであろう。

一九二三年九月一日午前一一時五八分頃、関東地方南部を震源域とするマグニチュード7・9の地震が発生し、首都圏に壊滅的な被害をもたらすことになった。地震発生直後から「富士山が爆発した」「伊豆大島が海底に沈んだ」「山本権兵衛首相が暗殺された」などといったさまざまなデマが飛び交ったが、中でも大きな禍根を残すことになったのが、「朝鮮人が暴動を起こし、放火・強盗殺人・投毒などをはたらいている」というデマであった。デマの出所については諸説あるが、確かなのは、それを信じた人々が各地で自警団を組織し、朝鮮人、あるいはそう疑われた人々を片っ端から殺害していったことである。だが、朝鮮人による組織的テロなどは全くのまぼろしに過ぎず、自警団員たちが実際に行なっていたのは、非武装の人間に対する一方的殺戮でしかなかった。

九月二日夜、東京の千駄ヶ谷に住んでいた早稲田大学聴講生の伊藤圀夫——のちの俳優・千田是也《せんだこれや》（一九〇四～九四）——は、自警団に加わるつもりで外出した。ところが、千駄ケ谷駅に近い線路の土手に「敵情偵察」のつもりでのぼったところ、朝鮮人と間違われて自警団に取り囲まれてしまう。

「いえ日本人です、ついこのさきに住んでいるイトウ・クニオという、このとおり早稲田の学生です」と、学生証まで見せたがいっこうに聞きいれず、薪割りや木剣を私の頭のうえに振りかざして「アイウエオ」を言ってみろの、「教育勅語」を暗誦しろのという。まあ、この二つはどうやら及第《きゅうだい》〔合格〕したが、しつっこいのが「じゃあ、歴代天皇のお名前を言え」といいだしたのには弱った。〔千田 一九七五：五八〕

神武天皇以来の歴代天皇の名前を必死で挙げている間に、顔見知りが名乗り出てくれたため、伊藤青年は窮地を脱することになるのだが、この経験に衝撃を受けた彼は、「千駄ヶ谷の朝鮮人《コリアン》」をもじった「千田是也」という芸名を名乗ることになる。

教育勅語が日本人か朝鮮人かを見分ける〝踏絵《ふみえ》〟のひとつとして使われていた、という証言は、他にも見られる。東京で被災したプロレタリア詩人の壺井繁治《しげじ》（一八九七〜一九七五）は、「勅語を読ませて、満足に読めなかったがために、××〔朝鮮〕人だと云って殺された日本の労働者もあった」という伝聞を書きとめている〔壺井 一九二八＝八九：二四六〕。日本人かどうかを識別するために、東京・千葉境では「君が代」、東京下町では都々逸《どどいつ》、埼玉県南部では教育勅語、埼玉県西部では「いろは」がそれぞれ用いられた、という報告もある〔三原 一九七三：五〇〕。東京から遠く離れた長野県南佐久郡大日向《おおひなた》村（現・佐久市）でも、朝鮮人襲撃の噂におびえた村民が山狩りを行ない、その際、近隣の小学校教師が「朝鮮人に似ていたので訊問を受け、教育勅語を暗唱させられた」という証言がある〔山田昭次 一九七九：五七〕。

　自警団員たちは教育勅語を知っていた。しかし、このときの彼等にとって、それは、日本人なら誰でも知っているはずの知識であり、日本人かどうかを見分けるための踏絵であって、それ以上のものではなかったのである。

おわりに

神道は、このような徳をおしえる――「神々をうやまい、その子々孫々に対し忠節をつくし奉るべし」。［…］

けれども、これが徳といえるものであろうか？　同志や大義にたいする忠誠心は、たしかに美徳ではあろう。しかし神道にしても、他の宗教にしても、往々にして、われわれの忠誠心を利用して、われわれを上から支配する人びとの集団の御用に供しようとする。

――ジャワハルラール・ネルー（一八八九～一九六四）『父が子に語る世界歴史』第四二回（一九三二年四月八日）

CIE宗教課長W・K・バンスは、教育勅語を「現代国家神道の「聖書」」と呼んだ。宗教学者村上重良《しげよし》（一九二八～九一）も、「国体の教義を不動のものとして成文化した教育勅語が、大日本帝国の国教である国家神道の経典としての機能を担った」［村上 一九七〇：一三八］と説いている。この「国家神道」は、「天皇崇拝」あるいは「皇位崇拝」と言いかえたほうがわかりやすいかもしれない。ここで崇拝される天皇は、人間としての肉体と個人としての意思を持つ天皇というよりも、「万世一系」の皇位を受け継ぐ存在としての天皇である。

こうした見方については、当然ながら反論もあろう。そもそも、井上毅は教育勅語から宗教性を可能な限り排除したのではなかったか。だいたい、教育勅語のどこを見ても、神道のことはなにひとつ分からない。

にもかかわらず、やはり教育勅語は、その機能において聖典としての性格を持っていたというべきだろう。教育勅語は、内容が正しいから尊ばれたのではない。明治天皇の言葉であるがゆえに尊ばれたのである。だから、内容を理解する前にまず礼拝されなければならなかったし、修正は決して許されなかった。故意に曖昧になっているのもそのせいである。一見わかりやすそうで、ごく当たり前のようなことしか言っていないようでいて、わかりづらい要素があるからこそ、後の解釈者は、〝隠された〟深い意味を読み解こうとしたがるものである。

だから、教育勅語を現代に〝復活〟させる、という試みは、最初から大きな困難を抱えている。現代に不都合な箇所があるからといって部分修正を施せば、それはすでに教育勅語ではない、詔勅としての権威を失った、別の何かだからである。だからといって、国体論を前提としている教育勅語を、日本国憲法下でどんな形で〝復活〟させることができるというのだろうか。もちろん、個人なり団体なりが信奉するぶんには何の問題もない。しかし、公教育の場に導入しようとすれば、たちまち問題が噴出することになる。

もし、ほんとうに教育勅語の〝復活〟を主張するのであれば、それは少なくとも、日本国憲法の破棄、ないしは根本的改正とセットでなければならない。言いかえれば、教育勅語を〝復活〟させるというのであれば、インチキくさい現代語〝訳〟を使って宣伝したり、徳目条項だけ取り出したりするのではなく、少なくとも、「朕」や「臣民」や「国体」といった言葉が本来の意味のまま平然と通用するような、そんな国家を目指したいのだ——と、最初からそう主張すべきなのである。そこまで言えないのであれば、教育勅語の〝復活〟を主張する意味はない。

＊　＊　＊

中村正直は、『西国立志編』第一編の序文で、道徳の力は軍事力よりもはるかに勝ると説き、「一人の命は、全地球よりも重し」と記した。スマイルズの原文に、ラングデイル卿という人物の言葉として「もし、地球全体を天秤の片側に乗せ、わが母をもう片側に乗せたとすれば、地球のほうがはねあがるだろう」というものがあり、中村はおそらくこの一文をヒントにしたのだろう。この言葉は、のちに一九四八年に最高裁が死刑制度を合憲とする判決を下した際、真野毅《つよし》判事が判決文に「一人の生命は、全地球よりも重い」と引用したことで有名になる〔真野 一九六四〕。

しかし大日本帝国は、そのような道徳を選ばなかった。教育勅語は、人命の大切さを特に説いていない。その代わり、軍人勅諭は「義は山嶽よりも重く死は鴻毛《こうもう》よりも軽《かろ》しと覚悟せよ」（「鴻毛」は白鳥の羽毛で、軽いもののたとえ）と説いた。大日本帝国は、国家にとって最も大切なものは皇室の存続だと位置づけ、そのためなら死をもいとわない国民を作ろうとしたのである。

藤田東湖は、『弘道館記』を自ら解説した『弘道館記述義』（一八四七年）の中で、こんな話を紹介している。明暦の大火（一六五七年）で江戸の水戸藩邸が炎上した際、ある家臣が燃え上がる藩邸に飛び込み、藩主徳川頼房が大事にしていた書物を救い出した。頼房は大いに喜んだものの、褒賞を与えようとはしなかった。他の家臣が同じような行動をとって負傷することを心配したからである。

一方、大日本帝国は、貴重書どころか、ただのコピーにすぎない御真影や教育勅語謄本を命がけで救出することを、忠誠の証として称賛した。そのために、少なくない教職員が実際に命を落とすことになる。最初のうちは、いくらでもコピーできる御真影とかけがえのない人命のどちらが大事なのか、といった当然の批判も出されるのだが、やがて、こうした声は「不敬」という批判の前にかき消されていく。

＊　＊　＊

それにしても、なぜ教育勅語にこだわる人々が絶えないのだろう?

確かに、簡潔な内容に加え、日本生まれで、しかも天皇が定めたという権威はある。だが、あらためて教育勅語が期待している人間像について考えてみよう。国を愛し、国が定めた方針や基範には従順で、目上の人間に逆らうことも、周囲の秩序を乱すこともなく、自分の仕事のみに専念し、異議申し立てを一切せず、いざとなれば国のために命がけで忠義を尽くすことのできる人間。善悪の判断、正義の追求、誠実、個性の伸長、真理の探究、相互理解といったことはすべて二の次にされているのだから、そういう人間ということになる。

生意気なこどもや目下の人間を権威で押さえつけ、そういう従順な人間に仕立て上げたい——その程度の安易な欲求だとすると、正直に言わせてもらえば、なんとも情けない話だ、と思うのだけれど。

あとがき

「まえがき」にも記した通り、本書は二〇〇〇年八月二五日に靖国神社遊就館で国民道徳協会訳を目撃し、いったいこれは何なんだ、と当惑したことが発端となっている。それからなんだかんだで一八年も経ってしまった。国民道徳協会訳の奇妙さについては、個人ブログ「日夜困惑日記@望夢楼」[http://clio.seesaa.net/]で二〇〇五年七月一九日に「教育勅語「国民道徳協会訳」の怪」として取り上げており、以後もたびたび取り上げてきた。

本書の直接の原型となったのは、同時代史学会大会(二〇一二年一二月八日、於・千葉大学西千葉キャンパス)で自由論題報告として報告した「教育勅語の戦後的再解釈とその受容」である。その後、以下の研究会で関連する内容を報告している。

・「教育勅語の戦後的再解釈とその受容」(日本思想史研究会(京都)例会、二〇一二年一二月二〇日、於・立命館大学衣笠キャンパス)

・「現代語「訳」を通して見る教育勅語の戦後的受容――教育勅語の戦後史のための試論」(同時代史学会第四〇回定例研究会、二〇一六年三月一二日、於・専修大学神田キャンパス)

・「戦後における「国体」観の断絶と変容――教育勅語の解釈と変容をめぐって」（第9回国家神道・国体論研究会「近現代日本における国史学・神道論・国体論の交錯」、二〇一七年七月二九日、於・國學院大學たまプラーザキャンパス）

・「戦後日本における教育勅語の宣伝と流布――「口語訳」の問題を中心に」（教育と歴史研究会第224回研究会、二〇一八年三月一〇日、於・お茶の水女子大学）

・「戦後日本における教育勅語の宣伝と流布――「口語訳」の問題を中心に」（千葉歴史学会第37回大会、二〇一八年五月二〇日、於・千葉大学西千葉キャンパス）

また、関連する内容として、岩波書店編集部〔編〕『徹底検証 教育勅語と日本社会――いま、歴史から考える』（岩波書店、二〇一七年）に「「口〝誤〟訳」される教育勅語――戦後の教育勅語受容史」を執筆した。

本書は、前著『「皇国史観」という問題』の版元である白澤社の坂本信弘さん、吉田朋子さんの依頼で書き始めたものなのだが、なるべく短くて気楽な本を、というつもりで、すぐ書き上げるつもりでいたところ、執筆に長い時間をかけてしまった上に、分量も長いものになってしまった（じつは二〇一七年一〇月に一度脱稿しているのだが、長すぎたため大幅に削る羽目になったのである）。

なんでここまで遅れてしまったのか、自分でもよくわからないのだが、同時に複数のことをできるほど器用でもないくせに、あれこれ手を出したがる性格と、徹底的に物事を調べずにはおれないマニアックな性質と、なにかと註釈をつけたがるペダンティックな性癖とが、良くない方向に作用してしまったせいなのではないかと思う。それにしても、まさかその間に、二〇一六年になってにわかに日本会議や神社本庁に注目が集まったり、二〇一七年春になって森友学園問題が起き、教育勅語に妙な注目が集まったりするとは思ってもみなかった。特に森友問題が表面化したときには、せめて、あと半年前に出しておけば！　と悔やんだものである。ともかく、じつのところは表沙汰になっていなかっただけであって、こうした動きはずっと伏流としてあったのだ、ということをわかっていただければ、と思う。

さて、こうしていちおう書き上げては見たものの、もっと書くべきことはあったんじゃないか、という心残りは残る。いずれ別の機会にどこかで書くことにしたい——と、言ってはみたものの……正直に言ってしまうと、そろそろ教育勅語につきあうのにもうんざりしてきた。なんで、たった三一五字の文書にここまで付き合わにゃならんのだ。現代にふさわしい教育憲章を一から考え直してみたほうが、まだしも生産的というものではなかろうか？

＊　＊　＊

さて、謝辞なのですが——

まず、真っ先に白澤社の坂本信弘さん、吉田朋子さんのお二方に感謝するとともに、お詫びを申し上げなければなりません。前著『「皇国史観」という問題』から、気がつけば一〇年も経ってしまいました。下村博文が文科相を辞めるまでには書くとか言っていたのに、本当に申し訳ない限りです。

研究発表の機会をいただいた各研究会関係者の方々、および、その場でコメントや質問・意見などを寄せていただいた方々にも感謝を申し上げます。同時代史学会研究会委員会（私自身もメンバーですが）の吉田裕先生ほか各位、コメントをいただいた赤澤史朗先生、日本思想史研究会（京都）の岩根卓史さんほか各位、國學院大學の藤田大誠先生ほか各位、コメントをいただいた神戸大学の昆野伸幸さん、教育と歴史研究会の高橋陽一先生（武蔵野美術大学）はじめ各位、千葉歴史学会近現代史部会の高木晋一郎くんほか各位、その他もろもろの方々、ありがとうございました。特に国家神道・国体論研究会での発表は、普段ならあまり交わりの無いような方々のご意見を聞くことが出来、大変に有益でした。

資料調査のため利用させていただいた、千葉大学附属図書館、千葉県立中央図書館、千葉市中央図書館、千葉経済大学総合図書館、国立国会図書館、東京都立中央図書館、靖国偕行文庫、東京大学総合図書館などの図書館にも感謝を申し上げます。また、北海道立図書館のレファレンスサービスにもお世話になりました。

松本市教育委員会が販売していた国民道徳協会訳の改訳については、『信濃毎日新聞』の佐藤大輔さんにご教示をいただきました。

その他、ウェブサイトなどでご意見、ご感想などを送っていただいたもろもろの方々、執筆中に応援をいただいた方々にも、ここでまとめて感謝を申し上げさせていただきます。

さらに、二〇一八年三月をもって千葉大学を定年退職された、恩師の三宅明正先生にも感謝を申し上げます。修了後一〇年以上も経つのに、何につけてお世話になりっぱなしであり、申し訳なく思う限りです。

もとより、本書の内容についての責任は私が負うものです。

＊　＊　＊

あとがきに何を書こうかと考えているうち、こんなことを思い出した。いつだったか――と日記を探してみたら、千葉大大学院博士課程在籍中の二〇〇三年二月、ある先輩の就職祝いパーティのときであった。私の同級生――名前を出してしまうと、昨今は中国関係のジャーナリストとして活躍している高口康太くんが、どこぞで教育勅語の現代語訳を見て、「皇祖皇宗」が「私達の祖先」と訳されているのに呆れかえった、とかいう話を、安田浩先生としていたのである。話を聞くと、それは国民道徳協会訳に相違ない。そこで、安田先生と高口くんと私との三人で、いかに日本の〝右翼〟が論理的になっていないか、なんで親米右翼なんて、理屈の通らない、おかしなものが存在するのか、といった話で盛り上がったのだった。（ついでながら、山岡鉄舟のところで名前を挙げたアンシン　アナトーリーさんは、二〇〇四年一一月に安田浩ゼミで鉄舟関係文書に偽作が多いことを報告されており、私はその場で、初めて鉄舟の著作とされる『武士道』に教育勅語と酷似した箇所があることを知ったのである。）

というわけで本書は、私の大学院時代の指導教員の一人で、二〇一一年に亡くなられた故・安田浩先生に捧げたいと思う。たぶん、先生には論理的な甘さをさんざん突っ込まれた上に、もっとちゃんとした学問的研究を出せ、と叱られるのがオチだとは思うのだけれど。

二〇一八年五月

長谷川亮一

参考文献

会沢安［1931］塚本勝義〔訳註〕『新論・迪彝篇』〔岩波文庫〕（岩波書店）
相原ツネオ［1971］『教育勅語漫画読本』（教育勅語漫画読本刊行会）
青木五郎［2004］『史記 十一（列伝四）』〔新釈漢文大系 第91巻〕（明治書院）
赤澤史朗［2017］『靖国神社――「殉国」と「平和」をめぐる戦後史』〔岩波現代文庫〕（岩波書店）
赤塚忠［1967］『大学・中庸』〔新釈漢文大系 第2巻〕（明治書院）
秋永勝彦〔文〕［1979］斉藤梅〔絵〕／副島廣之〔監修〕『たのしくまなぶ12のちかい〈教育勅語から〉』（日本を守る会。一九九〇年、『12のちかい』の題で明治神宮社務所から再刊）
麻尾陽子［2014］『教育勅語の成立――草案の推敲過程を中心に』（中央大学大学院法学研究科博士論文）http://dl.ndl.go.jp/info:ndljp/pid/8692530
朝日新聞取材班［2018］『権力の「背信」――「森友・加計学園問題」スクープの現場』（朝日新聞出版）
芦部信喜［1973］「教育勅語の意義と日本国憲法下における効力」『別冊ジュリスト 41 教育判例百選』（有斐閣）
天野貞祐［1950］「私はこう考える――教育勅語に代るもの」『朝日新聞』一九五〇年一一月二六日付朝刊
天野貞祐［1970］『天野貞祐全集 第四巻 今日に生きる倫理』（栗田出版会）
家永三郎［1947＝48］「教育勅語成立の思想史的考察」（家永『日本思想史の諸問題』斎藤書店、所収。初出＝『史学雑誌』第56篇第12号、一九四七年一二月）
家永三郎［1948＝97］「神代紀の文章に及したる仏教の影響に関する考証」『家永三郎集 第二巻 仏教思想史論』岩波書店、所収。初出＝『東洋学研究 第二』一九四八年三月）
家永三郎［1953］「教育勅語と理学鈎玄」『日本歴史』第58号（實教出版、一九五三年三月）
家永三郎［1990］「教育勅語をめぐる国家と教育の関係」『日本近代思想大系 6 教育の大系 付録［月報14］』（岩波書店。家永『憲法・裁判・人間』、名著刊行会、一九九七年、に再録）
伊ヶ崎暁生［1981］「教育勅語について――解説と資料」『季刊国民教育』第47号（労働旬報社、一九八一

年一月）
池田昭〔編〕『ひとのみち教団不敬事件関係資料集成』（三一書房）
石井寿夫［1991］『教育勅語――その現代的意義』（あしかび社・事務局）
石田雄［1954］『明治政治思想史研究』（未來社）
石橋一弥［1985］「教育改革への提言」（前編・後編）『月刊自由民主』第354～355号（自由民主党、一九八五年七～八月）
市川昭午［2009］『教育基本法改正論争史――改正で教育はどうなる』（教育開発研究所）
市川昭午［2011］『愛国心――国家・国民・教育をめぐって』（学術出版会）
一海知義［2009］『一海知義著作集　11　漢語散策』（藤原書店）
伊藤博文［1940］宮澤俊義〔校註〕『憲法義解』（岩波文庫）（岩波書店）
稲田正次［1971］『教育勅語成立過程の研究』（講談社）
http://dl.ndl.go.jp/info:ndljp/pid/1267849
［井上毅］［1966］井上毅傳記編纂委員會〔編〕『井上毅傳　史料篇第一』（國學院大學圖書館）
［井上毅］［1968］井上毅傳記編纂委員會〔編〕『井上毅傳　史料篇第二』（國學院大學圖書館）
［井上毅］［1969］井上毅傳記編纂委員會〔編〕『井上毅傳　史料篇第三』（國學院大學圖書館）
［井上毅］［1971］井上毅傳記編纂委員會〔編〕『井上毅傳　史料篇第四』（國學院大學圖書館）
［井上毅］［2008］國學院大學日本文化研究所〔編〕『井上毅傳　史料篇　補遺　第二』（國學院大學）
井上哲次郎［1893］『教育と宗教の衝突』（敬業社）
http://dl.ndl.go.jp/info:ndljp/pid/814825
井上順孝＋孝本貢＋対馬路人＋中牧弘允＋西山茂〔編〕［1996］『新宗教教団・人物事典』（弘文堂）
今井宇三郎＋瀬谷義彦＋尾藤正英〔校注〕［1973］『日本思想大系　53　水戸学』（岩波書店）
岩本努［1989］『「御真影」に殉じた教師たち』（大月書店）
岩本努〔編著〕［2001］『教育勅語の研究』（民衆社）
ウィリアムズ、ジャスティン［1989］市雄貴＋星健一〔訳〕『マッカーサーの政治改革』（朝日新聞社）（原著一九七九年）
上田賢治［1990］『神道神學』（神社新報社）
内野熊一郎［1962］『孟子』〔新釈漢文大系　第4巻〕（明治書院）
梅沢重雄［2014］『人生でいちばん大切な10の知恵――親子で読む教育勅語』（かんき出版）
梅溪昇［2000a］『軍人勅諭成立史――天皇制国家観の成立

〈上〉』（青史出版）
梅溪昇［2000b］『教育勅語成立史——天皇制国家観の成立〈下〉』（青史出版）
永六輔［1995］「「教育勅語」現代語訳」日経大阪ＰＲ企画出版部（編）『「神國日本は敗けました。」——昭和二〇年八月、玉音放送を聞いて少女たちは何を考えたか。名張國民学校五年は組作文集』（日経大阪ＰＲ）
大石貞質［1892］『教育勅語奉解』（圖書出版）
http://dl.ndl.go.jp/info:ndljp/pid/759268
大畠章宏［2006］「LETTER from OHATA No.317「私たちの歩むべき道」」（二〇〇六年六月一二日）
https://web.archive.org/web/20090820090252/http://www.oohata.com:80/~letter_from_ohata_317.htm
大原康男（監修・解説）［2007］『教育勅語』（改訂版）（神社新報社）
大宅壮一［1952］「蛙のこえ（317）乱コース」『東京日日新聞』一九五二年六月一六日付（『大宅壮一全集　第五巻』蒼洋社、一九八一年、に再録）
大宅壮一［1982］『中学生日記』（『大宅壮一全集　第二十九巻』蒼洋社、所収。初刊一九七一年）
岡野義一［2001］「教育勅語復活は国民の願い」『動向』第1613号（動向社、二〇〇一年一〇月号）
小沢三郎［1961］『内村鑑三不敬事件』（新教出版社）
尾鍋輝彦［1978］『二十世紀　4　明治の光と影』（中央公論社）
小野雅章［1988］「戦後教育改革における教育勅語の処置問題」『教育学雑誌』第22号（日本大学教育学会、一九八八年三月）
http://ci.nii.ac.jp/naid/110009898927
小野雅章［2014］『御真影と学校——「奉護」の変容』（東京大学出版会）
小野正康［1943］『教育勅語虔攷（中巻）』（畝傍書房）
小野沢精一［1985］『書経（下）』（新釈漢文大系　第26巻）（明治書院）
小股憲明［2005］『近代日本の国民像と天皇像』（大阪公立大学共同出版会）
小股憲明［2010］『明治期における不敬事件の研究』（思文閣出版）
海後宗臣（編）［1962a］『日本教科書大系　近代編　第三巻　修身（三）』（講談社）
海後宗臣（編）［1962b］『日本教科書大系　近代編　第二〇巻　歴史（三）』（講談社）
海後宗臣［1965＝81］『海後宗臣著作集　第十巻　教育勅語成立史研究』（東京書籍）

貝塚茂樹［1994］「占領後期における道徳教育問題に関する一考察――昭和24年の「教育宣言」構想とCIEの対応をめぐって」『筑波大学教育学系論集』第19巻第1号（筑波大学教育学系、一九九四年九月）
貝塚茂樹［2006］『戦後教育のなかの道徳・宗教〈増補版〉』（文化書房博文社）
貝塚茂樹［2009］『道徳教育の教科書』（学術出版会）
籠谷次郎［1994］『近代日本における教育と国家の思想』（阿吽社）
片山清一〔編〕［1974］『資料・教育勅語――渙発時および関連諸資料』（高陵社書店）
學校事故防止研究會〔編〕［1936］『學校事故實話・實例・對策集』（學校事故防止研究會出版部）
http://dl.ndl.go.jp/info:ndljp/pid/1072612
勝田守一［1972］「戦後における社会科の出発」『勝田守一著作集　第一巻　戦後教育と社会科』（国土社、初出一九六一年）
勝野尚行［1989］『教育基本法の立法思想――田中耕太郎の教育改革思想研究』（法律文化社）
勝部真長＋渋川久子［1984］『道徳教育の歴史――修身科から「道徳」へ』（玉川大学出版部）
金子堅太郎［1996］「教育勅語と世界の反響」高瀬暢彦〔編〕『金子堅太郎著作集　第二集』（日本大学精神文化研究所、初出一九三〇年）
狩野直喜［1908］「康熙帝ノ教育勅語ニ就キテ」『京都法學會雜誌』第3巻第4號（京都法學會、一九〇八年四月）
鎌田正［1970～1981］『春秋左氏伝』（一～四）〔新釈漢文大系　第30～33巻〕（明治書院）
鎌田紀彦［2011］「今、甦える教育勅語」『大宮』第89号（大宮八幡宮社務所、二〇一一年一月）
http://www.ohmiya-hachimangu.or.jp/hachimangu/shahou
川口浩［2006］「康次郎の生涯」（大西健夫＋斎藤憲＋川口浩〔編〕『堤康次郎と西武グループの形成』知泉書館、所収）
川又克二［1966］ダイヤモンド社〔編〕『夢は国際企業へ』〔歴史をつくる人々 22〕（ダイヤモンド社）
岸本英夫［1963=76］「嵐の中の神社神道」『岸本英夫集　第五巻　戦後の宗教と社会』（渓声社。初出一九六三年）
木下竹次［1923］『学習原論』（目黒書店）
http://dl.ndl.go.jp/info:ndljp/pid/940092
教學局〔編〕［1941］『教育に關する勅語渙發五十年記念資料展覽圖録』（内閣印刷局）

http://dl.ndl.go.jp/info:ndljp/pid/1899808
京極興一《おきかず》[1998]『近代日本語の研究――表記と表現』（東宛社）
金口進[1957]「〝国民実践要項スッパ抜き〟の真相」『教育技術』第11巻第11号（小学館、一九五七年一月）
宮内庁[1972]『明治天皇紀　第七』（吉川弘文館）
宮内庁[2017]『昭和天皇実録　第十』（東京書籍）
久保義三[1979]『天皇制国家の教育政策』（勁草書房）
久保義三[2006]『新版 昭和教育史――天皇制と教育の史的展開』（東信堂）
倉山満[2014]『逆にしたらよくわかる教育勅語――ほんとうは危険思想なんかじゃなかった』（ハート出版）
栗原圭介[1986]『孝経』〔新釈漢文大系　第35巻〕（明治書院）
河野通保[1933～1934]『學校事件の教育的法律的實際研究』上・下（文化書房）
http://dl.ndl.go.jp/info:ndljp/pid/1465287、
http://dl.ndl.go.jp/info:ndljp/pid/1465301
香山健一＋海部俊樹[1985]「対談　教育改革はまず大学から」『月刊自由民主』第三五五号（自由民主党、一九八五年八月）
小島憲之＋直木孝次郎＋西宮一民＋蔵中進＋毛利正守〔校注・訳〕[1994～1998]『日本書紀』①～③〔新編日本古典文学全集 2～4〕（小学館）
児玉三夫〔訳〕[1983]『日本の教育――連合国軍占領政策資料』（明星大学出版部）
駒込武[1996]『植民地帝国日本の文化統合』（岩波書店）
齊藤智朗[2007]「「勅語衍義」（井上毅修正本）――「梧陰文庫」史料の紹介（三）」『國學院大學日本文化研究所紀要』第99輯（國學院大學日本文化研究所、二〇〇七年三月）
酒井忠夫[1999～2000]『増補　中国善書の研究』上・下〔酒井忠夫著作集 1～2〕（国書刊行会）
相良惟一[1988]相良惟一先生遺稿集編集委員会〔編〕『国家と教育――相良惟一先生遺稿集』（教育開発研究所）
佐々木盛雄[1946]『天皇制打倒論と闘ふ』（文進社）
佐々木盛雄[1972]『甦える教育勅語――親と子の教育読本』（国民道徳協会）
佐々木盛雄[1975]「「教育勅語」廃棄と狂乱日本の現状」〔『じゅん刊世界と日本』第86号〕（内外ニュース）
佐々木盛雄[1979]『『教育勅語』の解説』（国民道徳協会）
佐々木盛雄[1980]『世直し読本　憲法と教育』（国民新聞社）
佐々木盛雄[1986]『教育勅語――日本人のこころの源泉』

（みづほ書房）
佐々木盛雄［1998］『修身の話――寺子屋で用いた教科書が語る』（みづほ書房）
笹山晴生＋五味文彦＋吉田伸之＋鳥海靖〔編〕［1989］『詳説　日本史史料集』（山川出版社）
佐藤秀夫〔編〕［1994］『続・現代史資料 8　教育　御真影と教育勅語 1』（みすず書房）
佐藤秀夫〔編〕［1996a］『続・現代史資料 9　教育　御真影と教育勅語 2』（みすず書房）
佐藤秀夫〔編〕［1996b］『続・現代史資料 10　教育　御真影と教育勅語 3』（みすず書房）
佐藤秀夫［2001］「教育基本法と「伝統」――教育基本法制定過程に関わる今日的論議への批判」『教育学研究』第68巻第4号（日本教育学会、二〇〇一年一二月。佐藤［2005］に再録）
佐藤秀夫［2005］『教育の文化史4　現代の視座』（阿吽社）
里見岸雄［1965］『教育勅語か革命民語か――教育勅語の問題を廻る対決』（錦正社）
三羽光彦［1986］「教育勅語の廃止決議」『教育』第36巻第7号（一九八六年七月）
重野安繹［1892］『教育勅語衍義』（三書房）
http://dl.ndl.go.jp/info:ndljp/pid/759239
清水幾太郎［1951］「修身の復活について」『婦人公論』第37巻第2号（中央公論社、一九五一年二月。清水『日本の女性のために』三笠書房、一九五二年、に再録）
清水幾太郎［1974］「戦後の教育について」『中央公論』第89年第11号（中央公論社、一九七四年一一月。『清水幾太郎著作集 17　戦後を疑う・「新しい戦後」他』講談社、一九九三年、に再録）
清水馨八郎［2000］『「教育勅語」のすすめ――教育荒廃を救う道』（日新報道）
衆議院＋参議院〔編〕［1990］『議会制度百年史　衆議院議員名鑑』（発行所不記載、大蔵省印刷局＝印刷）
人事興信所〔編〕［1968］『人事興信録　第二十四版』（人事興信所）
人事興信所〔編〕［1971］『人事興信録　第二十六版』（人事興信所）
人事興信所〔編〕［1993］『人事興信録　第三十七版』（人事興信所）
神社新報創刊六十周年記念出版委員会〔編〕［2010］『戦後の神社・神道――歴史と課題』（神社新報社）
神社本廳［1956］『神社本廳十年史』（神社本廳）
神社本庁〔編〕［1972＝2011］『敬神生活の綱領　解説（稿本）』補訂三版（神社新報社、初版一九七二年）
［神社本庁］［1981］『神社本廳三十五年誌』（神社本庁）

神社本庁教学研究所［編］［2007］『第3回『神社に関する意識調査』報告書』（神社本庁教学研究所）
［神道政治連盟］［2015］『神政連四十五年史』（神道政治連盟中央本部）
杉浦重剛［1936］猪狩又藏〔編〕『倫理御進講草案』（杉浦重剛先生倫理御進講草案刊行会）
杉浦重剛［2000］『昭和天皇の教科書　教育勅語』（勉誠出版）
杉浦重剛［2002］『昭和天皇の学ばれた教育勅語』（勉誠出版）
杉原誠四郎［1995］「教育勅語「失効確認」「排除」決議に関する資料」『戦後教育史研究』第10号（明星大学、一九九五年三月）
杉原誠四郎［2002］『教育基本法――その制定過程と解釈【増補版】』（文化書房博文社）
鈴木英一［1983］『日本占領と教育改革』（勁草書房）
鈴木英一＋平原春好〔編〕［1998］『資料　教育基本法50年史』（勁草書房）
鈴木健二［1988］『記憶力のすすめ』（講談社）
鈴木直治［1975］『中国語と漢文――訓読の原則と漢語の特徴』（光生館）
関口すみ子［2005］『御一新とジェンダー――荻生徂徠から教育勅語まで』（東京大学出版会）
芹川定［1939=72］『ひとのみち教團事件の研究』（思想研究資料　特輯第五十四號）（司法省刑事局。復刻版＝東洋文化社）
千田是也［1975］『もうひとつの新劇史――千田是也自伝』（筑摩書房）
副島廣之［1989］『私の歩んだ昭和史』（明治神宮崇敬会）
副島廣之［1992］『続・私の歩んだ昭和史』（明治神宮崇敬会）
副田義也［1997］『教育勅語の社会史――ナショナリズムの創出と挫折』（有信堂高文社）
副田義也［2012］『教育基本法の社会史』（有信堂高文社）
高嶋伸欣［1900］『教育勅語と学校教育――思想統制に果した役割』（岩波ブックレット）（岩波書店）
高橋史朗［1984］「教育勅語の廃止過程」『占領教育史研究』第1号（明星大学、一九八四年七月）
高橋史朗＋レイ、ハリー［1987］『占領下の教育改革と検閲――まぼろしの歴史教科書』（日本教育新聞社出版局）
高橋史朗［2003］「教育勅語の「再発見」」『神社新報』二〇〇三年七月一四日付5面
高橋誠一郎［1955］『結婚指環』（読売新書）（読売新聞社）
高橋龍雄［1934］『國語學原論』（中文館書店）
高橋陽一［1997］「「皇国ノ道」概念の機能と矛盾――吉田

熊次教育学と教育勅語解釈の転変」『日本教育史研究』第16号（日本教育史研究会、一九九七年八月）
高橋陽一［2012］『新版 道徳教育講義』（武蔵野美術大学出版局）
竹内照夫［1971～1979］『礼記』（上・中・下）（新釈漢文大系 第27～29巻）（明治書院）
田中耕太郎［1946］「教育行政官及教育者の性格その他――地方教學課長會議での訓示要旨」『文部時報』第827號（帝國地方行政學會、一九四六年四月）
田中耕太郎［1956］山口康助〔文責〕「民主社会における教育（要旨）」『文部時報』第九五二号（帝国地方行政学会、一九五六年一二月）
田中耕太郎［1957］「教育勅語の運命」『心』第10巻第2號（生成會、一九五七年二月。田中『現代生活の論理』春秋社、一九五七年、に「教育勅語について」と改題の上再録）
田中伸尚［2000］『日の丸・君が代の戦後史』（岩波新書）（岩波書店）
田中冨士子〔訳〕［1964］「現代語訳 教育勅語」『真世界』第5707号（真世界社、一九六四年八月）
谷口雅博［2006］「神武天皇と崇神天皇（ハツクニシラススメラミコト）」『國文學 解釈と教材の研究』第51巻第1号（學燈社、二〇〇六年一月号）
谷口寛［1976］「一病息災」『神社新報』一九七六年一月五日付
茶本繁正［1983］『ドキュメント 軍拡・改憲潮流』（五月社）
津田茂麿［1928］『明治聖上と臣高行』（自笑會）
土持法一〔訳〕［1996］『GHQ日本占領史 第20巻 教育』（日本図書センター）
土屋春雄「自衛隊における精神教育」『前衛』第368号（日本共産党中央委員会、一九七四年五月）
壺井繁治［1928＝89］「十五円五十銭――震災追想記」壺井繁治全集刊行委員会〔編〕『壺井繁治全集 第2巻』（青磁社。初出一九二八年）
手塚容子［2013］『教育勅語 絵本』（善本社）
所功［2006］「「公」の心を喪った日本人が読み返すべき「教育勅語」の315文字」『SAPIO』第18巻第11号（小学館、二〇〇六年五月一〇日号）
所功［2010］「元田永孚の「弗蘭克林《フランクリン》十二徳」補註と漢詩」『産大法学』第43巻第3・4号（京都産業大学、二〇一〇年一月）http://hdl.handle.net/10965/685
内藤耻叟［1890］『勅語俗訓』（青山堂）http://dl.ndl.go.jp/info:ndljp/pid/759430
中江篤介［1984］『中江兆民全集 7』（岩波書店）

長坂端午［1956］「社会科の生いたち」『信濃教育』第８３０号（信濃教育会、一九五六年二月）

中島三千男［1980］「今日の天皇イデオロギーのとらえ方について」『歴史評論』第３６６号（校倉書房、一九八〇年一〇月）http://hdl.handle.net/10487/7942

中條高徳［2001］『おじいちゃん日本のことを教えて――孫娘からの質問状』（致知出版社）

中村紀久二［1994］「『復刻　国定修身教科書』解説――修身教科書の歴史」『復刻　国定修身教科書　解説・索引』（大空社）五　三〜一四一頁

中村正直（訳）［2006］谷川恵一（校注）『西国立志編（抄）』（『新　日本古典文学大系　明治編　11　教科書啓蒙文集』岩波書店、所収）

中山久四郎［1929］「六諭衍義に關する研究」（大塚史学會（編）『三宅博士古稀祝賀記念論文集』岡書院、所収）

西沢潤一（編著）［2001］『新教育基本法６つの提言』（小学館文庫）（小学館）

日本教育新聞編集局（編著）［1971］『戦後教育史への証言』（教育新聞社）

日本近代教育史料研究会（編）［1997］『教育刷新委員会教育刷新審議会会議録　第六巻　第一特別委員会、第二特別委員会』（岩波書店）

日本近代教育史料研究会（編）『教育刷新委員会教育刷新審議会会議録　第十三巻　関係資料』（岩波書店）

ネルー［1965］大山聰（訳）『父が子に語る世界歴史　1』（みすず書房）

朴倍暎［2006］『儒教と近代国家――「人倫」の日本、「道徳」の韓国』（講談社選書メチエ）（講談社）

橋川文三（責任編集）［1984］『日本の名著　29　藤田東湖』（中公バックス）（中央公論社）

長谷川真行［2015］「「国民実践要領」制定論議に関する一考察――「国民実践要領草案」と『国民実践要領』の比較を通じて」『日本教育史論集』第2号（早稲田大学大学院教育学研究科日本教育史研究室、二〇一五年三月）

羽仁五郎［1949］『國民に訴う――國会からの報告』（潮流社）

羽仁五郎［1976］『自伝的戦後史』（講談社）

原武史＋吉田裕（編）［2005］『岩波　天皇・皇室辞典』（岩波書店）

ハルトゥーニアン、ハリー［2003］樹本進（訳）「国民の物語／亡霊の出現――近代日本における国民的主体の形成」（『日本の歴史　第25巻　日本はどこ

へ行くのか』講談社、所収）
久木幸男［1980］久木幸男＋鈴木英一＋今野喜清〔編〕『日本教育論争史録・第一巻　近代編（上）』（第一法規出版）
尾藤正英［2014］『日本の国家主義──「国体」思想の形成』（岩波書店）
兵藤裕己［2018］『後醍醐天皇』〈岩波新書〉（岩波書店）
平田哲男［2014］『近代天皇制権力の創出』（大月書店）
平田諭治［1997］『教育勅語国際関係史の研究──官定翻訳教育勅語を中心として』（風間書房）
深代惇郎［1976］『深代惇郎の天声人語』（朝日新聞社）
布川玲子＋新原昭治〔編著〕［2013］『砂川事件と田中最高裁長官──米解禁文書が明らかにした日本の司法』（日本評論社）
船山謙次［1958］『戦後日本教育論争史──戦後教育思想の展開』（東洋館出版社）
船山謙次［1960］『続　戦後日本教育論争史』（東洋館出版社）
文化庁〔編〕［2018］『宗教年鑑　平成29年版』（文化庁）
http://www.bunka.go.jp/tokei_hakusho_shuppan/hakusho_nenjihokokusho/shukyo_nenkan/
平凡社教育産業センター〔編〕［1987］『現代情報人名事典』（平凡社）
星野良作［1980］『研究史 神武天皇』（吉川弘文館）
穂積陳重［1916］『法窓夜話』（有斐閣）
http://dl.ndl.go.jp/info:ndljp/pid/936012
穂積陳重［1936］『續法窓夜話』（岩波書店）
http://dl.ndl.go.jp/info:ndljp/pid/1268206
堀幸雄［2006］『最新 右翼辞典』（柏書房）
前野徹［2003］『新 歴史の真実──祖国ニッポンに、誇りと愛情を』（経済界）
正木旲［1941］「私のメモより」『近きより』第5巻第6號（「近きより」社、一九四一年六月。『復刻版　近きより』不二出版、一九八九年）
正延哲士［1993］「保守政治に暗躍した「自民党同志会」の盛衰」『サンサーラ』第4巻第8号（徳間書店、一九九三年八月）
松浦玲［1983］「東京に見る天皇──教育勅語の原文と口語訳のあいだ」『現代の眼』第24巻第1号（現代評論社、一九八三年一月。松浦［2002］に再録）
松浦玲［2002］『君臣の義を廃して──続々日本人にとって天皇とは何であったか』（辺境社）
松下幸之助［1991］ＰＨＰ総合研究所研究本部「松下幸之助発言集」編纂室〔編〕『松下幸之助発言集　12』（ＰＨＰ研究所）

松永芳市［発行年不明］『時事雑感（私の随筆・第三輯）』（私家版）
真野毅［1964］「最高裁の一一年――判決の思い出」（真野毅〔編著〕『裁判と現代』日本評論社、所収）
丸山眞男［1964］『増補版　現代政治の思想と行動』（未来社）
三浦孝啓〔編著〕［1982］『カーキ色の教育風景――軍靴のひびきと子どもの危機』（東研出版）
三潴信吾［1985］「教育維新の発言――教育勅語と教育基本法」『季刊教育法』第56号（エイデル研究所、一九八五年六月）
三原令［1973］「聞き書き作業の中で――埼玉県の隠された歴史」『福音と世界』第28巻第7号（新教出版社、一九七三年七月）
宮田丈夫〔編著〕［1959］『道徳教育資料集成　3』（第一法規出版）
宮田豊［1970］「「憲法」の語」『法学論叢』第86巻第5号（京都大學法學會、一九七〇年二月）
明神勲［1992］「1950年代の教育「逆コース」政策と池田・ロバートソン会談――1953年10月19日付日本側文書について」渡辺宗助〔編著〕『講和独立後のわが国教育改革に関する調査研究』（文部省科学研究費・総合研究（A）研究成果報告書課題番号01102033）
武藤貞一［1972］「書評　甦える教育勅語」『動向』第1312号（動向社、一九七二年四月）
村上重良［1970］『国家神道』（岩波新書）（岩波書店）
村上重良［1982］『現代宗教と民主主義』（三省堂選書）（三省堂）
［明治神宮社務所］［1973a］『大御心　明治天皇御製教育勅語謹解』（明治神宮社務所）
明治神宮〔編著〕［1973b］『明治天皇詔勅謹解』（講談社）
明治神宮〔編〕［1975］『明治天皇のみことのり――日本のいのちを貫くもの』（日本教文社）
明治神宮〔編〕［2012］『新版　明治の聖代』（明治神宮）
明治百年記念事業団〔編〕［1968］『教育勅語――明治百年の輝く金字塔』（アルプス）
明成社〔編〕［2012］高橋史朗〔監修〕『物語で伝える教育勅語　親子で学ぶ12の大切なこと』（明成社）
森川輝紀［2011］『増補版　教育勅語への道――教育の政治史』（三元社）
［森田康之助］［2000］『教育勅語の心を今に』（全国神社総代会）
文部省［1909］『漢英佛獨　教育勅語譯纂』（國定教科書共同販売所）http://dl.ndl.go.jp/info:ndljp/pid/899326

文部省〔編〕[1937]『國體の本義』(文部省)
http://dl.ndl.go.jp/info:ndljp/pid/1156186
文部省[1943]『初等科修身　四　教師用』(文部省)
http://dl.ndl.go.jp/info:ndljp/pid/1277156
文部省調査普及局調査課〔編〕[1951]『米國教育使節團報告書』(帝国地方行政学会。寺﨑昌男〔責任編集〕『戦後教育改革構想　Ⅰ期　1』日本教育センター、二〇〇〇年、所収)
八木淳[1984]『文部大臣の戦後史』(ビジネス社)
矢嶋泉[1989]「ハックニシラススメラミコト」『青山語文』第19号(青山学院大学、一九八九年三月)
八木公生[2001a]『天皇と日本の近代(上)憲法と現人神』(講談社現代新書)(講談社)
八木公生[2001b]『天皇と日本の近代(下)『教育勅語』の思想』(講談社現代新書)(講談社)
山口明穂+秋本守英[2001]『日本語文法大辞典』(明治書院)
山口朝雄[1983]『佐々木良作・全人像』(行政問題研究所出版局)
山口文憲[2012]「ニッポンの名文　第百五回　お互い、わかってるよね」『文學界』第66巻第9号(文藝春秋、二〇一二年九月)
山崎政人[1986]『自民党と教育政策——教育委員任命制から臨教審まで』(岩波新書)(岩波書店)
山住正己[1980a]『教育勅語』(朝日選書)(朝日新聞社)
山住正己[1980b]「「再び教育勅語を」に抗して——情勢の底流にあるものはなにか」『文化評論』第236号(新日本出版社、一九八〇年一二月)
山住正己[1980c]「解説」富田正文+土橋俊一〔編〕『福沢諭吉選集　第3巻』(岩波書店)
山住正己〔校注〕[1990]『日本近代思想大系　6　教育の体系』(岩波書店)
山田昭次[1979]「関東大震災期朝鮮人暴動流言をめぐる地方新聞と民衆——中間報告として」『在日朝鮮人史研究』第5号(エバーグリーン出版部、一九七九年一二月)
山中恒[1980=82]「教育勅語絵本」(山中『少国民ノート』辺境社、一〇九〜一一一頁、初出=『朝日ジャーナル』第22巻第49号、朝日新聞社、一九八〇年一二月五日号)
山辺芳秀[1980]「教育勅語九〇年をめぐる動き」『教育』第382号(国土社、一九八〇年三月)
山本和行[2015]『自由・平等・植民地性——台湾における植民地教育制度の形成』(台北:国立台湾大学出版中心)
吉田茂[1957]『回想十年　二』(新潮社)

芳川顕正［1914］「教育勅語『斯の道』の解」『教育時論』第1040號（開發社、一九一四年三月五日）
吉田賢抗［1960］『論語』（新釈漢文大系 第1巻）（明治書院）
吉田賢抗［1973］『史記（一）』（新釈漢文大系　第38巻）（明治書院）
吉行淳之介［1974］「私の「教育勅語」評釈」『週刊読売』第33巻第18号（読売新聞社、一九七四年四月二〇日号。のち、吉行『男と女のこと――わが文学生活1973～1975』潮出版社、一九八二年、に再録）
米原謙［2015］『国体論はなぜ生まれたか――明治国家の知の地形図』（ミネルヴァ書房）
読売新聞社社会部〔編〕［1984］『日本の新学期』（ほるぷ現代教育選集 3）（ほるぷ出版。初版＝一九五五年）
ラッセル［1990］安藤貞雄〔訳〕『教育論』（岩波文庫）（岩波書店、原著一九二六年）
ルオフ、ケネス［2009］木村剛久＋福島睦男〔訳〕『国民の天皇――戦後日本の民主主義と天皇制』（岩波現代文庫）（岩波書店）
歴史科学協議会［2008］『天皇・天皇制をよむ』（東京大学出版会）
渡辺敦司［2010］「「教育憲章」の制定を報告――全国連合退職校長会が総会」『内外教育』第6000号（時事通信社、二〇一〇年六月八日号）
渡邊幾治郎［1939］『教育勅語の本義と渙發の由來』（藤井書店）http://dl.ndl.go.jp/info:ndljp/pid/1144980
渡辺治［1990］『戦後政治史の中の天皇制』（青木書店）
渡辺浩［2000］「「夫婦有別」と「夫婦相和シ」」『中国――社会と文化』第15号（中国社会文化学会、二〇〇〇年六月）
渡辺正広［1970］『みんなの教育勅語――若い人々のために』（洋版出版）
亘理章三郎［1934］『教育勅語釋義全書』（中文館書店）http://dl.ndl.go.jp/info:ndljp/pid/1119627
和辻哲郎［1957＝91］「マッカーサーの質問」『和辻哲郎全集 第二十四巻』（岩波書店、初出一九五七年）
（無署名）［1979］『教育勅語の平易な解釈』（敬神婦人必携第七輯）（全国敬神婦人連合会）
（無署名）［1998］『敬神婦人――五十年の歩み 全国敬神婦人連合会創立五十周年記念誌』（全国敬神婦人連合会）
「憲法違背是正請求控訴事件（東京高等昭和二四年（ネ）第九五四号 同二七、三月三一日判決 控訴棄却）」『行政事件裁判例集』第3巻第2号（最高裁判所事務総局行政局、一九五二年八月）

「憲法違背是正請求上告事件（最高昭和二七年（オ）第三〇三号　同二八、一一、一七第三小法廷判決上告棄却）」『行政事件裁判例集』第4巻第11号（最高裁判所事務総局行政局、一九五四年六月）
「有名人に送られた「教育勅語」一万通の波紋」『サンデー毎日』第49巻第36号（毎日新聞社、一九七〇年八月二日号）
「教育勅語口語文訳のウソ」『国民文化』第二四七号（国民文化会議、一九八〇年六月）
「初調査！　全宗教法人信者数ランキング」『週刊ダイヤモンド』第97巻第36号（ダイヤモンド社、二〇〇九年九月一二日号）
「特集　仏教・神道大解剖」『週刊ダイヤモンド』第99巻第26号（ダイヤモンド社、二〇一一年七月二日号）
「特集　神社の迷宮」『週刊ダイヤモンド』第１０４巻第16号（ダイヤモンド社、二〇一六年四月一六日号）
『教育にっぽん』（日本教育推進連盟）
『月刊若木』（神社新報社）
年間の犯罪（警察庁）http://www.npa.go.jp/publications/statistics/sousa/year.html
官報情報検索サービス（国立印刷局）https://search.npb.go.jp/
学習指導要領データベース（国立教育政策研究所）https://www.nier.go.jp/guideline/
国会会議録検索システム（国立国会図書館）http://kokkai.ndl.go.jp/
教育改革国民会議（首相官邸）http://www.kantei.go.jp/jp/kyouiku/
質問答弁情報（衆議院）http://www.shugiin.go.jp/Internet/itdb_shitsumon.nsf/html/shitsumon/menu_m.htm
自由民主党同志会　http://www.jimin-doushikai.jp/
日本の長期統計系列（総務省統計局）http://www.stat.go.jp/data/chouki/
国勢調査（独立行政法人統計センター）https://www.e-stat.go.jp/SG1/estat/GL02100104.do?tocd=00200521
北海道神社庁　http://www.hokkaidojinjacho.jp/
宮城県神社庁　http://miyagi-jinjacho.or.jp/
明治神宮　http://www.meijijingu.or.jp/
明治神宮崇敬会　http://sukeikai.meijijingu.or.jp/
学習指導要領「生きる力」（文部科学省）http://www.mext.go.jp/a_menu/shotou/new-cs/
教職員団体への加入状況に関する調査結果について（文部科学省）http://www.mext.go.jp/a_menu/shotou/jinji/1300807.htm

備考 （肩書は原則として発表当時）
『真世界』は国柱会機関誌。田中は田中智学の孫（田中芳谷の子）、国柱会講師。のち大橋姓。1990 年に改訳を発表。
里見は田中智学の三男。『教育勅語か革命民語か』は、2000 年に『教育の原点・教育勅語』（日本国体学会）として再刊されている。
松永は弁護士、日本バートランド・ラッセル協会監事。
渡辺は日本洋書販売配給株式会社（通称「洋販」）の創立者。
佐々木は元衆議院議員、国民道徳協会理事長。
佐々木盛雄訳（1972）の部分修正。
小池は「国際比較教育研究所」所長。
村尾は文部省主任教科書調査官、明治天皇詔勅謹解編修委員会委員。
西内は日本防衛研究所長、淡江大学教授。
国民道徳協会訳（1973）の部分修正。
『精神科学』は「生長の家」の機関誌。名越は高千穂商科大学教授。
田中冨士子訳（1964）と同一訳者による別訳。

〈附録1〉教育勅語の主な口語訳

発表年	訳者	生没年	初出
1964	田中 冨士子	1919-2011	田中冨士子〔訳〕「現代語訳 教育勅語」『真世界』第5707号（1964年8月1日発行）
1965	里見 岸雄	1897-1974	里見岸雄「教育勅語か革命民語か」『国体文化』第507号（1965年4月1日発行） 里見岸雄『教育勅語か革命民語か――教育勅語の問題を廻る対決』（錦正社、1965年4月29日発行）
1969	松永 芳市	1899-1976	松永芳市『時事雑感（私の随筆・第三輯）』（私家版、1969年？）
1970	渡辺 正広	1915-2006	渡辺正広『みんなの教育勅語――若い人々のために』（洋販出版、1970年10月10日発行）
1972	佐々木 盛雄	1908-2001	佐々木盛雄『甦える教育勅語――親と子の教育読本』（国民道徳協会、1972年2月11日発行）
1973	国民道徳協会		『大御心　明治天皇御製教育勅語謹解』（明治神宮社務所、1973年1月1日発行）
1975	小池 松次	1928-	小池松次〔編著〕『修身・日本と世界――今こそ日本も考えるとき』（国際比較教育研究所、1975年1月15日発行）
1975	村尾 次郎	1914-2006	明治神宮〔編〕『明治神宮のみことのり――日本のいのちを貫くもの』（日本教文社、1975年）
1979	西内 雅	1903-1993	西内雅『教育勅語』（清家、1979年4月18日発行）
1979	日本を守る会		秋永勝彦〔文〕／斉藤梅〔絵〕／副島廣之〔監修〕『たのしくまなぶ12のちかい〈教育勅語から〉』（日本を守る会、1979年5月発行）
1985	名越 二荒之助	1923-2007	名越二荒之助「「教育勅語」の現代語訳にあたって」『精神科学』第457号（日本教文社、1985年9月）
1990	大橋 冨士子	1919-2011	大橋冨士子『道徳教育のよりどころ――「教育勅語」を考える』（真世界社、1990年10月1日発行）

「教育勅語の現代的試案」。総山は元東京医科歯科大学教授、日本学士院会員。
正式には「『教育勅語』の排除・失効決議を撤回する請願運動事務局」で、田中智学の設立した立憲養成会の活動。里見岸雄訳（1965）の修正。
濤川は元小学校教諭、「新・松下村塾」塾長、「新しい歴史教科書をつくる会」副会長。
国民道徳協会訳（1973）の部分修正。
八木は静岡県立大学助教授（日本倫理思想史）。
明治神宮崇敬会は明治神宮の信徒団体。
幡谷は茨城県信用組合理事長。幡谷と親交のある大畠章宏（民主党衆議院議員）が、2006年6月2日の衆議院「教育基本法に関する特別委員会」で紹介したもの。国民道徳協会訳（1973）の修正。
明治神宮崇敬会訳（2003）の部分修正。
「教育基本文」。加地は大阪大学名誉教授（中国哲学史）。
山口は純真短期大学教授（道徳哲学）。国民道徳協会訳（1973）の修正。
森田は右翼活動家、元大東塾生で経団連襲撃事件（1977年）の実行犯の一人。学校法人日本航空学園のテキストとして作成された。
伊藤は日本政策研究センター代表、日本会議常任理事。
阪本是丸（1950-、國學院大學教授）の監修。村尾次郎訳（1975）の修正。
手塚は善本社社長。

1996	総山 孝雄	1916-2003	総山孝雄「教育勅語を再考する――道徳教育のルネッサンス」『正論』第288号（産経新聞社、1996年8月号）
1998	教育勅語運動事務局		『日本の良心』（教育勅語運動事務局＝編・発行、1998年1月1日発行）
1998	濤川 栄太	1943-2009	濤川栄太『今こそ日本人が見直すべき教育勅語』（ごま書房、1998年6月5日発行）
2000	勉誠出版		杉浦重剛『昭和天皇の教科書　教育勅語』（勉誠出版、2000年10月30日発行）
2001	八木 公生	1955-	八木公生『天皇と日本の近代（下）『教育勅語』の思想』〔講談社現代新書〕（東京：講談社、2001年1月20日発行）
2003	明治神宮崇敬会		『たいせつなこと　important qualities』（明治神宮崇敬会＝企画・発行、2003年3月14日発行）
2006?	幡谷 祐一	1923-2018	幡谷祐一『王道』？（未見）
2006	所 功	1941-	所功「「公」の心を喪った日本人が読み返すべき「教育勅語」の315文字」『SAPIO』第18巻第11号（2006年5月10日号）
2006	加地 伸行	1936-	加地伸行「新「教育勅語」を作れ」『諸君！』第38巻第12号（2006年12月1日発行）
2007	山口 意友	1961-	山口意友『反「道徳」教育論――「キレイゴト」が子供と教師をダメにする！』〔PHP新書〕（PHP研究所、2007年7月2日発行）
2008	森田 忠明	1949-	森田忠明『教育勅語いま甦る（上）――逸話に学ぶ大和ごころ』（日本精神修養会、2008年3月3日発行）
2011	伊藤 哲夫	1947-	伊藤哲夫『世界から称賛される日本人の美質を育んだ　教育勅語の真実』（東京：致知出版社、2011年10月18日発行）
2012	錦正社		『新版　明治の聖代』（明治神宮＝編・発行、2012年7月30日発行）
2013	善本社		手塚容子／生方工〔画〕『教育勅語　絵本』（善本社、2013年5月5日発行）

北影は評論家。
塚越は元茨城県立高校教諭、元茨城県教育次長、元茨城県下館市教育長。
倉山は国士舘大学日本政教研究所非常勤研究員、国士舘大学非常勤講師。
赤塚は赤塚建設代表取締役。

2013	北影 雄幸	1949-	北影雄幸『国体　十冊の名著』(勉誠出版、2013年5月24日発行)
2014	塚越 喜一郎	1915-	塚越喜一郎『「教育勅語」を読んでみましょう』(筑波書林、2014年7月10日発行)
2014	倉山 満	1973-	倉山満『逆にしたらよくわかる教育勅語——ほんとうは危険思想なんかじゃなかった』(ハート出版、2014年11月3日発行)
2017	赤塚 高仁	1959-	赤塚高仁『聖なる約束4　ヤマト人への福音——教育勅語という祈り』(きれい・ねっと、2017年4月2日発行)

※戦後に発表された教育勅語の「口語訳」ないし「現代語訳」(「現代的修正」等と称されるものも含む) のうち、教育勅語の肯定的再評価・宣伝等を目的にして作られたと考えられるものを挙げた。解説・批判などの目的で作られたものは除外した。発表年については、これ以前に遡る可能性のあるものも含む。

〈附録2〉 戦後の教育勅語関連文献目録

一九四六年以後、二〇一八年までに発行された、「教育勅語」を題名・副題に含む書籍、および、それ以外で内容的に教育勅語を主題とする書籍のリスト。一九四五年以前の書籍の復刻は原則として除く。学術書と一般書は特に区別していない。自費出版、私家版、パンフレットなども含む。一部未確認のものも含む。

一九五六年（八月）　道義再建運動［編］『教育勅語にかわる新道徳問題――審議記録（第一段階）』（「道義再建」発行所）
一九五八年（一一月）　木村徳太郎『児童文学の周囲――教育勅語論争のあとさき』（日本社）
一九六二年（一二月）　『日本教育の理念――教育勅語と教育基本法』（新日本協議会）※執筆者は高山岩男
一九六五年（四月）　里見岸雄『教育勅語か革命民語か――教育勅語の問題を廻る対決』（錦正社）
（一二月）　草鹿任一『教育勅語謹解』（私家版）
（一二月）　海後宗臣『教育勅語成立史の研究』（私家版）
一九六七年（一月）　津下正章『教育勅語鑽仰――明日を展く人達への期待をこめて』（温故知新会）
一九六八年（一〇月）　明治百年記念事業団［編］『教育勅語――明治百年の輝く金字塔』（アルプス）

一九六九年（一二月）日本思想研究会［編］『教育勅語を仰ぐ』（皇学館大学出版部）
一九七〇年（二月）牧野宇一郎『教育勅語の思想』（明治図書出版）
（四月）半谷六郎『明治の教育勅語——世界の期待に応える新日本人道徳の宝典』（ホテル夜の森ヘルスセンター）
（一〇月）渡辺正広『みんなの教育勅語——若い人々のために』（洋販出版）
（一〇月）高山岩男『新社会科教育と教育勅語』（『時事評論』第二巻第一九号）（外交知識普及会）
一九七一年（三月）稲田正次［編］『教育勅語成立過程の研究』（講談社）
（五月）小池松次『教育勅語絵巻物語』（日本館書房）
（七月）相原ツネオ『教育勅語漫画読本』（教育勅語漫画読本刊行会）※絵本
（一〇月）高嶋辰彦『内外恒久対策と教育勅語——勅語渙発八十一周年記念』（兵庫県民防本部）
一九七二年（二月）佐々木盛雄『甦える教育勅語——親と子の教養読本』（国民道徳協会）
一九七三年（一月）『大御心——明治天皇御製教育勅語謹解』（明治神宮社務所）
一九七四年（二月）日本大学精神文化研究所［編］『教育勅語関係資料』第一～一五集（日本大学精神文化研究所、～一九九一年一月）
（四月）片山清一［編著］『資料・教育勅語——渙発時および関連諸資料』（高陵社書店）
一九七九年（一月）『元号・靖国・教育勅語・君が代——ここまできた軍国主義復活』（日本共産党中央委員会出版局）※執筆者は河野公平
（四月）西内雅『教育勅語』（清家）
（四月）佐々木盛雄『『教育勅語』の解説』（国民道徳協会）
（五月）斉藤梅［絵］／秋永勝彦［文］『たのしくまなぶ一二のちかい〈教育勅語から〉』（日本を守る会）※絵本、一九九〇年に明治神宮から再刊

（六月）田沢康三郎『祖国日本を見直す――憲法・教育勅語を考える』（大和山出版社）
（一一月）『敬神婦人必携　第七輯　教育勅語の平易な解釈』（全国敬神婦人連合会）※パンフレット、一九七三年明治神宮社務所刊『大御心』からの抜粋
一九八〇年（この年）田沢康三郎『青少年のための教育勅語』（大和山出版社）
（二月）上杉千年『教育勅語復権論』（私家版）※パンフレット
（三月）山住正己『教育勅語』（朝日選書）（朝日新聞社）
一九八一年（一月）歴史教育者協議会［編］『新版　日の丸・君が代・紀元節・教育勅語』（地歴社）※一九七五年刊の『日の丸・君が代・紀元節・神話――教育の軍国主義化に抗して』の改訂版
（四月）石井寿夫『講演録　教育勅語』（熊本県神社庁天草支部）
（四月）荒川久壽男『教育勅語を仰ぐ』（皇學館大学講演叢書　第四五輯）（皇學館大学出版部）
（六月）海後宗臣『海後宗臣著作集　第一〇巻　教育勅語成立史研究』（東京書籍）
（一一月）西内雅『教育勅語の真実』（清家）
一九八二年（一〇月）エヌシービー出版編集部［編］『父母ニ孝ニ兄弟ニ友ニ――教育勅語ほか』（エヌシービー出版）
一九八三年（六月）森信之『「教育勅語」に何を求めるか――新しい道徳教育を模索する』（日新報道）
一九八四年（八月）松本勝三郎『士規七則発進　教育勅語復活』（出版科学総合研究所）
（一〇月）加藤地三＋中野新之祐『教育勅語、を読む』（三修社）
一九八五年（一〇月）河野房雄『教育勅語から生活教育への旅』（広雅堂書店）
一九八六年（二月）上杉千年『教育勅語等復権論――教育勅語等排除（衆議院）・失効（参議院）の決議の取消しを求む』（私家版）※パンフレット
（三月）佐々木盛雄『教育勅語――日本人のこころの源泉』（みづほ書房）
一九八七年（五月）森田康之助『「教育勅語」の義解』（神社本庁）

一九八九年（一二月）加藤地三『教育勅語の時代』（三修社）
一九九〇年（七月）西内雅『教育勅語奉體』（清家）
（一二月）坂田新『教育勅語』（日本談義社）
一九九〇年（三月）杉田幸三『親子で読める『教育勅語』物語』（明治神宮崇敬会）
（五月）森川輝紀『教育勅語への道――教育の政治史　田中不二麿／元田永孚／森有礼／井上毅』（三元社）
一九九一年（一〇月）大橋冨士子『道徳教育のよりどころ――「教育勅語」を考える』（真世界社）
（一一月）高嶋伸欣『教育勅語と学校教育――思想統制に果した役割』〔岩波ブックレット〕（岩波書店）
（二月）石井寿夫『記念講演 教育勅語と平成の日本――教育勅語渙発百周年記念熊本大会』（熊本県神社庁）
（一〇月）石井寿夫『教育勅語――その現代的意義』（あしかび社・事務局）
一九九二年（一二月）孝橋謙二『教育勅語と昭和の破綻――アメリカの「使命感」との酷似』（文学研究会）
（三月）『教育勅語渙発百周年記念碑建立記』（教育勅語記念碑建立委員会）
一九九三年（八月）鄭春河『嗚呼大東亞戰爭――教育勅語と台湾島民』（私家版）
一九九四年（八月）川合信五郎『忘れられた宝物　よみがえれ教育勅語』（養正を学ぶ会）
（一二月）佐藤秀夫〔編〕『続・現代史資料　8〜10　教育　御真影と教育勅語　1〜3』（みすず書房、〜一九九六年一〇月）
一九九六年（一〇月）大原康男〔解説〕『教育勅語――教育に関する勅語』（ライフ社）
一九九七年（三月）平田諭治『教育勅語国際関係史の研究――官定翻訳教育勅語を中心として』（風間書房）
（一〇月）副田義也『教育勅語の社会史――ナショナリズムの創出と挫折』（有信堂高文社）
一九九八年（六月）涛川栄太『今こそ日本人が見直すべき教育勅語』（ごま書房）

二〇〇〇年（一〇月）戦争と学徒の青春を考える会『わたしと教育勅語』（戦争と学徒の青春を考える会）
（一月）清水馨八郎『『教育勅語』のすすめ――教育荒廃を救う道』（日新報道）
（四月）里見岸雄『教育の原点・教育勅語』（日本国体学会）※一九六五年刊『教育勅語か革命民語か』の改題再刊
（八月）梅溪昇『天皇制国家観の成立　下　教育勅語成立史』（青史出版）※上巻は『軍人勅諭成立史』
（八月）谷本茂雄『教育勅語はなぜ悪い』（谷本教育研究所）
（九月）森田康之助『教育勅語の心を今に』（全国神社総代会）
（一〇月）杉浦重剛『昭和天皇の教科書　教育勅語』（勉誠文庫）（勉誠出版）※『倫理御進講草案』（一九三六年）からの抜粋
（一一月）津田道夫『君は教育勅語を知っているか――「神の国」の記憶』（社会評論社）
二〇〇一年（一月）八木公生『天皇と日本の近代（下）――『教育勅語』の思想』（講談社現代新書）（講談社）※上巻は『憲法と現人神』
（五月）岩本努［編著］『教育勅語の研究』（民衆社）
二〇〇二年（六月）韮沢忠雄『教育勅語と軍人勅諭――こうしてぼくらは戦争にひきこまれた』（新日本出版社）
（一〇月）杉浦重剛『昭和天皇の教科書　教育勅語』（べんせいライブラリー）（勉誠出版）
二〇〇三年（三月）『たいせつなこと important qualities』（明治神宮崇敬会）※絵本
二〇〇五年（三月）関口すみ子『御一新とジェンダー――荻生徂徠から教育勅語まで』（東京大学出版会）
（一一月）自由国民社編集部［企画編集］『開戦の詔書・大日本帝国憲法・教育勅語・大本営発表・ポツダム宣言・終戦の詔書』（自由国民社）
二〇〇六年（二月）下田昭『教育勅語の再認識について』（私家版）
（三月）杉浦重剛『昭和天皇の学ばれた教育勅語』（勉誠出版）※『昭和天皇の教科書　教育勅語』

（二〇〇〇年、二〇〇二年）の改訂版
二〇〇七年（二月）大原康男［解説］『教育勅語　改訂版』（神社新報社）※一九九六年刊の改訂版
（五月）谷川桜太郎［構成］／浅見優大［作画］『教育勅語』（ふるさと日本プロジェクト）※漫画
（九月）清水馨八郎『新『教育勅語』のすすめ』（日新報道）
二〇〇八年（一〇月）佐藤雉鳴『繙読『教育勅語』――曲解された二文字「中外」』（ブイツーソリューション）
（三～五月）森田忠明『教育勅語いま甦る（上・下）――逸話に学ぶ大和ごころ』（日本精神修養会）
二〇〇九年（八月）重見法樹『第二教育勅語を夢見る秋山好古――内ポケットにある教育勅語（指導要領）から考え直せ』（東京図書出版会）
（八月）杉浦重剛『昭和天皇の学ばれた教育勅語　補訂版』（勉誠出版）
二〇一〇年（一〇月）『こころの豊かさを求めて　～教育勅語のチカラ～』（神道政治連盟）※パンフレット
（一二月）『日本の教育を考える――教育勅語渙発百二十周年記念行事』（教育勅語渙発百二十周年奉祝講演会実行委員会）
二〇一一年（四月）小池松次『世界の徳育の手本となった教育勅語と修身』（日本館書房）
（七月）森川輝紀『教育勅語への道――教育の政治史　増補版』（三元社）
（一一月）伊藤哲夫『世界から称賛される日本人の美質を育んだ教育勅語の真実』（致知出版社）
二〇一二年（六月）『文献資料集成日本道徳教育論争史　第1期第2巻　教育勅語と「教育と宗教」論争』（日本図書センター）
（一一月）高橋史朗［監修］／明成社［編］『物語で伝える教育勅語――親子で学ぶ12の大切なこと』（明成社）
二〇一三年（一月）坂本保富『日本人の生き方――「教育勅語」と日本の道徳思想』（振学出版）
（五月）手塚容子／生方工［画］『教育勅語 絵本』（善本社）※絵本

二〇一四年（五月）北影雄幸『国体十冊の名著』（勉誠出版）
（七月）塚越喜一郎『「教育勅語」を読んでみましょう』（筑波書林）
（一〇月）梅沢重雄『人生でいちばん大切な一〇の知恵――親子で読む教育勅語』（かんき出版）
（一〇月）倉山満『逆にしたらよくわかる教育勅語――ほんとうは危険思想なんかじゃなかった』（ハート出版）
二〇一五年（六月）三宅守常『三条教則と教育勅語――宗教者の世俗倫理へのアプローチ』（弘文堂）
二〇一六年（六月）山住正己『山住正己著作集 五 日の丸・君が代、教育勅語――いまなぜ、天皇制を問うのか』（学術出版会）
二〇一七年（四月）赤塚高仁『聖なる約束 四 ヤマト人への福音――教育勅語という祈り』（きれい・ねっと）
（六月）平井美津子『教育勅語と道徳教育――なぜ、今なのか』（日本機関紙出版センター）
（一〇月）教育史学会［編］『教育勅語の何が問題か』（岩波ブックレット）（岩波書店）
（一一月）山中恒『戦時下の絵本と教育勅語』（子どもの未来社）
（一一月）岩波書店編集部［編］『徹底検証 教育勅語と日本社会――いま、歴史から考える』（岩波書店）
（一二月）日本教育学会教育勅語問題ワーキンググループ［編］『教育勅語の教材使用問題に関する研究報告書』（日本教育学会）
（一二月）佐藤広美＋藤森毅『教育勅語を読んだことのないあなたへ――なぜ何度も話題になるのか』（新日本出版社）
二〇一八年（三月）岩本努『一三歳からの教育勅語――国民に何をもたらしたのか』（かもがわ出版）
（三月）日本教育学会教育勅語問題ワーキンググループ［編］『教育勅語と学校教育――教育勅語の教材使用問題をどう考えるか』（世織書房）
（六月）草野善彦『〝憲法改正〟教育勅語問題と「二つの日本史」』（本の泉社）

《著者略歴》

長谷川亮一（はせがわ りょういち）

1977年千葉県生まれ。千葉大学大学院社会文化科学研究科（日本研究専攻）修了、博士（文学）。日本近現代史専攻。現在、千葉大学大学院人文公共学府特別研究員、東邦大学薬学部・千葉大学文学部非常勤講師。

著書に、『「皇国史観」という問題――十五年戦争期における文部省の修史事業と思想統制政策』（白澤社）、『地図から消えた島々――幻の日本領と南洋探検家たち』（吉川弘文館）、『近代日本の偽史言説――歴史語りのインテレクチュアル・ヒストリー』（共著、勉誠出版）、『徹底検証 教育勅語と日本社会』（共著、岩波書店）など。

教育勅語《きょういくちょくご》の戦後《せんご》

2018年9月25日　第一版第一刷発行

著　者　長谷川亮一

発行者　吉田朋子

発　行　有限会社 白澤社《はくたくしゃ》
〒112-0014　東京都文京区関口1-29-6　松崎ビル2F
電話　03-5155-2615 ／ FAX　03-5155-2616 ／ E-mail：hakutaku@nifty.com

発　売　株式会社 現代書館
〒102-0072　東京都千代田区飯田橋3-2-5
電話　03-3221-1321㈹／ FAX　03-3262-5906

装　幀　装丁屋KICHIBE

印刷・製本　モリモト印刷株式会社

用　紙　株式会社市瀬

白澤社《はくたくしゃ》 刊行図書のご案内

発行・白澤社　発売・現代書館

白澤社

白澤社の本は、全国の主要書店・オンライン書店でお求めになれます。店頭に在庫がない場合でも書店にお申し込みいただければ取り寄せることができます。

「皇国史観」という問題

――十五年戦争期における文部省の修史事業と思想統制政策

長谷川亮一 著

定価3800円＋税
四六判上製、368頁

戦前の歴史観の代名詞「皇国史観」は、非科学的、独善的、排外的などとして、戦後しりぞけられてきた。しかし、そもそも「皇国史観」とは何であったのか？　誰が、何のために提唱し、普及させたのか？　本書は、「皇国史観」の成立と流布を、戦中に文部省が行なった修史事業に着目して再検証し、従来の「皇国史観」のイメージを一新する。

日本ナショナリズムの解読

子安宣邦 著

定価2400円＋税
四六判上製232頁

日本を作る言説と／日本が作る言説と。日本思想史学の第一人者である著者が、本居宣長、福沢諭吉、和辻哲郎、田辺元、橘樸ら、近世から昭和初期にかけての思想を批判的に再検討し、国家と戦争の二〇世紀における帝国日本を導き、支え、造り上げてきた日本ナショナリズム言説を徹底的に解読する。

近代日本公娼制の政治過程

――「新しい男」をめぐる攻防・佐々城豊寿・岸田俊子・山川菊栄

関口すみ子 著

定価2400円＋税
四六判並製、240頁

明治期の公娼制は、文明国にあってはならない「人身売買」だとして列強率いる国際社会で問題となる。国内の政局も絡む公娼制は、日本政治末端の問題ではなかったのだ。本書はこれまで埋れてきたその政治過程に光をあて、公娼制の変遷を明らかにすると同時に、当時の社会と格闘した三人の女性の姿を、これまでとは異なる視点から浮き彫りにする。